学习与思维

教学策略

丛书主编 ◎ 肖韵竹　汤丰林

本卷主编 ◎ 钟亚妮

XUEXIYUSIWEI

jiaoxuecelüe

北京师范大学出版集团

BEIJING NORMAL UNIVERSITY PUBLISHING GROUP

北京师范大学出版社

"学习与思维"教学指导丛书
编委会名单

名誉主编：温寒江

总 主 编：肖韵竹　汤丰林

委　　员：（按姓氏笔画）

王延梅　王振先　王晓微　白永然

白永潇　吕俐敏　汤丰林　孙　丽

孙美红　李　军　李　玮　李万峰

李小川　杨　红　杨建伟　肖韵竹

何　冲　沈彩霞　张　敏　张锋周

陈　崴　庞孝瑾　郑蔚青　孟　彦

赵伯静　郝玉伟　钟亚妮　倪　芳

徐　骏　崔莹莹　韩　冰　温寒江

谢海明　滕利君

本册主编：钟亚妮

编 著 者：（按姓氏笔画）

李　玮　李万峰　杨　红　张　敏

庞孝瑾　钟亚妮　徐　骏　谢海明

总 序

Preface

追寻教育的理想

如果把遥看世界的镜头推到人类进化史的长河中，我们会看到，这既是"物竞天择、适者生存"的生物进化史，也是人类智能的演化史。在人类智能的发展中，具有强大推动力的无疑是学习与思维能力。因为学习，人类有了继承与发展；因为思维，人类有了规范与创新。这正如美国物理学家伦纳德·蒙洛迪诺在《思维简史》中所说的那样："为了理解科学之根源，我们必须回过头去审视人类物种之根源。人类的独特之处在于我们被赋予了理解自身以及世界的能力与渴望。"其实，这里"独特之处"的根源便是人类的学习与思维能力。我们认为教育从根本上讲，应该重在学生学习与思维能力的培养，因为只有具备了强大的学习与思维能力，他们才能真正成长为德、智、体、美、劳全面发展的优秀的社会主义事业的建设者。

因为找到了这个逻辑起点，所以我们更加深切地理解了教育家温寒江先生三十年如一日矢志不渝研究"学习与思维"问题并付诸实践的初衷。也正是基于这样一种认识，我们成立了学习与思维教育研究中心，并启动了首期高级研修班，就是想站在前人的肩上放眼未来，走出一条以学习与思维研究为专业追求的教育求索之路。研修班由来自高校和县(市、区)

教师培训机构的专业工作者及中小学校长、教师组成。大家既是学员，又是教师；既是研究者，又是培训者。研修班实现了自主学习、自主研讨、自主管理，不仅探索出了教师培训的新模式，也开展了学习与思维问题的实质性研究。这套丛书是研修班的重要成果。研修班打破了惯常培训项目每人一个选题、每人一篇论文、汇编一本论文集的成果集结套路，采用系统学习与重点研究相结合的方式，在深入研讨的基础上集体攻关，合作完成了这样一套既体现继承又突出发展，既强调理论又重视实践，既注重个人专业优势又凸显集体创作智慧的"学习与思维"教学指导丛书。这是一套统一体系下的结构化成果。我们在写作中试图体现如下价值追求。

一是传承。任何研究都有其出发点。我们的出发点便是温寒江先生的学习与思维研究成果。这项成果的典型代表是获得过"北京市哲学社会科学优秀成果奖一等奖"的《学习学》（上、下卷）。这是温寒江先生离休后深入反思我国中小学教育教学实践，萃取其教育人生中的宝贵经验，带领上千名中小学校长、幼儿园园长及教师不懈探索，最终形成的具有重大现实意义的研究成果。这项历经国家六个"五年规划"①（从"八五"开始）的成果重点回答了这样一些问题：我们的课堂为什么单调乏味？学生学习效率为什么不高？学生为什么缺乏创新性？等等。温寒江先生及其团队在三十余年的历程中，对上述问题进行思考与研究，在理论上取得了许多成果。例如，他最早开展的右脑开发与形象思维培养的研究，早在二十年前就对我国教育改革产生了影响。其代表性著作《开发右脑——发展形象思维的理论和实践》为当时我国教育从"应试教育"转型为"素质教育"提供了重要的理论基础。再如，他的另一部代表性著作《学习学》（上、下卷），充分吸收现代脑科学研究的最新成果，形象思维与抽象思维并重，构建了完整的学习学体系。同时，其研究也取得了许多实践成果，主要体现在将学习与思维研究成果充分运用到中

---

① "十一五"之前，"五年规划"称为"五年计划"。

小学和幼儿园的具体实践之中，对许多学科的教学改革产生了积极影响，形成了多种有效的教学策略与方法。这样一份宝贵的财富，是本套丛书必须传承的重要内容。因此，本套丛书回顾了96岁高龄的温寒江先生所走过的科研之路，对一些重要研究成果也在相关内容中做了阐述。同时，我们还将其《学习学》的学习原理部分用英文版的方式呈现，期望能够在国际学术平台上进行深入交流。总之，我们希望能很好地传承温寒江先生一生躬耕教育的献身精神，也能传承好其立足中国大地潜心创立的这套具有中国特色的教育理论与实践体系。

　　二是发展。学习与思维问题不仅是人类发展史上的重要命题，也是教育发展史上的重大命题。温寒江先生的学习与思维研究只是滚滚江河中的一朵浪花，而这朵浪花能否在教育发展进程中产生更加长久的影响，则重在我们这些后来者是否能用长远的眼光去发展它。换言之，我们在传承的同时必须要发展，以赋予这些研究成果更加强大的生命力。我们在举办研修班之初确定的总基调就是继承与发展，并且明确了继承不是盲目照搬，而是用新时代教育改革的新要求、新标准去衡量。因此，继承既是充分汲取营养，更是批判性地接受。而这也正是温寒江先生所倡导的马克思主义唯物辩证法的立场。从这个意义上讲，继承与发展的辩证关系便是，继承是起点，发展是目标，二者相辅相成。那么，我们在发展中应该把握什么呢？第一，必须把脉时代。习近平在新时代的教育和教师层面提出了许多重要论述，如"四有"好老师、"四个引路人"，以及劳动教育，等等。我们必须在学习与思维研究中积极回应这些重大的时代命题。第二，必须把脉改革。基础教育改革与发展的前沿议题很多，如"核心素养""高阶思维能力与创新能力""批判性思维""问题解决能力""合作学习"等。而如何运用学习与思维研究的最新成果去诠释这些问题，又如何在对这些问题的有效回应中进一步发展学习与思维理论，这是我们必须把握的基本路向。第三，必须把脉前沿。脑科学、心理学、教育学、技术学等各个科学领域都有了突飞猛进的发展，学习科学、思维科学等领域的新思想、新成果也不断涌现，它们正在深刻影响着社会变革与教育综合改革。而我们如何更

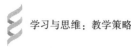

好地吸收这些新成果，同样是我们在深入研究学习与思维问题时必须面对的课题。第四，必须把脉需求。教育作为重大民生问题，其发展的时代要求是办出"人民满意的教育"。面对这样的目标，一系列重要议题，如育人方式的转变、中高考改革、新课程改革等，同样需要我们在学习与思维研究中做出积极的回应。应该说，"发展"既是本套丛书努力体现的意图，也是我们未来推动研究时需要把握的方向。

三是创新。温寒江先生的学习与思维课题本身就是一项具有创新性的研究。就我们的认识而言，其创新性体现在四个方面。其一，它充分运用了脑科学研究的成果，特别是将研究建立在认知神经科学的基础之上，是脑科学与基础教育发展紧密结合的典范性研究。其二，它立足中国基础教育的实际，深刻反思了运用于教育实践的心理学原理，对诸如表象、思维等概念提出了自己的认识，做出了力图更好体现教育要求的解释。其三，它重新审视了学科教学中存在的低效、沉闷等问题，在实践中创新了学科教学方法，提高了课堂教学的效率。其四，它为解决教师专业发展面临的问题提出了新的解决路径。他明确倡导并践行"向教师学习，总结教师经验"的促进教师专业发展之路，为一线教师的成长发展指明了方向。正因为这项研究本身所具有的这种创新活力，所以我们在本套丛书的撰写过程中同样积极主张创新。我们的创新主要体现在三个方面。第一是结构创新。本套丛书共五册，既自成体系、独立成书，又具有内在的逻辑联系，是一个整体。我们希望给阅读本套丛书的教师和研究者一种结构性的整体观，让他们从书名即可直观地把握我们对教育的理解与追求。第二是内容创新。我们没有沿袭传统的学科内容逻辑，而是点面结合，积极追求以面为逻辑线索，尽量简写；以点为写作重点，既突出传承性，又突出前沿成果，更突出与中小学和幼儿园实际的结合。第三是应用创新。本套丛书只是研修班的第一阶段成果，我们还将在此基础上积极推动成果转化，开发面向中小学和幼儿园教师的系列培训课程，以加强学习与思维研究成果的实践应用，让研究成果真正落地于课堂，服务于每一位学生的学习。

四是实用。为基础教育教学实践服务，是温寒江先生学习与思维研究始终不渝的追求，也是我们在未来发展中要坚定追求的目标。因此，我们在本套丛书的撰写中，也特别重视实用问题。实用，简单地讲，就是"务实"与"有用"。所谓"务实"，就是研究不求眼球效应，而是既要尊重学术规范，准确理解和把握已有研究成果，又要结合作者自己的研究基础，并充分吸收前沿研究成果，努力形成符合教育规律和学术规范的内容体系。所谓"有用"，则是指对中小学和幼儿园教师的教育教学工作有用，呈现给他们的内容是易于理解、便于运用的理论与策略。因此，本套丛书被定位为教师教学指导用书，其意蕴便是我们努力追求的"有用"目标。实用的价值取向，我们从书名到内容都给予了充分的体现。第一卷《学习与思维：学习学原理》，是《学习学》的修订版，重在体现以学生为中心，重在揭示学生学习的规律与特点，以便为教师更好地研究学生、把握学生提供理论指导，同时也是温寒江先生学习与思维理论体系中学习原理部分的集中呈现。第二卷《学习与思维：温寒江的探索》，其意主要为呈现温寒江先生的教育科研精神，同样也是丛书的灵魂，希望能够为广大教师提供一幅教育实践研究的全景图，让大家感受到研究与实践应是教师一生的追求，是一个艰苦的过程，也是一个幸福的过程。第三卷《学习与思维：基础理论》，希望为教师提供其在教育教学设计与实施中可运用的思维及相关理论，主要围绕学习与思维的脑机制、思维与创造性思维、学习动机等核心问题及学习科学前沿等方面的内容展开，力争把最有用的理论和原理呈现给大家。第四卷《学习与思维：教学策略》，重在围绕教学设计与实施，为广大教师提供课程开发及教学各环节的原理、工具与方法，以提高其教学的科学性与高效性，促进学生有效学习。第五卷《学习与思维：实践案例》，主要为广大教师提供了学习与思维研究中的典型案例，并做了必要的理论分析与点评指导，目的是为教师开展学习与思维研究成果指导下的教育教学实践提供有益的借鉴。

　　最后，丛书付梓之际，我们既为研修班通过一年刻苦学习与认真研讨取得的成果而感到高兴，也为学习与思维研究依然任重道远而倍感压力。但我们坚信，因为有各方仁人志士的支持与参与，这项充满活力与希望的

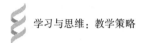

研究必将会继续绽放绚烂的光彩，不辜负温寒江先生和他的团队三十余年的辛勤奉献，也不辜负承载这项使命的研修班每一位成员的智慧与汗水！借此机会，我们还特别感谢北京师范大学出版社郭翔编辑为丛书的出版付出的心血！同时要感谢教育部教师工作司、北京市委教育工委、北京市教委各级领导及北京教育学院全体教职工、北京市相关中小学和幼儿园教师对学习与思维研究的关心和支持！

　　让我们为教育的理想而努力！

肖韵竹（北京教育学院党委书记）

汤丰林（北京教育学院副院长）

2020 年 5 月 18 日

本卷序言

Preface

　　在当前经济全球化的浪潮下，科技创新与人工智能改变了人们的生活。过去的教学已经难以回应孩子们面对未来的需求，更难以回应多变的世界。面对剧烈的变迁，世界各国都希望通过教育培养孩子们的"21世纪能力"与核心素养，让现在的孩子们为未来的社会与生活做好准备。在全球教育改革背景下，学习的质与量成为各界关注的焦点，也引发了人们对学习结果评估的关注，基于学习的研究明显增加。我国当前的基础教育也在着力培养学生的核心素养，故教师需要在课程与教学、学生学习评估等方面做出诸多改革与创新。

　　本书基于"培养什么样的人""怎样培养人"两个关键问题及相关理论，通过探寻新时代背景下学生核心素养的培养、课程改革与育人方式的变革等重要问题，进一步明确"教什么""怎么教"，期望教师能够基于课程与教学设计和实施的创新路径，在教育教学实践中将有效的教学策略加以应用，在改进教学的同时，促进学生的有效学习，进而最终提升教育教学质量。

　　新时代应着重"培养什么样的人"？中共中央、国务院2019年印发的《关于深化教育教学改革全面提高义务教育质量的意见》提出"发展素质教育，培养德智体美劳全面发展的社会主义建设者和接班人"，需要"构建

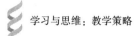

德智体美劳全面培养的教育体系"，坚持"五育"并举，在"增强综合素质上下功夫"，"为学生终身发展奠基"。我们需要培养学生的综合素质，它是孩子们为了适应现今生活及未来挑战，所应具备的知识、能力与态度。这不是全新的概念，而是在过去的基础上深化落实的概念。发展学生的综合素质，强调培养学生积极正向的价值观，既要重视学科知识的传授，也要重视跨学科知识的整合，强调让学生在真实情境中学习知识、应用知识。

上述育人目标，要求我们对"怎样培养人"进行改革与创新，需要我们在课程、教材等关键领域加强建设，同时优化教学方式。课堂是教师和学生日常教学活动的主要阵地。伴随着课程与教学改革的不断推进，学习科学的发展以及人们对教育公平的重视，课堂教学的组织形式逐步走向多元化，教学方式也由单一的教师讲授转变为合作、探究等多种教学策略并举，学生的学习方式也由消极的被动学习转变为积极的主动学习。我国当前的教育改革对义务教育和普通高中的课程与教学、中高考与教育评价等议题进行了系统设计，不仅开创了新的课程发展模式，也重视学生学习的个性化差异，强调为学生创造多元的学习体验，发展沟通协作能力、创新能力和审辨思维。

随着学生学习方式的改变与信息化时代的到来，我们需要赋予教师新的能力，发展新的教学策略。本书基于核心素养的教与学，重点围绕课程改革与教学策略、学习评估、教学反思等相关内容展开论述，以为教师带来更多的专业能量，带领孩子面对未来。

全书共分七章：

第一章"导论：面向未来的学习与教学"由钟亚妮博士（北京教育学院）撰写。本章在追溯学习理念的基础上，基于社会发展的背景，探讨了学习的内涵及变革趋势、课程与教学改革的创新举措，以及有效学习与高效教学的相关策略。

第二章"基于核心素养的课程与教学"由李万峰校长（北京市通州区次渠中学）、谢海明老师（北京市通州区教师研修中心）、钟亚妮博士合作撰写。本章基于我国基础教育课程改革的背景与学生核心素养的培养，探讨了课程与教学的改革路径和实践探索。

第三章"学生高阶思维及培养"由张敏副教授(北京教育学院)撰写。学生的高阶思维培养已成为中小学教学的重要议题。本章基于学生的学习，研究和讨论了高阶思维的内涵、培养学生高阶思维的教学原则以及教学策略三个方面的内容。

第四章"以学生建构为中心的教学策略"由庞孝瑾老师(北京市朝阳区教育研究中心)撰写。本章基于学习科学的相关研究，探讨了基于协作会话的合作学习、探究学习和项目学习，以有效提升学生的知识掌握水平和思维能力，使学生的学习更科学、更高效。

第五章"思维教学的实践模式"由徐骏校长(首都师范大学附属中学永定分校)撰写。本章在温寒江先生创造性思维理论、学习的迁移理论等五大学习理论的基础上，提出了五大教学原则，在课堂教学的实践中提出了三大教学策略，建立了思维创新能力、问题解决能力等五大能力评价体系，从而构建起了以创造性思维为主要特色的思维教学模式。该模式较好地解决了课堂教学的规范性与学生思维发展的创新性之间的矛盾，是一个来自课堂教学实践的思维教学模式。

第六章"学习评估及应用"由钟亚妮博士和杨红老师(北京市顺义区教育研究和教师研修中心)撰写。本章梳理了学习评估的相关理论，对评估的内涵、类型及具体实施策略进行了阐述，并以国际学生评估项目(PISA)为例，探讨了阅读素养、数学素养、科学素养、协作解决问题能力的测评方式，以为教师提供相关测评工具与方法。

第七章"教学反思及应用"由李玮老师(北京市西城区教育研修学院)撰写。本章系统梳理了教学反思的概念、特征和理论基础，明确了反思对教学活动的优化、实践性知识的生成、教师专业发展和改善教师的学习模式的重要作用，分析了教学反思是由内容、水平、过程和倾向构建的立体模型。教师应从系统和整体角度出发，通过参照反思内容、按照反思过程、考量反思水平、调动反思意向来全面开展教学反思。在实践中，教师可以采用发现问题、归结原因、设计方案、寻找依据、纳入实践、优化调节的反思策略，以及课例研究、叙事研究、行动研究等反思方法，持续、深入地开展教学反思。

"坚持'五育'并举，全面发展素质教育"，教育现场的教师至为关键。我们期望通过本书的出版，和更多教学第一现场的校长与教师一起，了解改革的方向，看见更多有想法、有方法的实践探索，进而更有信心地进行教育教学创新、提升教育教学质量。教育不是灌输知识，而是点燃火焰。我们期望，在学生学习的旅程中，通过教学策略的改进与创新照亮学生的未来。

本书的写作历程也是我们学习的过程。尽管书稿的撰写工作已经完成，但未来进一步的学习和研究仍在继续。本书作者来自不同机构，专业背景不尽相同。受作者的知识能力及时间精力所限，书中难免有不足之处，恳请广大读者批评指正。由衷地感谢温寒江先生及其研究团队给予的指导，感谢北京教育学院"学习与思维教育研究中心"为同行者搭建的学习与交流的平台。

钟亚妮

2020 年 6 月

目 录
Contents

第一章 导论：面向未来的学习与教学   001

    第一节 面向未来的学习   003

    第二节 面向未来的课程与教学   021

    第三节 学习原理与教学策略   034

第二章 基于核心素养的课程与教学   043

    第一节 我国基础教育课程改革   045

    第二节 基于核心素养的课程   063

    第三节 基于核心素养的教学   076

第三章 学生高阶思维及培养   099

    第一节 高阶思维与学习   101

    第二节 高阶思维培养的教学原则   109

    第三节 高阶思维培养的教学策略   115

第四章 以学生建构为中心的教学策略   131

    第一节 合作学习   133

第二节　探究学习　　　　　　　　　　　　145

第三节　项目学习　　　　　　　　　　　　151

第五章　思维教学的实践模式　　　　161

第一节　理论基础与教学原则　　　　　　　163

第二节　教学环节及教学策略　　　　　　　186

第三节　课堂教学评价及策略　　　　　　　191

第六章　学习评估及应用　　　　　195

第一节　学习评估的内涵　　　　　　　　　197

第二节　评估类型与"促进学习的评估"　　　206

第三节　基于核心素养的评估　　　　　　　213

第七章　教学反思及应用　　　　　235

第一节　教学反思的必要性　　　　　　　　237

第二节　教学反思的结构　　　　　　　　　247

第三节　教学反思的策略与方法　　　　　　256

主要参考文献　　　　　　　　　　266

后　记　　　　　　　　　　　　277

第一章
导论：面向未来的
学习与教学

 **本章概述**

　　随着社会与信息技术的发展，我们身处的世界已发生巨大变化，影响了学习的特性和人们的学习与思维方式。本章在追溯学习理念的基础上，基于社会发展的背景，探讨了学习的内涵及变革趋势、课程与教学改革的创新举措，以及有效学习与高效教学的相关策略。

　　面对变动不居的社会，面向未来的学习体现了高阶思维、问题解决、批判反思、终身学习等特性，日益聚焦于培育学生的沟通协作能力、创新能力和审辨思维等核心素养。以学校为主阵地，推进核心素养驱动的教育改革，主要体现在课程和教学两个关键领域。新时代背景下，我国的课程与教学改革着力"深化课堂教学改革"和"优化教学方式"。教师需要基于学生学习原理，通过创新课程与教学策略，帮助学生为适应未来社会的挑战做好准备。

第一节　面向未来的学习

　　谈到学习，人们一般想到的是学生在学校里接受的正规教育，即在教室里上课或读书等活动。日常生活中人们对学习概念的狭义理解，主要指对文化科学知识的学习，指学校教育中最普遍、最广泛的学习活动。随着社会的发展，这种借助语言文字等方式获取间接经验的学习方式已经不等于学习的全部。学习是一个非常复杂的现象，不同领域和不同学科的学者对学习的解释不尽相同。随着当前信息技术的快速发展，学习的概念已经发生了很大变化。近年来，出于一系列的外因，学习已经逐渐走向政治舞台的中心。[①]本节在追溯学习理念的基础上，主要基于当前社会发展的背景，探讨学习变革的趋势。

一、学习的内涵与理解

　　关于学习的内涵，通常可以分为两类：一类是基于我国优秀传统文化，从辞源和字义上理解学习的概念；另一类则是基于西方心理学家关于学习的研究来界定学习的内涵。

（一）我国关于学习的理念与研究

　　关于学习的研究，在我国已有悠久的历史。早在战国时期，被认为是我国和世界最早的教育专著的《学记》即提出："君子如欲化民成俗，其必由学乎！""玉不琢，不成器；人不学，不知道。"

　　在我国古代，"学"与"习"两个字最初一般分开使用，而不是合并在一起的。早在两千多年前，在《论语·学而》中，子曰："学而时习之，不亦说乎！"孔子是

---

　　① ［德］汉纳·杜蒙、［英］戴维·艾斯坦斯：《21世纪学习环境的分析与设计》，见［德］汉纳·杜蒙、［英］戴维·艾斯坦斯、［法］弗朗西斯科·贝纳维德：《学习的本质：以研究启迪实践》，杨刚等译，7页，北京，教育科学出版社，2020。

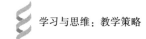

中国最早将"学"与"习"联系起来并探讨二者关系的教育家。这里的"学"和"习"尚未直接连在一起组成一个复合词，但孔子揭示了"学"与"习"的内在联系，即"学"是"习"的基础与前提，而"习"是"学"的巩固与深化，且强调了学习过程中的知行统一，以及学习者由此所获得的愉悦的情感体验，此为学习的本质。最早把"学"与"习"这两个字直接连在一起使用的是《礼记·月令》中的"鹰乃学习"，这里是指小鸟反复学飞。这就是"学习"一词的来由。①

中国传统文化中的"学习"包含"学"与"习"两个环节。人们多用"学"字或"知"字表达获取知识、提高认识的含义，主要指获得各种直接与间接经验，有时兼有思的含义。"习"字主要表达熟悉和掌握技能、修炼德行等带有实践意义的行为，指巩固知识、技能，含有温习、实习、练习之意，有时兼有行的意思。因此，"学"是指人的认识活动，而"习"则是指人的实践活动，这是中国传统文化长期探讨的一个重大理论问题：知与行的关系。二者统一起来才构成完整的学习概念。学习是学、思、习、行的总称，且中国古代更强调"习"。②

20世纪初期与中期，我国有一些学者出版了有关学习的论著，如杨贤江撰写的《学习法概论》（1923年）、周原冰撰写的《学习观点与学习方法》（1950年）等。经过多年发展，自20世纪70年代末到80年代初，我国开始了学习学的理论与实践研究，并出版了大量专著。③

温寒江教授自20世纪80年代开始，深入反思我国中小学教育教学实践，带领一线校长和教师不懈探索，取得了显著的实践效果，并最终形成了具有现实意义的研究成果《学习学》（2016年）。它反映了温老30余年来对学习与思维的探索，对"学习学"理论体系的建构及实践应用。

（二）西方心理学关于学习的理念与研究

西方关于学习的研究也有悠久的历史。古希腊的苏格拉底、古罗马的塞涅卡等对学习的本质有所探讨。现代文明伊始，维韦斯和夸美纽斯关于教与学的观点颇有

① 桑新民：《学习究竟是什么？——多学科视野中的学习研究论纲》，载《开放教育研究》，2005(1)。
② 桑新民：《学习究竟是什么？——多学科视野中的学习研究论纲》，载《开放教育研究》，2005(1)。
③ [美]R. 基思·索耶：《剑桥学习科学手册》，徐晓东等译，译从总序，北京，教育科学出版社，2010。

影响。近代的赫尔巴特和他的追随者们被视为科学研究学与教的先驱。然而，西方对学习的正式的科学研究却始于 20 世纪初。①

随着人类学习活动和研究的发展，西方心理学持续开展了关于学习的探讨。从行为主义、认知革命到近三十年来发展起来的学习科学，研究者们对"什么是学习""人是如何学习的"等问题进行了持续探索。

1. 学习的内涵

关于学习的研究，都始于人们对学习的界定。理论研究者对学习的界定意见不一。多数研究者认为，学习是指由经验或实践引起的个体知识或行为的相对持久的变化。②行为主义将学习的概念定义为在刺激和反应间建立联结的过程。自 20 世纪 50 年代末认知科学诞生之后，新的学习观逐渐形成。现代学习观是指人们用他们已知道和相信的知识去建构新知识和对新知识的理解。③

研究者认为，学习是由经验引起的引发变化的过程，这一过程能增强人们改善行为和后继学习的潜能。学习有三个关键特征：第一，学习是一个过程，而不是一个结果。然而，由于这一过程发生在头脑中，我们只能从学生的行为表现或结果中推断它是否已发生。第二，学习包含知识、信念、行为或态度的变化。这一变化随时间推移而显现，它不会转瞬即逝，会对学生的思维和行为方式产生持续不断的影响。第三，学习并不是教师对学生做了什么，而是学生自己做了什么。它是学生对自己有意和无意的、过去和现在的经验做出解释和反应的直接结果。④

当今世界认知过程和教学设计领域的专家、美国加州大学圣巴巴拉分校心理学教授理查德·E. 梅耶在《应用学习科学——心理学大师给教师的建议》中，对"什么是学习"做出了诠释：学习是指由经验引起的学习者知识的变化。这一定义表明学习由三个主要部分构成：第一，学习是发生在学习者身上的一种变化；第二，学

---

① ［比］埃里克·德科尔特：《对学习的理解的发展历程》，见［德］汉纳·杜蒙、［英］戴维·艾斯坦斯、［法］弗朗西斯科·贝纳维德：《学习的本质：以研究启迪实践》，杨刚等译，22 页，北京，教育科学出版社，2020。

② ［美］安妮塔·伍尔福克：《伍尔福克教育心理学》，伍新春等译，169 页，北京，中国人民大学出版社，2012。

③ ［美］约翰逊·D. 布兰思福特等：《人是如何学习的——大脑、心理、经验及学校》，程可拉等译，6~9 页，上海，华东师范大学出版社，2013。

④ ［美］苏珊·A. 安布罗斯等：《聪明教学 7 原理：基于学习科学的教学策略》，庞维国等译，2 页，上海，华东师范大学出版社，2012。

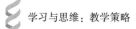

习者的知识发生了变化；第三，这种变化是由学习者的经验引起的。①

经济合作与发展组织（Organization for Economic Co-operation and Development，OECD）基于脑科学的研究指出，学习被看成是一种以学习者为中心的，依赖先前知识基础的，基于个人经验、意愿和需求的知识建构过程。②

概言之，学习是一个发展过程。学生在进入课堂时，带有自己先前的知识、技能和能力，也带有自己在社会、情感方面的经验。这些经验会影响学生的价值判断和学习方式。埃里克·德科尔特指出，目前教育领域的学者认为不同学科学习与教学的终极目标是让学生获得"适应性专长"或者说"适应性能力"，即将有意义条件下习得的知识与技能巧妙并创造性地应用到不同情境的能力。③

2. 关于学习的重要原理

格里诺（Greeno，J. G.）等人提出了关于认知与学习的三种理论视角：行为主义视角（behaviorist perspective）、认知视角（cognitive perspective）、情境—社会历史视角（situative-sociohistoric perspective）。④还有人分析了关于学习的四种理论视角：认知视角、情境视角、理论实用主义（theoretical pragmatism）、系统思维观点（systems thinking approach）。⑤美国学习科学家 R. 基思·索耶主编的《剑桥学习科学手册》从五个方面探讨了学习科学的理论基础：建构主义、认知科学、教育技术学、社会文化研究、学科知识研究。⑥本部分根据上述研究，概述了关于学习的理论研究视角。

————————————

① [美]理查德·E. 梅耶：《应用学习科学——心理学大师给教师的建议》，盛群力等译，14 页，北京，中国轻工业出版社，2016。

② 经济合作与发展组织：《理解脑——新的学习科学的诞生》，周加仙等译，21 页，北京，教育科学出版社，2014。

③ [比]埃里克·德科尔特：《对学习的理解的发展历程》，见[德]汉纳·杜蒙、[英]戴维·艾斯坦斯、[法]弗朗西斯科·贝纳维德：《学习的本质：以研究启迪实践》，杨刚等译，33 页，北京，教育科学出版社，2020。

④ Greeno, J. G., Collins, A. M. & Resnick, L. B., "Cognition and learning," In D. Berliner & R. Calfee (Eds.), *Handbook of educational psychology*, New York, Macmillan, 1996, pp. 15-46.

⑤ Hoban, G., *Teacher learning for educational change：A systems thinking approach*, Buckingham, Open University Press, 2002.

⑥ [美]R. 基思·索耶：《剑桥学习科学手册》，徐晓东等译，1~2 页，北京，教育科学出版社，2010。

（1）行为主义

格里诺等人指出，行为主义的观点可以追溯至桑代克、斯金纳和加涅。[1] 行为主义学者认为行为是认知、教学和学习的场所。知识由教师传递，由学生接受，而不是解释。传递（transmission）是教学模式。为了促进有效的传递，人们将复杂的任务分解成为有很多层级的组成部分，从简单到复杂按顺序加以掌握。

行为主义强调刺激—反应，并把学习者看作对外部刺激做出被动反应的对象即知识灌输对象；认为学习者受到报酬与要求等外在动机的驱使，根据外在刺激做出正确的反应。设计得很好的活动程序，具有清晰的教学目标，强调反馈和强化，以及从简单到复杂的技能的先后顺序，这对于学习机会的设计来说十分重要。

（2）认知视角

认知学习理论的分析单位、对学习的关注点集中于描述和理解个体心智（mind）的活动。格里诺等人认为，该取向来源于皮亚杰的理论：学习是个体在经验基础之上的对知识不断进行"重新加工"的过程。

认知取向认为知识包括反思、概念发展和理解、解决问题和推理。学习涉及学习者对现有知识结构的积极重构，而不是被动消化或机械记忆。在个体建构知识的过程中，认知取向强调对学习有重要影响的个体先在知识的重要性。学习动机是内在的，学习者应用包括其先在知识和经验在内的个体资源来建构新知识。在这一过程中，改变是通过反思个体信念和知识而实现的。认知取向的关键假设是学习在本质上是不断累积的。如果脱离先在经验，学习则无意义，或者说学习者什么也学不到。以上假设可以追溯至杜威的观点：如果没有关于某事物的经验和信息，没有人能够思考到任何事。[2]

（3）情境视角

关于学习的情境视角把学习和思考理解为更有效地参与探究与获取意义的社会实践。在社会实践和实践社群（communities of practice）中，个体发展自己作为学习者和认知者的身份，既对社群的功能和发展有所贡献，同时又在参与活动过程中，

① Greeno, J. G., Collins, A. M. & Resnick, L. B., "Cognition and learning," In D. Berliner & R. Calfee (Eds.), *Handbook of educational psychology*, New York, Macmillan, 1996, pp. 15-46.

② Greeno, J. G., Collins, A. M. & Resnick, L. B., "Cognition and learning," In D. Berliner & R. Calfee (Eds.), *Handbook of educational psychology*, New York, Macmillan, 1996, pp. 15-46.

个体自己获得成长。思维(thinking)是社会实践的一部分，涉及个体与团队的反思和言说，涉及社群与个体活动和经验的意义。情境视角认为，参与社群实践活动的过程，能有效提升学习者的探究能力和反思分析能力。

格里诺等人认为该理论可以追溯至杜威的观点：如果教育的主要目标是发展学生的思维活动，那么，学生就必须在让思考得以发生的情境中学习；教育目标主要是发展学生的思维习惯。他们进而提出，学习需要参与探究实践。通过参与社会互动来学习和思考，这一观点在维果茨基和米德的理论中被强调。还有人发展了作为协作社会实践的思维的概念。采用这种视角的教育研究通常为学生创建环境：让学生参与有成效的探究，以及应用学科的概念和原则。①

情境视角强调了学习情境的重要性，认为个体不能从其社群和环境中脱离出来。其分析单元或学习的焦点集中于"在社会行动中的个体"(individual-in-social-action)。②该视角认为知识分布在环境中的社会、物质和文化产物等之中。认知是个体参与社群(如数学社群)实践的能力。学习涉及发展特定社群和情境注重的实践与能力。学习动机是维持和发展学习者社群身份动力。学习机会需要被组织起来，以促进学习者参与探究和学习实践，支持学习者作为探究者的身份，使学习者发展学科的话语和辩论的实践。

情境视角学者把学习视为个体在参与社会化组织活动中发生的改变，个体对知识的应用是其参与社会实践的一部分。许多学者指出学习既涉及个体特征，也涉及社会文化的特征，并认为学习过程是一个适应文化(enculturation)和建构的过程。③

格里诺等人指出以上三种视角都对认知、思维和学习的性质提出了各自的理解，并且在教育实践中都有所反映，如强调掌握技能、概念和思维策略，以及参与实践和发展身份。每一种视角都可以用于理解教育实践及其过程。采用学习和思维的某一种特定视角，并不意味着有些实践是正确的，而其他的实践则是错误的。理论与实践的关系，取决于它们强调学习与思维的哪些方面。任何教育实践都可以从

---

① Greeno, J. G. & The Middle School Mathematics through Applications Project Group, "Theories and practices of thinking and learning to think.," *American Journal of Education*, 1997.

② Lave, J. & Wenger, E., *Situated learning: Legitimate peripheral participation*, Cambridge, Cambridge University Press, 1991.

③ Cobb, P., "Where is the mind? Constructivist and sociocultural perspectives on mathematical development," *Educational Researcher*, 1994, 23(7).

任何一种视角来理解，因为教育实践强调了不同的教育目标。格里诺对自己所从事的课程与研究计划(TMSMAPG)进行分析，总结出情境视角能够提供一个包容行为主义和认知视角各自长处与价值的架构。他认为学习和思维是参与社会实践及个体身份建构的要素，并包含学习技能、概念理解、思考策略的各自价值。[1]

(4)理论实用主义

霍本(Hoban，G.)在以上三种学习理论的基础上，增加了理论实用主义(theoretical pragmatism)和系统思维观点(systems thinking approach)。他指出，关于学习的实用主义取向认为可以根据"有用"的原则选用不同的取向。认知视角和情境视角都提供了它们关于学习过程的有价值的洞见，有利于人们理解特定的影响。但它们强调了不同的方面：认知视角强调先在知识等个体条件对学习的重要性，而情境视角强调社会和情境条件的重要性。[2]正如有人提议的：我们应该对理论持实用主义的态度，运用适合某一目的的视角，或者两种都使用。[3]

有人主张将不同视角结合起来看待成人的专业学习。他们在知识和信念的个体性质以及认知的社会情境与分散性质的基础之上，提出一种关于教师学习的折中观点。他们认为，最适宜的学习条件包括：教师应该被视为建构自己知识的积极主动的学习者；教师应该被授权，应该被视为专业人员；教师应该考虑学习中最基本的理念并获得不同的专门知识，这与认知的分散性质相关；教师需要运用信息技术等工具以明了获得的大量信息；教师教育应该处于课堂实践之中；教师教育者应该以期望教师对待学生的方式那样对待教师。[4]

(5)系统思维观点

霍本认为诸多学者尽管采用多重视角看待学习，但并没有将它们整合成为连贯

[1]　Greeno, J. G. & The Middle School Mathematics through Applications Project Group, "Theories and practices of thinking and learning to think," *American Journal of Education*, 1997.

[2]　Hoban, G., *Teacher learning for educational change: A systems thinking approach*, Buckingham, Open University Press, 2002.

[3]　Cobb, P., "Where is the mind? Constructivist and sociocultural perspectives on mathematical development," *Educational Researcher*, 1994, 23(7).

[4]　Putnam, R. T. & Borko, H., "Teacher learning: Implications of new views of cognition," In B. J. Biddle, T. L. Good & I. F. Goodson (Eds.), *The international handbook of teachers and teaching*, Dordrecht, Kluwer Academic Pubishers, 1997, pp. 1223-1296.

的"学习系统"，进而提出系统思维的观点。①该系统思维观点并不包括新的学习理论，而是一种思维方式。它将关于学习的行为主义、认知视角和情境视角等核心理论放在一起，强调它们之间的相互影响，强调"学习系统"各个组成部分之间的关系。当个体学习者、社会、情境相互作用，多种影响协同作用而使彼此得以改进时，一种互惠的螺旋关系就形成了。

霍本认为系统思维观点下的分析单元或学习关注的焦点是"处在相关行动中的个体"（individual in related action）。因此，学习是分布在学习的影响因素之中的（among influences on learning），而不是处于社会情境之间的（across a social setting），像情境取向一样，或者是处在个体之内的（within an individual），像认知取向一样。②

系统思维将"处在相关行动中的个体"作为分析单元，强调不同组成部分之间的关系，承认个体学习受到不同行动的影响，如团体讨论或实践情境，或者像录像机或书之类的工具。"因此，任何情境都能被视为一种学习系统，该系统中存在人们之间的多重关系、环境和人工制品。这个系统更像一个蜘蛛网，但并不需要学习者在某一时刻或同等程度上对之进行操作。"③根据这种观点，"行动"可以是提供洞见或观点的任何事件，如看电视或听讲座。这不同于情境视角认为的学习需要发生在社群实践中。

（6）建构主义

随着心理学家对人类学习过程、认知规律研究的不断深入，认知学习理论的一个重要分支——建构主义（constructivism）学习理论在西方逐渐流行。建构主义的核心命题是：每一个个体的先有概念引导他们的理解；关于外部世界的知识是人类建构起来的。儿童和成人所掌握的知识的差异，除了儿童掌握的知识的量少于成人外，更重要的是，儿童的头脑中存在与成人不同的知识结构。20 世纪 80 年代，研

① Hoban, G., *Teacher learning for educational change: A systems thinking approach*, Buckingham, Open University Press, 2002.

② Hoban, G., *Teacher learning for educational change: A systems thinking approach*, Buckingham, Open University Press, 2002.

③ Hoban, G., *Teacher learning for educational change: A systems thinking approach*, Buckingham, Open University Press, 2002.

究者们证实了儿童的思维方式与成人不同这个基本论断。例如，教育研究者们发现儿童有时不能正确回答数学问题，不是因为他们学习不够努力，或忘记了教科书上的知识，而是因为他们考虑数学问题的方式与教育家们所期盼的方式不同，并且教师设计的数学教育也没有更正这些错误的理解。①

建构主义阐明了学习者遇到新信息时，将创造或建构新知识，并将这些新知识添加到他们现有的知识体系中。建构主义者认为，知识不是简单地由教师传授给学习者的。相反，学习者必须接收新信息、理解新信息，然后以某种方式将新信息增加至自身已知的信息中。因此，学习是个体基于原有知识主动建构或创造新知识的过程，不是知识传递的过程。学习依赖于个体的意义建构，同时，建构意义的过程总是镶嵌在一个特定的、个体融于其中的社会场景中。强调学习者的中心地位，强调学习者是主动的、能动的参与者，体现了建构主义的核心观点。②概言之，建构主义是关于学习、认知活动本质的认识论分析。学习并非学习者对教师所传授的知识的被动接受，而是学习者以自身已有的知识和经验为基础的主动建构过程。

建构主义可分为不同的理论分支。有人将建构主义分为现代建构主义和后现代建构主义：现代建构主义包括激进建构主义、信息加工理论；后现代建构主义则包括社会文化理论、符号交互主义、社会心理建构主义、基于理念的社会建构主义。③ 尽管它们关于建构主义的观点不尽相同，但其共同之处在于都关注学习与认识的社会维度，认为知识的建构不仅仅在于个体，而且具有社会性，并且文化活动和工具(从符号系统到人类文化产物直到语言)与概念发展是整合的。个体建构主义对认识活动的个体特殊性进行绝对肯定，并认为应把它看成一种高度自主的活动；社会建构主义则反对认识活动的个体自主性，强调社会、文化环境对个体认识活动的作用。

(7)社会建构主义与社会文化理论

20世纪后期，强调环境尤其是社会交互的重要作用的"情境认知学习"的出现，进一步加强了建构主义对于学习的理解。这在很大程度上受到维果茨基观点的影

---

① [美]R.基思·索耶：《剑桥学习科学手册》，徐晓东等译，6页，北京，教育科学出版社，2010。

② 郑太年：《学习科学与教学变革》，32页，上海，上海教育出版社，2019。

③ Prawat, R. S., "Constructivisms, modern and postmodern," *Educational Psychologist*, 1996, 31(3).

响。在新的范式中，认知与学习被视为个体与环境交互的活动，并且知识在环境中被理解为活动、情境与文化的一个部分。①基于社会文化、情境化、分布式认知等相关理论的社会文化研究对学习及相关领域的影响主要体现在人工智能、认知心理学、教与学等方面。②有人将社会建构主义分为皮亚杰的社会认知冲突理论(sociocognitive conflict theory)和维果茨基的社会文化理论。因此，社会文化理论可以是社会建构主义理论中的一个路向。③

关于学习与发展的社会文化理论(sociocultural theory)由苏联心理学家维果茨基及其合作者在20世纪20年代末30年代初提出并发展起来。20世纪90年代，社会文化理论在西方国家的影响日益增强④，人们见证了一场"社会文化革命"(sociocultural revolution)。⑤

社会文化理论认为，个体的心理机能(human mental functioning)内在地处于社会互动、文化、制度和历史情境之中。该理论的目的是阐明人类心理机能及其发生的文化、制度和历史情境之间的关系。⑥

根据维果茨基的理论⑦，调节(mediation)、最近发展区(zone of proximal development，ZPD)、内化(internalization)等是理解学习与思维的关键概念。认知发展过程主要依赖于文化背景和社会交往。最近发展区是指个体实际发展水平与潜在发展水平之间的距离。实际发展水平由个体独立解决问题的水平决定，潜在发展水平由个体通过成人指导或与更有能力的同伴协作获得的解决问题能力决定。根据社会文化

---

① ［比］埃里克·德科尔特：《对学习的理解的发展历程》，见［德］汉纳·杜蒙、［英］戴维·艾斯坦斯、［法］弗朗西斯科·贝纳维德：《学习的本质：以研究启迪实践》，杨刚等译，27页，北京，教育科学出版社，2020。

② ［美］R.基思·索耶：《剑桥学习科学手册》，徐晓东等译，10页，北京，教育科学出版社，2010。

③ Palincsar, A. S., "Social constructivist perspectives on teaching and learning,"*Annual Review of Psychology*, 1998(49).

④ John-Steiner, V. & Mahn, H., "Sociocultural approaches to learning and development: A Vygotskian framework,"*Educational Psychologist*, 1996, 31(3-4).

⑤ Voss, J. F., Wiley, J., Carretero, M., "Acquiring intellectual skills,"*Annual Review of Psychology*, 1995, 46.

⑥ Wertsch, J. V., del Río, P., Alvarez, A. (Eds.), *Sociocultural studies of mind*, Cambridge, Cambridge University Press, 1995.

⑦ Vygotsky, L., *Mind in society: The development of higher psychological processes*, Cambridge, Harvard University Press, 1978.

理论，当处在最近发展区时，在工具、符号和"人类脚手架"的调节与帮助下，个体可以获得新的心理机能和思维模式。最近发展区不仅仅在学习者内部形成，而且在个体与学习者、共同参与者以及工具互动时形成。因此，最近发展区既取决于个别学习者的能力，也取决于整个交互情境的质量。

维果茨基的社会文化视角对课堂教学有深远影响。基于最近发展区和社会互动等相关理念，使用维果茨基教学方法的教师会提供多次机会让学生与他人互动，主要策略包括提供支持、开展交互式学习、同伴合作（协同学习）等。当学生通过互动完成一项任务时，其沟通能力和思维能力会得到发展。①

综上所述，伴随着人们对学习本质的探索，个体和文化的多样性等新成果扩展了人们关于学习机制以及脑如何发展的科学理解。社会文化、学习环境的结构等学习影响因素的研究进展，对学校教育产生了重要影响。美国国家科学、工程与医学研究院于2018年发表的《人是如何学习的Ⅱ：学习者、情境及文化》（*How People Learn Ⅱ：Learners，Contexts，and Cultures*）认为，学习是个复杂系统，在该系统中，学习者、情境和文化交织于一体。学习者首先是个生物有机体，同时又是受所处环境、社会和文化情境影响的社会存在。②正因为此，学习者的学习必然发生在真实世界中并受到情境及学习者自身特性和偏好的影响。所有学习都是文化塑造的过程，因而不可避免地与文化相关联。社会、情感、动机、认知、生物、时间等都会影响学习。学习研究本质上是对学习者与其所处环境之间关系的研究。若要理解人是如何学习的，就必须理解和包容学习者在发展、文化和历史等方面的多样性。③

二、学习科学与教学实践

近30年来，为了帮助人们学习，学习科学（learning sciences）取得了诸多进展。学习科学诞生于1991年，以第一次相关国际会议的成功举办和《学习科学期刊》

---

① ［美］凯文·瑞安、詹姆斯·M.库珀、苏珊·陶埃尔：《成为有效教师：从了解学生如何学习开始》（第2版），郭敬维译，72页，北京，中国人民大学出版社，2020。

② National Academies of Sciences，Engineering，and Medicine，*How People Learn Ⅱ：Learners，Contexts，and Cultures*，Washington，DC，The National Academies Press，2018.

③ National Academies of Sciences，Engineering，and Medicine，*How People Learn Ⅱ：Learners，Contexts，and Cultures*，Washington，DC，The National Academies Press，2018.

（*Journal of the Learning Sciences*）的创刊为标志。1999 年，美国国家科学研究委员会（The National Research Council，NRC）的报告《人是如何学习的》（*How People Learn*）首次对学习的新科学进行了全面介绍。而《剑桥学习科学手册》（*The Cambridge Handbook of the Learning Sciences*）则说明了教育家如何利用学习科学来设计更有效的学习环境。学习科学正在探究如何教授知识社会所需的深层的知识、技能和态度，被定位为为未来学校绘制发展蓝图的科学。①

学习科学是一个研究教与学的跨学科领域，涉及认知科学、心理学、计算机科学、人类学、社会学、信息科学、神经科学、教育学以及其他领域。学习科学的目标是让学习者能更好地理解认知过程和学习的社会化过程，充分挖掘计算机和互联网技术的潜力，优化课堂和学习环境，使学习者能够更有效和深入地学习。

通过研究儿童的学习，科学家们发现教授主义（instructionism）存在缺陷，并于20 世纪 90 年代对学习的基本事实达成共识，并由美国国家科学研究委员会发表。科学家们关于学习的基本观点主要为：

- 更深刻清楚地理解概念的重要性；
- 既注重教也注重学；
- 创设学习环境；
- 以学习者已有知识为基础的重要性；
- 反思的重要性。②

美国国家科学研究委员会的报告《人是如何学习的》于 2000 年再版，题目为《人是如何学习的：大脑、心理、经验及学校(扩展版)》（*How People Learn：Brain，Mind，Experience，and School：Expanded Edition*），由美国国家学术出版社（The National Academies Press）出版，其内容和理念被广为采纳并传播，指导和启发了众多教育工作者和研究者。近 20 年来，随着技术的发展，研究者基于脑科学研究等相关研究，对学习机制、影响学习的重要因素等问题进行了持续探讨。2018 年出版的《人是如何

---

① [美]R. 基思·索耶：《剑桥学习科学手册》，徐晓东等译，1~2 页，北京，教育科学出版社，2010。

② [美]R. 基思·索耶：《剑桥学习科学手册》，徐晓东等译，2 页，北京，教育科学出版社，2010。

学习的 II：学习者、情境及文化》①扩展了学习者的范畴，超越了单一学习场所，反映了技术进展，体现了跨学科研究的特征，深化了对学习本质的探讨，阐述了研究者近些年在学习科学研究中获得的新见解，对于学习科学研究人员具有重要的参考意义。

2018 年，德国慕尼黑大学、美国印第安纳大学、美国伊利诺伊大学和澳大利亚悉尼大学的几位教授共同主编，全球 110 余位研究者共同参与编写的《国际学习科学手册》(*International Handbook of the Learning Sciences*) 正式出版，较为系统和全面地反映了国际领域学习科学研究与实践的进展概况，为学习科学领域的研究人员和实践者提供了较为综合、系统的理论知识与实践范畴，从而为拓展学习科学的研究与实践奠定了良好基础。②

研究者们在学习科学的理论研究方面取得了巨大进展。自 20 世纪后期以来，学习科学研究者逐渐将其研究领域扩大到真实的学习情境中，同时教育工作者也开始重视关于学习的相关研究，并要求学习科学的研究者构建一种学习理论，以解释真实教学情境中的学习问题，致力于如何将学习理论、学习科学的研究成果转化为教师的教学实践。

关于学习科学和教学实践的关系问题，《剑桥学习科学手册》主编、美国北卡罗来纳大学教堂山分校教育学院教授、学习科学家索耶进行了这样的反思：学习科学研究迄今已开展近 30 年，人们开始相信那些基于学习科学的学校和教师能给学生带来更有效的学习，但现实中学校依然维持着几十年前的做法，学习科学研究与教学实践之间仍然存在脱节的现象。③美国国家教师专业发展委员会前任主席大卫·苏泽(David A. Sousa)基于自己多年来将学习科学应用于教学实践的经验，指出将实验室的研究成果应用于实践，并最终导致课堂和学校的转变，需要一个长期的、坚持不懈的过程。④理查德·E. 梅耶则呼吁要将学习科学最重要的主张和观点向"入门者"普

---

① National Academies of Sciences, Engineering, and Medicine, *How People Learn* II : *Learners, Contexts, and Cultures*, Washington, DC, The National Academies Press, 2018.

② 任友群、赵建华、孔晶、尚俊杰：《国际学习科学研究的现状、核心领域与发展趋势——2018 版〈国际学习科学手册〉之解析》，载《远程教育杂志》，2020(1)。

③ 陈家刚、杨南昌：《学习科学新近十年：进展、反思与实践革新》，载《开放教育研究》，2015(4)。

④ [美]David A. Sousa：《脑与学习》，"认知神经科学与学习"国家重点实验室、脑与教育应用研究中心译，4 页，北京，中国轻工业出版社，2005。

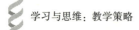

及，要加强"应用学习科学"的研究和实践，即基于人是如何开展学习的知识，去开发有实证依据的教学方法（策略）来帮助人们学习。① 为此，教师培养应增加学习科学相关的知识、技能，提高一线教师的学习科学素养，保障学习科学在实践中落地。②

三、学习变革趋势

（一）学习变革的时代背景

随着社会的发展，在当前智能时代，学习已经具备了变革基础。移动技术、云技术、大数据技术、Web 2.0 技术的整合开辟了移动网络环境下个性化学习和泛在学习的新方向。交互技术、物联网技术、地理定位技术和增强现实技术的整合，极大地丰富了教学情境的构建，开辟了互动学习、体验学习和探究学习的新方向。以大数据技术为基础的学生学习进展与技能水平评价创建了全新的评价模式。社会及技术的发展，需要教育者立足信息技术革命，做好规划，为未来的教育变革和学习变革做好准备。

当代教育有三个主要发展方向：一是构建基于互联网的个性化教育新模式；二是构建"互联网+"时代的教学新常态；三是信息与通信技术（ICT）面向人人，支持个性化学习。未来的教学，从"用经验说话"转向"用数据说话"，面对面学习和在线学习并存，形成互为补充的混合教学模式。课堂将成为应用互动、体验和探究学习方式促进知识理解及应用的场所。因此，教育者需要做好规划，推动教育紧跟时代步伐，以积极应对学习变革。教学变革加上技术的飞速发展，也推动着学习方式、课堂教学方式和学校的变革。学习方式多样化的未来学习，倡导公平、对话、合作和探究的未来课堂。

随着社会文化、信息技术的发展，我们所处的世界已发生了巨大变化，这影响

---

① ［美］理查德·E. 梅耶：《应用学习科学——心理学大师给教师的建议》，盛群力等译，8～9页，北京，中国轻工业出版社，2016。
② 尚俊杰、裴蕾丝、吴善超：《学习科学的历史溯源、研究热点及未来发展》，载《教育研究》，2018(3)。

了学习的特性。伊恩·朱克斯(Ian Jukes)、瑞恩·L. 沙夫(Ryan L. Schaaf)等认为，数字化一代的学习特性体现在以下 9 个方面：第一，倾向于从多种数字渠道获取信息；第二，倾向于并行处理或同时处理多个任务；第三，倾向于在处理文本信息之前先处理图像、声音、色彩和视频信息；第四，倾向于同时与多人进行协作和沟通；第五，阅读纸质文本或网页文本时往往会无意识地进行快速阅读；第六，倾向于适时学习；第七，希望得到及时满足和及时奖励，但也伴随着延迟满足和延迟奖励；第八，能在数字世界和现实世界之间自如切换；第九，偏爱既有用又有趣的学习。①当今急剧变化的世界影响了人们的学习方式和思维方式，因此，教育者必须改变教育教学实践，以应对变革带来的挑战。

20 世纪中后期以来，复杂多变的生存环境和社会转型带来种种不确定性，使人们更清楚地认识到充分探讨人类学习的机制对于个人、组织和社会极为重要。研究者开启了真实情境下对学习的过程、机制及功能等问题的多学科探索并将其应用于教育实践，对智能时代的学校发展产生了深远影响。学习者的学习内容与学习方式，以及教师角色和教学均发生了很大变化。

(二)学习维度与学习内容

随着时代的变迁，社会对学生和教育系统的要求也在发生改变。过去，教育目标是教给学生一些知识、技能等。尽管当前各领域的知识仍然非常重要，但在当今社会，如果学生仅仅知道一些最容易学、最容易测量的知识、技能，则远远不能适应社会的需要，学会学习的能力也非常重要。教育的成功不是取决于学生能否重述知识，而是取决于学生是否能通过已知进行推理，并在全新的环境中应用知识。

为了帮助学生应对前所未有的社会和经济变化，学校教育需要让学生为未来的工作和生活做好准备。因此，当前，教育领域更多地关注以下要素：思维方式(包括创造性思维、批判性思维、问题解决和决策)，工作方式(包括交流和协作)，工作所需的能力(包括发现和探索潜在新技术的能力)，以及帮助人们共同生活与工

---

① ［美]伊恩·朱克斯、瑞恩·L. 沙夫：《教育未来简史——颠覆性时代的学习之道》，钟希声译，65 页，北京，教育科学出版社，2020。

作的社交和情感技能。学校需要确保学生为一个新的世界做好准备。[①]

　　在学校里，什么才是值得学习的知识？在当今社会，教师已经开始努力拓展日常教学内容的边界。美国教育心理学家、哈佛大学教授、"零点项目"创始人戴维·珀金斯(D. N. Perkins)认为，知识必须能够在某些场合实际运用才值得学习。在当今这个复杂而多变的世界中，我们要努力培养学生的好奇心，启发他们的智慧，增进他们的自主性和责任感，引导他们积极、广泛、有远见地追寻有意义的学习。"值得学习的知识"在不断拓展，主要体现在以下 6 个方面：

- 超越基础技能——21 世纪必备的综合能力与品质；
- 超越传统学科——新兴的、综合的、有差异的学科；
- 超越彼此割裂的各学科——跨学科的主题和问题；
- 超越区域性观念——国际化的理念、问题与学习；
- 超越对学术内容的掌握——学习思考与课程内容有关的现实世界；
- 超越既定内容——提供多元的学习选择。[②]

　　传统的学科教学只能向学生传递知识性内容。随着当前社会经济的发展，为了让学生适应未来社会的要求，有学习价值的内容已经被大大拓展了。学生的学习内容要适应智能时代的需求，并为未来的生活和工作做好准备。

(三)学习情境与学习方式

1. 学习情境

　　从学生的学习情境来看，除了传统的学校课堂教育情境，每一所学校都被隐性课程环抱着。除了校内学习之外，学生拥有更多的校外学习情境，以及更多的展示与互动平台。社会环境(如社区、博物馆等)蕴含丰富的教育资源。与社会环境的互动会对学生产生正面或负面影响。未来的学习将有日益增多的隐性课程。

　　此外，家庭作为独特的教育场，也是重要的学习情境。家长的全方位参与有助于形成家校共育的合力。学校教育与家庭教育、社会教育之间的边界正在被消解。

---

①　OECD 教育研究与创新中心：《重新设计学校教育：以创新学习系统为目标》，詹艺译，9~10页，上海，华东师范大学出版社，2018。
②　[美]戴维·珀金斯：《为未知而教，为未来而学》，杨彦捷译，前言Ⅲ页，杭州，浙江人民出版社，2015。

学习中心将实现小规模化，未来的教育治理将从学生个体转向家庭，教育管理者通过影响家庭教育场从而更好地教育学生，为学生制订个性化的教育方案。

也有研究者提出"将社区作为一种学习资源"，分析了中小学教育中的服务学习(academic service-learning)。服务学习是发生在社区中的作为课程整体一部分的体验式学习。相关的教学法和项目正在引发国际范围内许多学者的研究兴趣，包括参与式教学法、授权式教学法、价值观教育行动、公民教育项目以及社区资源项目。服务学习介于社会服务和志愿工作之间，从服务开始，包括现场教育和实习，以学习为结束。①服务学习将社区作为学习的一种资源，能够给学生提供情境化的学习体验，能够增进学生对传统课程的理解，有助于提升学生的社会责任感、道德水平等综合素质。

2. 学习方式

在我国当前基础教育课程改革的背景下，学习方式的转变是显著特征。建立和形成旨在充分调动、发挥学生主体性的学习方式，促进学生在教师指导下主动、富有个性地学习，已成为课程改革的核心任务，也使学习方式的转变成为课程改革的重要组成部分。

在传统教学过程中，学生往往扮演被动学习者的角色，教师的教学过程就是向学生传授知识和培养学生记忆能力的过程，其在本质上是一种灌输式教学或填鸭式教学。这种教学方式致使学生的学习停留在机械背诵和复述层面，缺少对知识的理解，缺乏对知识进行验证的能力。此外，这种教学方式也阻碍了学生的个性发展，忽视了其主动性、创造性和独立性。

近几十年来，随着建构主义研究、社会文化研究等学习科学研究的发展与影响，教师在课堂教学中应用了相关理论。现代教学日益强调学生的主体性，认为学生只有积极主动地参与教学活动、独立自主地进行思考，才能对学习的内容和知识进行相对稳定的理解和掌握。因此，教学活动要改变传统的被动接受式学习，通过发现学习、项目学习(也称项目式学习)等方式，更加强调学生的主动学习，并注重为学生创造学习的情境或环境，将学习过程中的发现、探究、研究等认识活动凸

---

① [美]安德鲁·富尔科：《将社区作为一种学习资源：中小学教育中的服务学习分析》，见[德]汉纳·杜蒙、[英]戴维·艾斯坦斯、[法]弗朗西斯科·贝纳维德：《学习的本质：以研究启迪实践》，杨刚等译，200页，北京，教育科学出版社，2020。

显出来，使学习过程更多地成为学生发现问题、提出问题、分析问题和解决问题的过程，要以培养创新精神和实践能力为主要目的，转变学生的学习方式。

转变学生的学习方式，就是要转变原本单一的和被动的学习方式，提倡和发展多样化的学习方式，特别是要提倡自主、合作与探究的学习方式，让学生成为学习的主人，使学生的主体意识、能动性和创造性不断得到发展，使学生的创新意识和实践能力不断得到发展。

当前的课程改革突出强调了学生的自主学习。自主学习，相对于被动学习、机械学习而言，是指学习者自行确立学习目标、制订学习计划，通过一定的学习策略解决问题并进行自我评价的学习方式，其核心是发挥学生学习的主动性和积极性，充分体现学生的主体地位和认知主体作用。

探究学习是相对于接受学习而言的，主要指学习者通过确定研究主题，在创设的情境中开展探究活动，从而获得知识、技能，形成探索精神、发展创新能力的学习方式。探究学习注重引导学生通过质疑发问、分析研究、不懈钻研来解决问题，并最终指向探索精神和创新能力的培养，对学生的积极参与和主动创新提出了更高的要求。

概言之，从学习方式来看，合作学习、项目学习、在问题解决中学习变得日益重要，建构、创造、体验、协作等方式均成为学习的新方式。以慕课、翻转课堂、混合式教学为代表的教学方式和学习方式，突破了时空局限性，让学生进行个性化在线学习。学习方式更加多样化，以促进学生的自主学习与合作学习。未来学校是以学生为中心的自组织学习共同体，所以学生之间不再是竞争关系，而是相互协作的学习伙伴关系。协作学习可以联结人与人的大脑，凝聚多人智慧，共同解决同一类问题。学生的学习将从竞争逐渐走向共生。

新一轮课程改革带来了理念的更新，也对传统课堂教学形成了冲击，使单一被动的学习方式得到改变，但是仍然有待继续完善。教师需要转变教育教学观念，提高自身素质与能力，进一步改变以教师、课堂和书本为中心的传统学习场景，增加真实、有趣且具有探索性的学习活动，使学习方式更加多样化，为培养创造型人才创造条件。实现学习方式的实质性转变，仍有待实践者和研究者进行持续思考与探索。

基于当前变革情境，教师的角色发生了变化，由原来的权威管理者，转变为辅助者、组织者、陪伴者，同时教师必须重新思考三个问题：教师应该教哪些内容，以帮助学生更好适应未来？应该如何教才能让学生的学习更有效率？怎样才能知道学生达到了教育目标即怎样才能知道教学策略正确而有效？

因此，教师需要重新定义自身的专业发展，重新确立对于学生来说真正重要的学习内容。此外，教师还要重新跨越"动机鸿沟"。在当今时代，教师的角色发生了变化。教师要懂得教育评价不仅测量考试成绩，还要测量学生是否具备问题解决、批判性思考、团队合作和创新等复杂能力。教师还要培养学生具有自我激励的决心，并且让学生学会利用数字化工具去创造、合作和学习。为此，教师要做好规划并学习相关教育教学策略，以应对智能时代带来的挑战。

第二节　面向未来的课程与教学

20 世纪末 21 世纪初，世界各国纷纷确立了人才优先发展战略。为培养符合新时代要求的人才，多国政府不约而同地开展了新一轮的课程改革，且改革聚焦于一个共同的点——提升国民核心素养。因此，核心素养的研究、基于核心素养的课程与教学日益受到关注。在全球范围内，多国教育致力于培养学生的核心素养，相关的课程改革均聚焦于培养学生的批判性思维和创造性思维、合作能力和合作意愿、领导力、创新创业精神，以及在这个时代生存和发展所需的其他关键能力与品质等。

一、教育目标：21 世纪能力与核心素养

知道"学什么"是有效学习的前提和目标。学习绝不是单学一套认知概念，而是包含知识、技能和态度三者在内的统一体。随着时代的发展，社会对教育系统和学生的要求已发生了改变。过去，教育目标是教给学生一些东西，而现在，教育目标是确保学生形成扎实的技能，能够在日益变化的世界中找到自己的方向。教育目

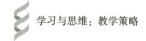

标是不仅要使学生获取知识，更要使他们学会学习。①

（一）学生应具备的 21 世纪能力

英国、澳大利亚等国已有一系列报告提出，创新（innovation）与创意（creativity）是 21 世纪经济的关键。在知识经济时代，培养创新型劳动力、发展其在新的工作场所所需的技能，是各国及全球创新经济发展的关键。世界各国日益倡导创新与创意，因此，学生需具有 21 世纪的技能（skills）与能力（capacities），如协作、问题解决、批判思维、想象、沟通、同理心等。

全球教育思想专家、课程重构中心（Center for Curriculum Redesign）主任菲德尔（Fadel，C.）等研究者在 2015 年出版的《四个维度的教育：学习者迈向成功的必备素养》（*Four-Dimensional Education：The Competencies Learners Need to Succeed*）一书中提出了知识、技能、品格和元认知四个教育维度：知识维度，包含系统思维（跨学科）、设计思维（创新）、信息素养、全球素养、数字素养等方面；技能维度，包含创造力、批判性思维、问题解决、创新、沟通与协作等方面；品格维度，包含专注力、好奇心、勇气、韧性、道德、领导力等方面；元认知维度，包含自我意识、自律、自我反思、自我适应、终身学习、学习策略等方面。②在教室中，上述四个维度是相互交织的，而有效学习是对这四个维度的多方面的综合。在世界范围内，学生的学习体验综合体现了不同学习的各个维度。为适应 21 世纪的需求，我们要重新审视教育的维度及其之间的相互作用。

澳大利亚昆士兰州课程与评估局（Queensland Curriculum and Assessment Authority，QCAA）提出了一系列当前教育领域关注的 21 世纪技能（详见表 1-1），这些技能强调了创新与创意，以及沟通能力，在课程开发中需要尤为予以关注。③

---

① OECD 教育研究与创新中心：《重新设计学校教育：以创新学习系统为目标》，詹艺译，9 页，上海，华东师范大学出版社，2018。

② Fadel, C., Bialik, M. & Trilling, B., *Four-Dimensional Education：The Competencies Learners Need to Succeed*, CreateSpace Independent Publishing Platform, 2015.

③ QCAA, Humanities and social sciences literature review addendum：Senior syllabus redevelopment, 2016.

表 1-1　21 世纪技能（21st century skills）

21 世纪技能	组成部分
批判性思维 （critical thinking）	分析思维 问题解决 决策 推理 反思与评价 灵活性
创意思维 （creative thinking）	创新 主动性与进取心 好奇心与想象 创意 产生并采用新观念 确定替代性方案 寻找或产生新的关联
沟通 （communication）	有效的口语及书面沟通 使用语言符号与文本 有效地与多元听众沟通相关观点
协作与团队合作 （collaboration and teamwork）	与他人的关系（与他人互动） 认可并采用多元视角 参与并有所贡献 社群中的联结
个体与社会技能 （personal and social skills）	适应性/灵活性 管理（自我、生涯、时间、计划与组织） 品格（韧性、专注力、开放与公正、自我意识） 领导力 公民 文化意识 道德（伦理）理解
信息与通信技术技能 （information and communication technology skills，ICT skills）	操作与概念 获得与分析信息 技术的有效运用 数字公民（安全、积极与网络责任）

资料来源：澳大利亚昆士兰州课程与评估局（QCAA），2016。

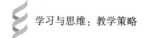

伊恩·朱克斯等人提出了现代学习者必修必备的八大核心能力：内省能力、人际交往能力、解决问题的能力、协作能力、信息分析能力、信息沟通能力、创造能力。①

经济合作与发展组织教育与技能司司长(Director for Education and Skills at the OECD) 、"PISA 之父"安德烈亚斯·施莱希尔(Andreas Schleicher)提出："教育面向学生的未来，而不是我们的过去。"对学生来说，一门学科的知识内容发展得越快，了解一门学科的结构和概念(技能知识——"know how") 就越重要，而不仅仅是掌握有限的内容(事实知识——"know what") 。例如，在数学领域，学生需要知道如何以及为什么学习数学(认知信念) ，能够像数学家一样思考(认知理解) ，并掌握与数学有关的实践知识(方法论知识) 。未来的工作可能会将人工智能与人类的技能、情感、态度和价值观结合起来。我们的创新能力、创新意识和责任感将使我们能够利用人工智能的力量来改善世界。因此，最重要的是培养这样一类人：能够在新的情况和经验中应用知识，从而获得新的技能、建立新的关系并在此过程中扮演新的角色的人；能够在快速变化的世界和不断变化的情境中不断学习、不困于所学和重新学习的人。帮助学生发展有效的学习策略和元认知能力，例如自我认知能力、自我调节能力和自我适应能力，将变得越来越重要。这应该成为课程和教学实践更为明确的目标。②

诸多国际组织，如世界经济论坛、联合国教科文组织、经济合作与发展组织等均对现代学习者必须掌握的技能做出了阐释。教育家也一致认为，学校需要在不断变化的现代世界中与时俱进，将学习者应具备的基本能力作为教学的重点。把这些能力教给学习者的最佳方法，并不是将之从其他课程中抽离出来，而是将解决问题的能力等融入课程内容，让学习者在学习的同时掌握相关技能。

（二）核心素养

培养公民面向未来的 21 世纪核心素养(literacy) 是全球教育的共同追求。《剑

---

① [美]伊恩·朱克斯、瑞恩·L. 沙夫：《教育未来简史——颠覆性时代的学习之道》，钟希声译，163～164 页，北京，教育科学出版社，2020。

② [德]安德烈亚斯·施莱希尔：《教育面向学生的未来，而不是我们的过去》，载《华东师范大学学报(教育科学版) 》，2020(5) 。

桥学习科学手册》对素养的阐释为"在特定的社会与文化境脉中交流和完成目标所需要的所有实践"，提出对素养的培养和使用，旨在促进学生个人知识和世界知识的增长，且对操作素养（operational literacy）、文化素养（cultural literacy）和批判素养（critical literacy）予以关注。①

1. 国际研究

当前，全球教育改革均聚焦于素养研究。关于核心素养的国际研究，影响力大的主要有以下三项研究。

第一，OECD 于 1997 年启动了"素养的界定与遴选"（简称 DeSeCo 项目），于 2003 年正式发布了九项核心素养（competency），并提出了核心素养的四大关键特征：①核心素养是一个动态的、不断整合的整体性概念；②核心素养是在后天逐步习得并完善的，而非先天就具有的；③核心素养远比知识与技能的内涵更加丰富，它是相关知识、认知技能、态度、价值观与情感的集合体；④核心素养是行动与情境导向的。由此可知，核心素养的具备在教育教学里需要体现四个基本特征或者关键要素：情境、任务、角色、问题。此四个方面构成了核心素养的具备条件，也是教育环境或教育教学布局应体现的四个基本要素，为世界各国包括国际组织研究核心素养提供了基本框架和基本规则。

第二，欧盟于 2006 年提出的核心素养框架，聚焦于母语交流能力、外语交流能力、数学与科技素养、数字素养、学会学习、社会与公民素养、主动性与创业精神、文化意识与文化表达八大核心素养。核心素养是一系列可迁移的、功能多向的知识、技能和态度的集合，是每个人发展自我、融入社会及胜任工作所必需的，应在义务教育结束时得以具备，并为终身学习奠定基础。

第三，美国 21 世纪学习联盟（Partnership for 21st Century Learning，以下简称"P21"）发布了《21 世纪学习框架》（Framework for 21st Century Learning）。该框架由学习与创新技能/素养、生活与职业技能/素养、信息媒体与技术技能/素养等方面组成。其中，最广为传播的是学习与创新技能/素养的 4C 模型，即批判性/审辨思维

① ［美］R. 基思·索耶：《剑桥学习科学手册》，徐晓东等译，347～348 页，北京，教育科学出版社，2010。

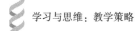

(critical thinking)、创新(creativity)、沟通(communication)、合作(collaboration)。①
这四个方面反映了 21 世纪人才标准的发展走向，简称为"4C"，在国际社会具有较
为广泛的影响力。在该模型中，审辨思维和创新侧重于认知维度，沟通与合作侧重
于非认知维度。该模型的这两个维度要点虽少，但却因其覆盖面广而具有代表性。

此外，也有不少国家的教育改革提出要培养学生的核心素养。例如，芬兰的教
育改革强调要培养学生学会学习的能力、沟通交流的能力、终身学习的能力等，特
别强调了"横贯能力"。新加坡强调培养自信的人、自主学习者、热心公民、积极
贡献者。

概言之，上述关于核心素养的研究，体现了不同的价值取向。OECD 的理念以
培养完整的人为导向，欧盟提出的理念以终身学习为导向，新加坡的目标架构以个
人发展为核心，美国则以未来职业需求为导向。世界各国都在试图勾勒新时代所需
要的新型人才的形象，从而引领学校教育的方向、内容和方法。国际领域关于核心
素养的研究，为我国后续开展相关研究提供了启示。

2. 我国的研究

随着我国基础教育课程改革的不断深入，核心素养教育在我国逐渐落地扎根、
快速发展，取得了丰富的研究成果和实践成果。

2014 年 4 月，"核心素养"首次出现在教育部印发的《关于全面深化课程改革
落实立德树人根本任务的意见》中，成为修订课程方案、课程标准和研制学业质量
标准的重要依据。北京师范大学林崇德教授受教育部委托，领衔开展中国学生发展
核心素养的研究，于 2016 年形成了面向全国的《中国学生发展核心素养(征求意见
稿)》，并于同年 9 月正式发布《中国学生发展核心素养》，提出了包括三大领域、
六种素养，共计 18 个要点的中国学生发展核心素养，并出版了《21 世纪学生发展
核心素养研究》。②中国学生发展核心素养是我国对未来人才形象的全面、详细的表
达。它代表了我们要依靠什么样的人才参与未来国际竞争，要依靠什么样的人才推
动未来社会的发展，要依靠什么样的人才实现中华民族伟大复兴。

北京师范大学中国教育创新研究院与美国 21 世纪学习联盟开展合作，在 P21

①　Partnership for 21st Century Skills, Framework for 21st Century Learning, 2019.
②　林崇德：《21 世纪学生发展核心素养研究》，北京，北京师范大学出版社，2016。

提出的 21 世纪核心素养 4C 模型(审辨思维、创新、沟通、合作)的基础上，新增文化理解与传承素养，构成 5C 模型，建立了包括 5 个一级维度、16 个二级维度在内的核心素养 5C 框架。"21 世纪核心素养 5C 模型"包括文化理解与传承素养、审辨思维素养、创新素养、沟通素养、合作素养 5 个方面，并阐释了每项素养的内涵，列举了重要的行为表现。该研究取得的突破是：第一，提出了文化理解与传承素养，突出强调学生对中华优秀传统文化的认同与传承，使其成为中国学生特有的文化基因和精神脊梁；第二，强调中华优秀传统文化教育在发展学生道德规范、思想品格、价值取向等方面的独特作用；第三，各素养的内涵阐释，既反映认知要求又体现思想品格和价值取向，既反映结果目标又突出过程目标；第四，对各素养关键要素的提炼和对行为表现的描述，使 21 世纪核心素养教育在从教育理念走向教育实践方面又迈出了重要的一步，为开展核心素养测评打下了良好的基础。①

基于我国当前的教育改革，义务教育阶段强调"坚持'五育'并举，全面发展素质教育"②；高中阶段则要"培养学生学习能力，促进学生系统掌握各学科基础知识、基本技能、基本方法，培养适应终身发展和社会发展需要的正确价值观念、必备品格和关键能力"③。

当前，科技创新与人工智能改变了人们的生活。过去的教学很难让今天的学生满足未来社会的需求，更难以回应多变的世界。因此，世界各国都希望通过教育改革，尤其希望基于核心素养改进课程与教学，让学生应对未来挑战。核心素养的提出，具有其课程意义：核心素养可作为课程发展中可把握的教育目标实体、课程目标的来源、内容处理与教学实施的定位系统、学习质量评价的参照。核心素养的课程意义在于建构课程育人的专业话语，打破学科等级化的困境，提供更具教育性的问责，消解分科与整合的课程对立，推动课程领域的专业对话。④

2018 年 1 月 16 日，教育部召开新闻发布会，把 2017 年版的高中课程方案以及课程标准向全国发布，2020 年 5 月 11 日又发布了修订版。这是核心素养在课程方

---

① 魏锐、刘坚、白新文等：《"21 世纪核心素养 5C 模型"研究设计》，载《华东师范大学学报(教育科学版)》，2020(2)。
② 中共中央、国务院：《关于深化教育教学改革全面提高义务教育质量的意见》，2019-07-08。
③ 国务院办公厅：《关于新时代推进普通高中育人方式改革的指导意见》，2019-06-19。
④ 崔允漷、邵朝友：《试论核心素养的课程意义》，载《全球教育展望》，2017(10)。

案与课程标准等方面的进一步落地，即通过在课程方案、课程标准里介入学科核心素养来承接学生核心素养。例如，2003 年版语文素养结构提出了能力结构、思想道德素质、科学文化素质三个方面。其中，能力结构包括较强的语文应用能力、一定的审美能力和一定的探究能力。2017 年版语文素养结构提出了四大关键学科核心素养：语言建构与应用、思维发展与提升、审美的鉴赏与创造、文化传承与理解。这些构成了核心素养的基本学科理念。

以学校为主要阵地，推进核心素养驱动的教育改革，主要体现在课程和教学两个关键领域。

二、我国基础教育课程与教学改革

（一）课程与教学改革政策

20 世纪末 21 世纪初，在世界各国开展课程改革之时，我国教育部于 2001 年印发了《基础教育课程改革纲要（试行）》，决定大力推进基础教育课程改革，调整和改革基础教育的课程体系、课程结构、课程内容，构建符合素质教育要求的新的基础教育课程体系。2018 年 1 月，教育部发布了《普通高中课程方案和语文等学科课程标准（2017 年版）》，并于 2020 年进行了修订，这让我们重新审视教育的内涵变革。新课标的颁布，是落实党的十八大、十九大关于落实立德树人根本任务、进一步深化基础教育课程改革的具体表现。

进入新时代，我国对基础教育课程与教学改革提出了新的政策要求。2019 年 7 月，中共中央、国务院发布了《关于深化教育教学改革全面提高义务教育质量的意见》，提出要"加强课程教材建设"，要"强化课堂主阵地作用，切实提高课堂教学质量"，并对"优化教学方式"做出了明确规定："坚持教学相长，注重启发式、互动式、探究式教学……融合运用传统与现代技术手段，重视情境教学；探索基于学科的课程综合化教学，开展研究型、项目化、合作式学习。精准分析学情，重视差异化教学和个别化指导。"①

---

① 中共中央、国务院：《关于深化教育教学改革全面提高义务教育质量的意见》，2019-07-08。

国务院办公厅《关于新时代推进普通高中育人方式改革的指导意见》提出要"统筹推进普通高中新课程改革和高考综合改革""优化课程实施""全面实施新课程新教材"，并对"深化课堂教学改革"做出了详细阐述："积极探索基于情境、问题导向的互动式、启发式、探究式、体验式等课堂教学，注重加强课题研究、项目设计、研究性学习等跨学科综合性教学，认真开展验证性实验和探究性实验教学。"[①]

(二)课程与教学改革布局

基于上述课程与教学改革政策及随之而来的政策的国定化、法定化、规定化，我们需要把握课程与教学所面临的核心布局并对相关政策做深度思考，对当前课程与教学改革做层级分析。

第一，国家的规定性作为第一层，体现了强烈的指导作用。落实立德树人根本任务就是按照核心素养的要求全面落实课程标准，这是学校课程与教学改革的规定性的第一层要义。

第二，随着改革的发展，特别是随着教育改革走到深水区，学生的成长环境变得立体化，需要多主体共同参与、立交桥式的发展机制。在学生核心素养的发展机制里，学校教育无疑发挥核心功能，但并不是全部功能。学生核心素养的培育仅仅依靠学校教育是不够的，还需要家庭教育以及社会资源的参与。

第三，学校层面，力求促进因材施教，研究和落实如何促进学生全面而有个性地发展。核心素养不仅是教室内的教学变化、课堂变化，更是教育的系统改革，是以课程为核心的育人模式的整体变革。学校层面也需要在发展模式上有所创新。

(三)课程的改进

基于相关政策和实践，我们可以看到，学校课程方面主要体现了从统一到多元化发展的趋势与特点。

过去国内所有的学校都用同样的教材，都教同样的课程。这种形式带来了益处，同时也带来了很多不利之处，比如，各地文化差异以及不同学生的发展差异造成了课程统一与因地制宜的矛盾。

———————————

① 国务院办公厅：《关于新时代推进普通高中育人方式改革的指导意见》，2019-06-19。

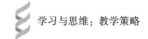

我国的课程建设在不同阶段体现了不同的侧重点。课程建设 1.0 时代实行"加法法则"，即开发校本课程、地方课程，把一级课程管理变成三级课程管理。三级课程管理以管理权限为划分标准，但是在学校里只有一个维度。以管理权限为划分标准的分级课程，需要在学校里进行扁平化再构。课程建设 2.0 时代进行了"三级整合"，即把国家、地方、校本三级课程整合成学校课程，但还需要体现课程的整体意义、整体价值。课程建设 3.0 时代提出了"意义重构"，这以核心素养为导向。这意味着我们需要将"培养什么样的人"作为教育必须回应的发展问题来重新引领教育模式的改变，甚至整个教育布局的调整。

部分学校已经实现了核心素养向课程目标的校本过渡。例如，在北京市史家胡同小学的课程整体建构中，三个"者"的课程目标是基于立德树人根本任务和"社会责任感、创新精神、实践能力"的人才基本属性，紧扣学生三大发展领域的核心素养，参考国际课程关注的"独立判断的思想者、矢志不渝的学习者、世界事务的参与者"的培养方向，依托史家胡同小学 20 多年的和谐教育特色提出的，是在全球视野中对"和谐的人"做出的更为具象和现实的表述。但目前，在课程建设中，部分学校的课程还没有形成系统，还不能真正有效地应对核心素养带来的系列挑战。部分学校还不能够通过课程把国家要求的基本核心素养改革，变成学校、教师、家长共同面对的核心改革任务，因此，可能会面临一些困难或问题。

面对从课程的统一到课程的多元化这一潮流，教师的身份和地位也将相应地发生变化。课程的整合、课程的拓展、课程的重构都需要教师的实质性参与甚至需要教师主导。"教师即课程"将成为现实，教师的风格将得到进一步凸显，教师作为专业人员的专业能量和能动性将得到进一步发挥。

(四)教学的改进

随着课程改革的推进，教师需要认真研究课标，理解学科本质，改进教育教学方式。在课程实施方面，已有诸多教师尝试单元教学改革。学科核心素养的内涵，指学生学了本学科之后逐步形成的正确价值观念、必备品格和关键能力。它意味着教学目标的升级。新的教学目标关注学生运用知识做事、持续地做事、正确地做事的能力，强调从理解知识点到应用知识点，重视知识点之间的联结。学科核心素养的提出，使教学设计发生了变革，要求教学设计从设计一个知识点或课时转变为设计一个新的单元。

本轮课程与教学改革着重强调了要"深化课堂教学改革"和"优化教学方式"。这对教师的教育教学提出了新的要求。教师在教学中，需要处理好传授知识与培养能力的关系，要注重发展学生的思维品质，让学生在质疑、调查、探究的实践过程中学习，注重培养学生的独立性和自主性，且要关注个体差异，满足不同学生的学习需要，创设能引导学生主动参与的教育环境，激发学生的学习积极性，培养学生掌握和运用知识的能力，使每位学生都得到充分发展。

从当前的改革来看，教师教学方式的转变就是把重"教"的过程转向重"学"的过程，合作学习、探究学习、项目学习等以学为主的教学方法受到高度重视。改革也强调了教师要从单向的教的过程转向教与学互动的过程，从看重学习结果转向看重学习过程。课程与教学的变革为学生学习方式的转变提供了保障，学生学习方式的转变也成为衡量课程与教学改革成功与否的重要标志。要改变传统的被动接受式学习，需要把学生学习过程中的发现、探究、研究等认识活动凸显出来，强调学生的主动探究与发现。

概言之，从本次课程与教学改革的重点来看，改革趋势体现了以教育现代化为阶段目标，以教育公平为基本价值取向，以终身教育为终极价值取向，以生命关怀为核心价值取向。核心素养导向的改革趋势旨在通过学校教学时空的重新分配，引导学校思考自身存在的价值和育人模式，重新组织教育要素，调整教学秩序；引导教师重新思考学科的本质、跨学科的必要性和多路径的选择；引导学生跨越学科壁垒，联通直接知识与间接知识，关联知识与生活，彰显学习的实践性与创新性，过与以往不同的学校生活。

三、智能时代技术支持的学习与创新教学法

新时代的教育改革强调课堂的主阵地作用，对切实提高课堂教学质量提出了政策要求。随着时代的发展，除了传授传统的知识、技能之外，培养学生的社交技能和团队协作能力以及社会情感等方面的能力日益重要。且在智能时代加速到来之时，已知的教育模式加速变革，学习内容、学习资源、教学模式、管理方式、评价体系、教师角色等都在革新中。学校也将向更加开放化、多样化、智能化和人性化的方向发展。

学校将是虚拟与现实融合的学习环境，将是基于数据、着眼于创新的课程空间。

当今时代，新一代信息技术对人类社会的影响日益显现，将信息技术作为实践手段的教育领域也随之受到重要影响。近年来，随着移动技术的不断发展，智能手机、平板电脑等移动设备的普及率不断上升，移动学习的方式被越来越多的人接受，学校的教与学方式随之改变，信息化教学也越来越受到重视。特别是当前信息技术高度发展，在大数据技术、虚拟现实技术等先进技术的支持下，学校教育必定会产生巨大变革，从而适应新的社会时代要求。当前，社会生产方式和生产力发生了深刻变革，特别是信息化社会的加速到来，已经为教学提供了变革的基础。

自 2012 年开始，英国开放大学每年发布一份创新教学法报告，以创新和未来展望为主题，呈现 10 种已有所应用并将对教育产生深远影响的创新教学法，旨在探索教学、学习和评估的前沿阵地，为教育工作者和政策制定者提供参考。

2019 年 1 月 1 日，英国开放大学教育技术研究所联合挪威学习科学与技术中心（Norway's Centre for the Science of Learning & Technology）发布了第七份创新教学法报告，即《创新教学法 2019》（Innovating Pedagogy 2019）。《创新教学法 2019》提出了以下 10 种创新教学法：游戏化学习、机器人辅助学习、去殖民化学习、基于无人机的学习、好奇心驱动的学习、行动学习、虚拟工作室、基于情境的学习、思维可视化、共情式学习。报告指出，仅仅依靠技术不足以引发学习和教学的真正变革，更重要的是如何运用这些技术带来的机遇。报告没有忽视"人"在教学创新中的作用和地位。报告援引在线学习专家斯蒂芬·唐斯（Stephen Downes）的观点，认为在未来的教育系统中，"学习的核心在于教师如何帮助学生从熟悉的事物中发现新的可能性，然后从新的事物中发现新的可能性"。报告指出：技术可以帮助我们创新，前提是我们对学习和教学如何发生有深刻的理解；学习可以是有趣而美妙的，是一种理解世界的方式。[①]

《创新教学法 2019》提出的上述 10 种创新教学法，有的历久弥新，例如游戏化学习、好奇心驱动的学习和基于情境的学习。这些教学法基于新技术，对探究、交流和合作等学习方式给予支持，帮助学生从熟悉的事物中发现新的可能性。这些教

---

①　Ferguson，R. & Coughlan，T.（Eds），Innovating Pedagogy 2019，Milton Keynes，The Open University，2019.

学法在过去很长一段时间里具有强大的影响力，在未来也会得到进一步发展。上述创新教学法中，有些教学法和最新兴起的技术有着密切的联系，例如机器人辅助学习和基于无人机的学习。还有的教学法为学习者提供了应对挑战的策略，例如，行动学习是指学生在学习处理问题的过程中解决现实生活中面临的问题。共情式学习则是解决欺凌问题的结构化方式。虚拟工作室与实体工作室相结合，不仅能解决问题，还能为发展技能、分享创意、实现不同地区的合作提供机会。思维可视化则让教学与学习者的需求更加吻合。

尽管研究者和实践者提出了诸多创新教学法，但仅仅依靠这些技术不足以引发学习和教学的真正变革，更重要的是人们如何运用这些技术带来的机遇。我们不能忽视"人"在教学创新中的作用和地位。尽管技术可以帮助我们实现一些功能，但重要的是我们如何理解教学和学习的发生。教学法随着社会的变化而发展，并开辟出新的可能性，而不是复制过去发生的事情。

在互联网时代，学生获取知识的渠道非常广泛。由于知识传递方式产生了变化，学校教师的角色也面临转型。过去，在知识单向传递的背景下，学校教师作为学生知识的传授者，只需要把课讲好，把知识传授给学生。在现在知识多向互动传递的背景下，教师要转型成为学生学习活动的设计者、指导者和组织者。这种转型也导致了学校中的师生之间形成了新的"学习伙伴"关系。

教师角色的转型和师生关系的转变会对学校传统的教育观念、教学与学习方式、教学组织与教室布局，以及教学管理机制产生一系列冲击，所以我们必须要有充分的思想准备。

在线教学也正在改变传统的教学过程和学习过程。对于学生来说，其学习过程主要分两个阶段：一是知识传输，学生接受由教师传授的知识；二是知识内化，学生将知识消化吸收、融会贯通。以往第一阶段多在课堂上完成，第二阶段往往在课后完成。在在线教学的模式下，学习过程发生了变化。例如，学生在教师上课之前就已经进行了个性化的线上学习，而且有些线上资源会比教师讲的内容更好。在这种情况下，教师在课堂上就必须组织学生探究、反思和讨论，引导学生合作学习，比如说合作做习题、学生主讲或演示、教师纠错和归纳等。因此，在线学习会给学习过程带来一场深刻的变革。现在人们所讲的翻转课堂的"翻转"、学习革命的"革命"的内涵就在于此。

因此，教师应主动应对在线教学的新挑战。第一，要转变教育观念。教师要树立富有时代内涵的人才观、多样化的质量观和现代的教学观，突破"千校一面""万人一面"的培养模式，践行因材施教的教育理念，尊重学生选择，鼓励学生兴趣、特长的发展，多样化、个性化地培养人才。第二，要深化教学改革。教师要高度关注信息技术和教育教学的深度融合，拓展融合领域，加快融合速度；探究以学生为中心的教学和学习方式，构建师生学习共同体，改革传统的课堂教学模式，引导和鼓励学生自主学习、合作学习、探究学习。第三，努力提高自身素养。教师要积极参与线上教学，探索线上教学和线下教学的融合方式，提升信息化教学能力和水平，改革教学方法与手段，提高教学效率，改善教学效果。但与此同时，我们也需清楚地认识到，在线教学不等同于学校教育，更不可能取代学校教育。教师要在共建共享优质教学资源和融合线上与线下教学等方面，进一步进行深入探索。

概言之，面对信息技术对教育发展带来的革命性影响，我们需要转变观念，在智能时代重新思考教育，重新思考技术支持下的学习方式，重新思考学生的学习动机，重新思考课程与教学、教材及资源建设，重新思考教师角色与管理，重新思考标准化和个性化等。①

第三节　学习原理与教学策略

一、学习原理

美国心理学会(American Psychological Association，APA)、学校心理与教育联盟(Coalition for Psychology in Schools and Education)将心理科学应用于基础教育，在美国心理学会 1997 年以学习者为中心的心理学原理(Learner-Centered Psychological Principles)的基础之上进行更新和拓展，提出了基础教育教学和学习中最重要的 20

---

① 尚俊杰：《未来教育重塑研究》，238 页，上海，华东师范大学出版社，2020。

项心理学原理（Top 20 Principles from Psychology for PreK-12 Teaching and Learning）①。此 20 项心理学原理分为 5 个领域：

表 1-2 基础教育教学和学习中最重要的 20 项心理学原理分类

领域	问题		原理
思维与学习（thinking and learning）	学生如何思考与学习	原理 1~8	1. 学生关于智力以及能力的信念和观点会影响他们的认知功能和学习 2. 学生已有的知识经验会影响他们的学习 3. 学生的认知发展和学习并不受限于固有的发展阶段 4. 学习是基于环境的，所以学生将已学的知识、技能迁移到新的环境中并不是自发的，而是需要培养的 5. 获取稳固的知识和技能依赖于不断练习 6. 清晰的、及时的以及解释性的反馈对学生的学习很重要 7. 学生的自我管理能力可以促进学习，并且这种能力是可以培养的 8. 学生的创造力是可以培养的
动机（motivation）	学生学习动机	原理 9~12	9. 当学生的内在动机强于外在动机的时候，他们往往更加乐于学习并且学得更好 10. 当学生抱着掌握知识的目的而非拿高分的目的时，他们在具有挑战性的任务面前更能坚持，并且能够对信息进行更深入的加工 11. 教师对学生的期望会影响学生的学习机会、学习动机和学习结果 12. 相对于长期的（远景性的）、笼统的和具有过度挑战性的目标来说，设定短期的（近景性的）、具体的、具有适度挑战性的目标更能增强学生的学习动机

① American Psychological Association, Coalition for Psychology in Schools and Education, Top 20 principles from psychology for preK-12 teaching and learning, 2015.

续表

领域	问题		原理
社会情感学习（social-emotional learning）	社会情境、人际关系、情绪与幸福感等对学生学习的重要性	原理13~15	13. 学习往往会受到多种社会情境的同时影响 14. 人际交往与沟通在教学和学习的过程中，以及在学生的社会情绪发展当中起着关键的作用 15. 学生的情绪会影响学生的学习和发展
课堂管理（classroom management）	如何管理课堂行为	原理16~17	16. 遵循科学的行为原理和有效的课堂教学原则，学生可以领会到教师对其课堂行为以及社会互动的期望和要求 17. 有效的课堂管理基于以下三点：（a）对学生提出较高的期望并充分沟通；（b）良好关系的持续培养；（c）对学生提供高水平的支持
评估（assessment）	教师如何有效评估学生的进步	原理18~20	18. 形成性评价和终结性评价都很重要并且有价值，但两者有着不同的方法和内涵 19. 要实现对学生的知识、技能和能力的良好评价，就应遵循特定的对评价过程的要求，该过程应根植于心理科学并且在质量和公平方面具有明确的标准 20. 对评价数据的理解是建立在清晰、适当和公正的解释基础之上的

苏珊·A. 安布罗斯等提出了 7 条学习原理：第一，学生的已有知识会促进或阻碍其学习；第二，学生组织知识的方式会影响其学习方式和知识的运用；第三，学生的动机决定、指引和维持他们的学习活动；第四，为了使学习达到精熟水平，学生必须获得相关技能，通过练习整合这些技能，并且知道何时运用所学的技能；第五，伴随反馈的以目标为导向的练习，能提升学生的学习质量；第六，学生的当前发展水平与课堂中的社会、情感和智力气氛相互作用，共同影响他们的学习；第七，要变为自主学习者，学生必须学会监控和调节自己的学习方法。[①]

---

① ［美］苏珊·A. 安布罗斯等：《聪明教学 7 原理：基于学习科学的教学策略》，庞维国等译，5~7 页，上海，华东师范大学出版社，2012。

OECD 教育研究与创新中心在 2008 年开启了"创新型学习环境"项目，在《创新型学习环境》和《学习的本质：以研究启迪实践》中聚焦于如何变革学习方式以发展 21 世纪最为重要的能力，明确界定了七大学习原则：第一，以学习为中心，促进参与；第二，确保学习是社会性的、合作性的；第三，高度适应学生的动机，关注情绪；第四，对包括先前知识在内的个体差异保持敏感性；第五，对每一位学习者都有高要求但不会让他们承受过重负担；第六，运用与目标一致的评价，强调形成性反馈；第七，促进活动之间、学科之间以及学校内外之间的横向联结。①

上述关于学习的原理或原则，直接建立在认知心理学、发展心理学、社会心理学、人类学、教育学等学科的研究基础之上，描述了广为认可的学习特征，对教师开展课堂教学方式变革有积极的参考价值。基于当前的研究，学习已经不再是仅仅关注行为主义的记忆、练习、再现，而是更加注重学生在学习过程中的深刻理解、探究发现、自主建构与社会建构以及灵活运用、广泛迁移，注重提升核心素养与综合能力的活动。这些原理或原则，对具有不同经验的教师都有参考价值，可以帮助教师理解有效的课程设计和教学的构成，并可以帮助教师把有效的教学策略用于自身教育教学实践，以更好地支持学生学习。

二、教学策略

教学是一种具有挑战性的工作。为使教学更有效率，使学生的学习更有效，教师需要具有相应的专业能力并掌握教学策略。

（一）学习的核心原则

《人是如何学习的——大脑、心理、经验及学校》概述了有关学习与学习者、教师与教学的主要研究。该书阐述了学习的三大核心原则：第一，学生带着有关世界如何运作的前概念来到课堂；第二，为了发展探究领域的能力，学生必须具有事实性知识，在概念框架中理解事实和观念，用提取和应用的方式组织知识；第三，

---

① OECD 教育研究与创新中心：《重新设计学校教育：以创新学习系统为目标》，詹艺译，3 页，上海，华东师范大学出版社，2018。

教学的元认知方法可以帮助学生通过定义学习目标和监控学习过程来学会控制他们自己的学习。基于上述三大核心原则，研究者对教学的含义进行了具体阐述，可视为有效的教学策略：第一，教师必须抽取前拥理解并与学生带来的前拥理解打交道；第二，教师必须深入地教授一些学科知识，提供相同概念在其中运作的范例和事实性知识作为坚实基础；第三，元认知技能的教学应该整合到各种学科领域的课程中。研究证据表明当这三个原则融入教学时，学生的成绩就能提高。①

（二）教学策略

基于最新研究成果和一线教师的实践经验，研究者提出了教师提升教学能力的 10 项策略：营造利于学习的环境；区别不同的学习方式；帮助学生调动已有知识；培养长时记忆；通过高阶思维过程构建知识；培养合作学习的能力；缩小学习者之间的差距；真实评价学习效果；鼓励深度理解后的实践应用；技术与教学融合。②

苏珊·A. 安布罗斯等人基于 7 条学习原理，提出了五大类教学策略。第一，评估学生已有知识的程度和质量的方法：与同事交流，实施诊断性评估，让学生评估自己的已有知识，运用头脑风暴考查已有知识，让学生画概念地图，分析学生作业中的错误类型。第二，激活已有正确知识的方法：利用练习激活学生的已有知识，将新的学习材料与从课程中已习得的知识清晰地联系起来，使用与学生的日常知识相联系的实例，要求学生基于已有相关知识进行推论。第三，已有知识不足的应对方法：找出你期望学生具备的已有知识，修补先行知识的不足。第四，帮助学生识别不当的已有知识的方法：强调适用条件；提供启发，帮助学生避免知识的不当应用；清楚地讲明本学科的特定要求；指明类比的问题所在。第五，纠正错误知识的方法：让学生做出预测、检验预测；要求学生论证他们的推理；为学生提供运用正确知识的多重机会；给予充足时间。

上述诸多关于学习的原理或原则及教学策略，综合了心理学、教育学、人类学

① ［美］约翰逊·D. 布兰思福特等：《人是如何学习的——大脑、心理、经验及学校》，程可拉等译，13~19 页，上海，华东师范大学出版社，2013。

② ［美］唐娜·沃克·泰勒斯通：《提升教学能力的 10 项策略：运用脑科学和学习科学促进学生学习》，李海英译，北京，教育科学出版社，2017。

等领域的研究证据和实践建议，尤其是综合了学习科学的最新研究成果，进而为教师改善教学提供了以证据为基础的方法。学习原理及教学策略涉及学生的已有知识、动机、发展水平、练习、接受反馈的最佳时机，以及如何成为一名自主学习者。这些原理、原则或策略，为学生学习和教师教学提供了参考。综合运用上述教学策略，有助于提升教师教学的有效性及学生学习的有效性，进而为学生发展提供更有效的学习支持。

(三)学生的自主学习

当前的教育改革，正在体现从"教"到"学"的转型。促进学生的主动学习、自主学习，是研究者尤其关注的议题。

现代教学论认为，学生参与教学活动的方式与学生身心发展状况之间有着极大的关联性。学生若能主动参与到教学活动中，那么学生就能够对知识有比较深刻的理解。若学生只能处于被动接受、死记硬背的学习状态，教学活动就难以取得理想的效果。从某种意义上讲，学生的主动参与是教学活动得以进行的前提。在主动学习的课堂中，问题的解答不再以揣摩出题者的意图、寻求唯一的标准答案为取向，而是由每个学生通过主动思考、建构知识来完成的。学生不再对现成的知识进行死记硬背，而是主动探究、发现知识；学习过程不再是教师向学生的单向灌输，而是师生之间、生生之间双向甚至是多向的协商对话。为有效促进学生的身心发展，课堂教学应该改变学生被动、机械、消极的学习状态，激发学生的积极性和主动性，确立学生在教学活动中的主体地位，激励学生主动学习。

钟启泉教授认为，基于核心素养的课堂教学必须实现教学方式的转换：从被动学习走向能动学习。能动学习是培养"思考者"的教学范式。从某种意义上说，能动学习即深层学习，或者说，深层学习是促进能动学习型教学的策略。能动学习的实践需要具备探究性学习、协同性学习、反思性学习三大要件。[①]

杨小微教授等人基于学习方式变革的视角，探讨了教学改革所引起的学生学习方式从被动接受转向主动学习这一变化。我国的教学改革从方法、手段、内容、模式、师生关系等各个方面，为学生的学习由被动转向主动提供了条件，也释放了动

---

① 钟启泉：《能动学习：教学范式的转换》，载《教育发展研究》，2017(8)。

力，确立并强化了学生的主体地位，使其学习方式得到改变，逐渐从被动转向主动，从独立转向合作，从传承转向创新，使课堂越来越成为学生学习的主阵地。①

为促进学生的主动学习，教师需要在教学策略等方面做好准备。教师需要关注学生各方面的成长，包括对其主动学习精神的培养。在师生关系方面，教师需与学生建立平等的新型师生关系，尊重学生人格，关心、爱护学生，宽容对待学生。在教学过程中，教师要注重对学生发现问题、提出问题和解决问题能力的培养，增加学生的课外实践活动。在教学方法上，教师可以采用讨论教学法、问题教学法、案例教学法。教师在呈现知识内容时，需要为学生敞开发展空间，使学生主动领会、解释并创造知识的意义。在组织学习活动时，教师需要多为学生提供参与的机会，建构促进师生、生生集体学习的良好氛围，在多向互动的过程中帮助学生获得更全面的信息，使其形成更严密的思维和更有独创性的见解，从而提升学生学习的质量。

概言之，为打造能够促进学生自主学习的课堂，教师需要为学生营造良好的学习氛围，构建和谐的师生关系，并采用探究学习、反思学习等学习策略和讨论教学法、案例教学法等教学策略，激发学生主动思考，让学生主动地参与到学习中。

长期以来，我们对教师"如何教"非常关注，而对学生"如何学"重视不够。关注学生是如何学习的，能够帮助教师突破困扰教育领域的二元对立的局面。当前学习领域的研究，尤其是学习科学的最新研究成果，为教师如何进行有效教学提供了研究基础，并在学生如何学习的基础上进一步探索了教师教学策略。

为满足未来教育的需要，教师的教学也将从"为教师的设计"走向"为学生的设计"，进而努力构建以学生为中心的课堂。为了构建以学生为中心的学习环境，教师需要基于学生学习的原理或原则，以学生在进入学习环境前的知识为起点进行教学，在教学中帮助学生理解每个学科的重要概念及其知识结构。

除了学科知识之外，学校教育还需要帮助学生为适应未来社会的发展做好准备，积极培养学生的思维能力、问题解决能力、元认知能力、社会情感等。在教育教学中，教师还需要考虑学生的学习方式，让学生在相互讨论和接受反馈中进行反

_____

① 杨小微、金哲、胡雅静：《主动学习何以可能：新中国成立 70 年教学改革的回眸与前瞻》，载《中国教育学刊》，2019(10) 。

思，让学生学习的自主建构与社会建构达到统一。

三、新时代的学习与教学：学习科学的视角

学习科学为我们探寻新时代背景下的学习与教学提供了新的理论视角。学习科学是一个研究教和学的跨学科领域，诞生自人们对"人是如何学习的"的长期探索。学习科学研究各种情境下的学习——不仅包括学校课堂里的正式学习，也包括发生在家里、工作中以及同伴之间的非正式学习。学习科学的研究目标，首先是帮助人们更好地理解认知过程和社会化过程以产生最有效的学习，其次便是用学习科学的知识来重新设计我们的课堂和其他学习环境，从而使学生能够更有效和深入地学习。[①]

在传统的教学过程中，教师习惯于采用讲授法教学。但是在讲授的过程中，学生的固有经验往往和教师的讲解之间存在理解上的差异。教师或许时常为学生无法理解知识点而感到苦恼：为什么这么简单的知识点讲了这么多次，学生还是学不会？

关于课堂学习，学习科学研究认为，学习总是在学生原有的知识背景下发生的。进入课堂的学生总是带着关于现实世界各种各样的半成型的观点或者前概念的。因此，我们需要基于学习科学研究，在了解学生学习是如何发生的基础上，采取合适的教学策略，促进学生的深度学习。

建构主义认为，学生不是空着脑袋进入教室的，学生在参与学习时已带有自己对概念的已有认知。因此，教师在教授知识时，不应仅仅注意到知识的传授，还应注意到学生的已有知识。这就要求教学方式从"教师到学生"的单向传递，转变为教师和学生之间的双向对话、互动，让知识在学生原有认知的基础上生发出来，让学生在合作的过程中进行探究，以完成知识的建构。

学习科学也为教师打造合作、对话、探究的课堂新常态提供了理论依据。合作学习、对话学习或探究学习是当前教育改革及教育研究领域的重要议题。合作的过程离不开对话和探究，探究的过程也离不开对话和合作，这三者总是相伴随的。

---

① ［美］R. 基思·索耶：《剑桥学习科学手册》，徐晓东等译，北京，教育科学出版社，2010。

　　有研究者从学习科学领域"学习总是嵌在一个社会性的情境之中的，而非仅仅发生在单个个体身上，体现出个体和社会的双重属性"这一观点出发，将学习过程区分为个体与其所处环境的互动过程、个体内部心智获得与加工的过程两组学习过程，以及"内容—动机—互动"和"个体—群体—环境"两组三维交互关系，实现了对学习过程的三维整体框架的架构。其中，学习的互动过程依赖于环境的社会和物理特征，包括个体与群体的社会交互，也包括个体对学习发生时所处情境之中的其他学习资源的感知。互动过程这个维度上的重要因素是活动、对话和合作。①

　　概言之，在当前教育改革的背景之下，纯粹讲授式的课堂教学已不再是主流。随着学习科学的发展，以及人们对学生学习过程的日益关注，课堂教学越来越注重对教学策略的使用，注重在授课过程中通过合作、对话、探究，帮助学生实现深度学习。本书基于学生学习目标，探讨课程设计与课堂教学方式、学生学习方式、学生高阶思维培养及学习评估、教学反思等议题，力求建构以学生为中心的有效学习环境，促进学生的全面发展。

---

　　① 杨南昌、刘晓艳：《学习科学融合视域下教学设计理论创新的路径与方法》，载《电化教育研究》，2016(11)。

第二章
基于核心素养的
课程与教学

本章概述

　　本章基于我国基础教育课程改革的背景与学生核心素养的培养，探讨了课程与教学的改革路径与实践探索。为建构基于核心素养的课程，教师需要基于均衡性、综合性和选择性的原则，完善课程结构；基于"五育"并举、全面发展素质教育的核心要求，持续优化课程知识结构；增强课程的适应性，促进学生全面而有个性地发展。

　　在课程改革背景下，教师需要基于核心素养的培养，不断创新教学方式。应用单元教学设计、基于情境的问题解决、项目学习、学科实践活动等教学策略，能帮助学生提升核心素养，形成必备品格和关键能力。智能时代对教学方法与学习方式的影响也值得关注。

第一节　我国基础教育课程改革

一、我国基础教育改革的历程

改革开放 40 多年来，我国基础教育走过了一条从通过增加"数量和规模"实现机会公平到全面提升质量、追求有质量的公平的外延到内涵式的发展道路，实现了从"穷国办大教育"向"大国办强教育"的战略转变，创造了大国教育跨越式发展的奇迹。

（一）发展成就

改革开放 40 多年来，我国基础教育的改革与发展取得的成就举世瞩目。

原中央教科所所长卓晴君认为，改革开放 40 多年来，中国基础教育发生了深刻的变化，具体体现在：建立起一套完整的基础教育法治体系，初步形成了具有一定活力和效率的体制机制，教育事业发展水平已跃居世界中上行列，教育教学质量提高且成效显著，教育信息化建设步入快车道，涌现出一批知名教育家。[①]

教育部教育发展研究中心研究员陈子季把改革开放 40 多年来我国基础教育改革所取得的成就归纳为以下六个方面[②]。

第一，以理论建设为指引，丰富发展了中国特色社会主义教育理论体系，为基础教育发展奠定了理论根基。

党的十一届三中全会以后，党中央围绕"培养什么人、怎样培养人、为谁培养人"的根本问题，不断探索，先后确立了教育优先发展、素质教育、立德树人、"以人民为中心"等一系列中国特色社会主义教育理论，成为基础教育发展的重要

---

① 卓晴君：《改革开放 40 年基础教育的深刻变化》，载《基础教育课程》，2018（12 上）。
② 陈子季：《从"穷国办大教育"到"大国办强教育"——改革开放 40 年我国基础教育发展成就概述》，载《人民教育》，2018（21）。

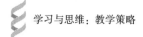

指针。这一系列思想理论的提出和不断发展，促进了基础教育在教育体制、教育结构、教育观念、教育内容、教育方法、人才培养模式等方面的历史性变革。

第二，以思想道德和文化建设为先导，构建学校、社会、家庭三位一体，全员、全程、全方位育人的德育工作体系，德育的时代性、科学性和实效性不断增强。

良好的道德品质是一个人的灵魂，也是一个民族的灵魂。改革开放40多年来，随着社会的不断发展和进步，德育的重要性得到不断提升，学生德智体美劳全面发展得到扎实推进。通过一系列政策举措有力推动了社会主义核心价值观、理想信念与中华优秀传统文化、社会主义革命文化与先进文化相统一，推动了思想道德建设与校园文化建设相统一、文化知识学习与思想品德修养相统一，推动了学校、社会德育、家庭德育相统一，用中国梦打牢广大青少年的共同思想基础，强化社会传媒和教育机构的德育功能，注重家庭、家教、家风，守住了学校德育的主阵地，拓展了社会德育、家庭德育的主渠道，唱响了新时代立德树人的主旋律，德育工作体系日臻完善。

第三，以制度建设为基础，教育基础性制度体系基本建立，基础教育治理体系和治理能力现代化取得突破性进展。

推动建立教育基础性制度体系，形成充满活力、富有效率、更加开放、有利于科学发展的教育体制机制，需要历经一个漫长的过程。改革开放40多年来，我国基础教育法治体系不断完善，基本教育制度进一步健全，有力保障了基础教育领域改革的深入推进。基础教育法治体系不断健全，全面依法治教深入推进；在完善法律制度的同时，考试招生、教师管理、现代学校制度、教育督导等基本教育制度的改革同步推进；督政、督学、评估监测"三位一体"的教育督导体系不断完善，分类考试、综合评价、多元录取的考试招生模式和促进公平、科学选材、监督有力的制度机制在各地陆续建立，通过管办评分离、简政放权等措施进一步提升了基础教育的法治化水平。

第四，以基本建设为重点，大力推进基本公共教育服务均等化，在缩小教育发展的地区、城乡差距上取得历史性成就。

推进基本公共教育服务均等化，缩小教育发展的地区、城乡差距，从改善办学条件、提高中小学教师待遇等方面入手，大力加强基本设施建设和基本保障建设。

第五，以质量建设为关键，不断深化课程改革，着力提高师资水平，加快推进教育信息化，基础教育质量赢得国际声誉。

办好基础教育，质量是关键。从改革开放40多年的历程看，加强基础教育质量建设，我国紧紧抓住了深化课程改革、加强教师队伍建设和提升教育信息化水平等关键环节。

第六，以党的建设为根本，全面加强党对教育工作的领导，基础教育党组织的凝聚力、战斗力不断增强。

党的领导是中国特色社会主义最本质的特征。改革开放40多年来基础教育发展所取得的成就，从根本上讲取决于始终坚持党对教育工作的全面领导，不断加强和改进中小学校党的建设，这是办好中国特色社会主义基础教育的根本保证。

(二)发展阶段

1978年的改革开放，开启了中国特色社会主义教育事业蓬勃发展的新时期。邓小平于1983年为北京景山学校的题词"教育要面向现代化，面向世界，面向未来"，成为我国教育改革与发展的重要指导思想。

国家教育咨询委员会委员、中国教育学会顾问、国家教育发展研究中心研究员谈松华认为，以党中央和国务院召开的教育工作会议(教育大会)及相继发布的文件为主线，基础教育改革大致经历了五个阶段①：

第一阶段：该阶段以1985年全国教育工作会议为标志。会议讨论了《中共中央关于教育体制改革的决定(草案)》，研究了实行教育体制改革的步骤，指出教育体制改革的根本目的是提高民族素质，多出人才、出好人才；要把发展基础教育的责任交给地方，有步骤地实行九年制义务教育。该《决定》提出"实行基础教育由地方负责、分级管理的原则"，从而极大地调动了地方各级政府，尤其是县、乡两级政府办学的积极性，对于实现"两基"目标发挥了关键性作用。1986年4月12日，《中华人民共和国义务教育法》颁布，标志着我国基础教育进入以义务教育为重心的发展新阶段，基础教育的学制、课程、教学等随之进行了适应义务教育的改革与调整。

① 谈松华：《我国教育改革40年主要经验与启示》，载《人民教育》，2018(21)。

第二阶段：该阶段以 1993 年《中国教育改革和发展纲要》为标志，把建设社会主义教育体系和实现教育现代化作为教育改革与发展的基本目标。该《纲要》提出到 20 世纪末，我国要实现基本普及九年义务教育，基本扫除青壮年文盲，全面提高教育质量。《纲要》规定"改变政府包揽办学的格局，逐步建立以政府办学为主体、社会各界共同办学的体制"。民办教育的地位得到承认，民办教育作为社会主义制度的一部分和补充力量，改变了政府在教育领域大包大揽的现象。

第三阶段：1999 年，中共中央、国务院颁布《关于深化教育改革全面推进素质教育的决定》，确定了"基本普及九年义务教育和基本扫除青壮年文盲"（简称"两基"），是教育工作的重中之重，要确保 2000 年"两基"目标的实现。进入 21 世纪以来，国务院于 2001 年颁布了《关于基础教育改革与发展的决定》，确立了基础教育的战略地位并坚持基础教育优先发展，把全面推进素质教育提升到教育改革和发展战略任务的高度。由此，人的培养逐渐成为教育改革的重点。随后我国启动了新一轮基础教育课程改革，从内涵和意义上落实素质教育的新要求。

第四阶段：该阶段以 2010 年 7 月中共中央、国务院印发《国家中长期教育改革和发展规划纲要（2010—2020 年）》为标志。该《纲要》提出"优先发展、育人为本、改革创新、促进公平、提高质量"的 20 字发展方针，把促进教育公平和提高质量作为教育改革与发展的重点。

第五阶段：该阶段以 2018 年 9 月 10 日全国教育大会在北京召开为标志。以习近平同志为核心的党中央提出"以人民为中心"等系列教育思想，强调要以实现人民期盼的更好的教育为出发点，围绕立德树人根本任务，扎根中国大地办"中国特色、世界水平"的现代教育，努力让全国人民享有更好、更公平的教育，获得发展自身、奉献社会、造福人民的能力。习近平总书记重要讲话对新时代教育工作做了总体部署，开启了新时代教育改革的新征程。

（三）主要特点

纵观改革开放 40 多年来我国基础教育改革的历程，其呈现出以下七个方面的特点。

1. 以学生为本的全面发展始终是基础教育改革的目标

贯彻党的全面发展的教育方针，基础教育始终围绕"培养什么人、怎样培养人、为谁培养人"的根本问题进行全方位综合改革。改革开放以来，我国的教育方针一脉相承、不断深化。习近平总书记在 2018 年全国教育大会上再次重申了德智体美劳全面发展的教育方针，教育质量的内涵不断丰富。

素质教育作为马克思主义关于人的全面发展教育理论在实践层面的具体化，成为我国改革开放以来基础教育改革的核心内容。1993 年，中共中央、国务院颁布了《中国教育改革和发展纲要》，提出要由应试教育转向全面提高国民素质，面向全体学生，全面提高学生的思想道德、文化科学、劳动技能和身体心理素质，促进学生生动活泼地发展。1998 年，教育部颁布了《面向 21 世纪教育振兴行动计划》，明确提出实施"跨世纪素质教育工程"，整体推进素质教育，全面提高国民素质和民族创新能力。1999 年，中共中央、国务院又颁布了《关于深化教育改革全面推进素质教育的决定》，标志着推进素质教育成为国家意志。

从实施素质教育到发展素质教育，体现了全员、全程、全面育人的新理念，体现了全面发展与个性发展相统一的新境界。从三维目标到核心素养，我国基础教育的质量观提高到一个新层次。

2. 政府主导是我国基础教育改革的基本模式

教育改革作为整体改革的一部分，由政府主导，是自上而下与自下而上相结合的，但更多的是自上而下的改革。改革的整体设计和相关制度政策，基本都是由政府主导的。政府主导的优点在于有顶层设计，有比较统一的要求和比较有序的推动，保障能够在一定的时间内实现改革的目标；缺点是如果政府作用的边界不清晰，主导作用被泛化后容易影响其他方面对改革的参与。如果政府过于强调统一性，也会对基层的积极性产生一定影响。

教育改革不同于经济体制改革。教育的资源配置不是由市场起决定性作用的，而是由政府起主导作用的。教育是公益性、事业性的公共产品，所以政府主导的特征在我国教育领域尤其是基础教育领域很明显。

3. "公平"和"质量"是基础教育改革的主题

从 1986 年国家以立法形式确立义务教育制度，使教育公平上升为国家意志，到 2011 年全面实现"两基"目标，我国基础教育完成了"数量弥补"和"规模扩大"之路，基本解决了学生"没学上"的问题，使我国实现了从人口大国向人力资源大国的转身。在这个迈向教育机会公平的伟大征程中，"两基"串联起了基础教育的重要转折。教育督导制度发轫于"两基"，免费义务教育实现于"两基"，均衡发展起步于"两基"，素质教育理念脱胎于"两基"。

我国积极通过法律规定保障公民依法享有受教育的权利。依照宪法精神，我国目前已建立起有多个层级的教育法律体系，从根本上保障了受教育者的权益，促进了教育权利平等和公平正义。

当数量不再是基础教育面临的最大问题后，质量提升的呼声渐高。从"有学上"到"上好学"的转变，折射出人民群众对美好生活的向往。人民群众的获得感成为基础教育重要的价值取向，均衡发展、质量提升成为我国基础教育事业发展的新目标。

进入 21 世纪以来，在城镇化进程中，我国东中西三梯度之间、城乡之间、学校之间、人群之间的教育差异依然存在，追求"有质量的公平"渐渐成为各级政府和义务教育阶段各类学校工作的重心。新的时期，人们更关注教育质量的问题，更关注教育内部的发展，例如教学方式、师资水平、学生个性等。基础教育也从"外延式均衡发展"转向"内涵式优质均衡发展"，强调基础教育发展的结构优化和质量提升。

近年来，中共中央、国务院不断出台文件，对义务教育改革和质量提升、高中育人方式改革、师德师风建设等领域提出要求。这其中传递出来的重要信息，是国家日益注重把基础教育改革的重心下移到教学、教研、教师队伍建设等基础层面，聚焦于学校内部的基本要素、基本关系和结构优化等内涵式发展问题，致力于推进基础教育公平且高质量地发展。

4. 课程改革是基础教育改革的核心

课程改革是基础教育改革的核心，而课程政策是推进课程改革的重要驱动力。

1949 年以来，我国先后进行了八次中小学课程改革。其中，发生在改革开放以后的课程改革有四次，但最具影响力的是进入 21 世纪以来的第八次课程改革。纵观历次课程改革，课程目标设置、课程内容选择、课程实施方式、课程评价功能等方面呈现出如下趋向：课程目标设置从"社本"走向"人本"；课程内容选择从"分科"走向"综合"；课程实施方式从"传授"走向"生成"；课程评价功能从"选拔"走向"发展"。新时代的基础教育课程改革将更加向着关注人人、关注多样、关注个性、关注发展的方向迈进。

5. 教师教育改革是基础教育改革的关键

教师是教育改革成败的关键,因为任何良好的教育教学理念最终都需要通过教师落实到课堂教学和教育过程中。没有教师的观念转变和能力提升,改革无疑是旧瓶装新酒。在基础教育改革过程中,教师教育改革和教师队伍建设成为改革的关键一环。

2001 年国务院《关于基础教育改革与发展的决定》以"教师教育"替代"师范教育"概念,首次提出"以现有师范院校为主体、其他高等学校共同参与、培养培训相衔接的开放的教师教育体系"。2010 年《国家中长期教育改革和发展规划纲要(2010—2020 年)》再次强调要构建以师范院校为主体、综合大学参与、开放灵活的教师教育体系。开放灵活的教师教育体系为基础教育发展提供了有力的师资保障。进入 21 世纪以来,我国不断加大教师专业化力度,实施教师资格制度,制定教师标准和教师教育标准。2012 年国务院《关于加强教师队伍建设的意见》再次指出,要大力提高教师专业化水平。2018 年中共中央、国务院《关于全面深化新时代教师队伍建设改革的意见》,提出了"兴国必先强师"的重要理念,规划了全面提升教师专业化水平的新战略。

改革开放 40 多年来,我国通过实行师范生公费教育、"农村义务教育阶段学校教师特设岗位计划"等吸引优秀高中毕业生报考师范专业,吸引高校毕业生从事农村义务教育,为农村培养和补充了大量高素质中小学、幼儿园教师,极大改善了农村教师队伍结构。通过实施"跨世纪园丁工程""中小学教师继续教育工程""中小学教师国家级培训计划"等项目,全面提高了中小学校长和专任教师的素质,为我国基础教育的快速发展提供了师资数量和质量方面的双重保证。

6. 体制机制改革是基础教育改革的动力

基础教育始终坚持体制机制的改革创新,不断消除制约教育发展和创新的体制机制因素,不断为我国基础教育的发展注入新的活力。

管理重心下移。教育管理体制改革以降低管理重心为核心,调动各级政府和学校办学的积极性,实行基础教育由地方负责、分级管理的原则,将基础教育的管理权限下放给地方政府,增强了地方政府办基础教育的责任,促进了基础教育与地方经济社会发展的相互结合。《国家中长期教育改革和发展规划纲要(2010—2020 年)》再次强调以简政放权和转变政府职能为重点,不断推进中央向地方放权、政府向学校放权，明确各级政府责任，规范学校办学行为，促进管办评分离，形成政事分开、权责明确、统筹协调、规范有序的教育管理体制。政府放权加强了学校办学自主权，促进了课程与教学改革，使教学方式和学习方式发生了深刻变化，增强了学生的选择性，使学生个性日益得到彰显。

转变教育管理方式。《2003—2007 年教育振兴行动计划》和《国家中长期教育改革和发展规划纲要（2010—2020 年）》等政策文件，明确了新时期教育体制改革的基本思路，即以体制机制改革为重点，深化教育综合改革，加快重要领域和关键环节改革步伐，创新人才培养体制、办学体制、教育管理体制，改革质量评价和考试招生制度，增强教育活力，为教育事业持续健康发展提供强大动力。教育领域的综合改革与治理方式的转变，加快了"管办评分离"与"放管服结合"的现代管理体制的形成和责任、权利、义务的统一。

积极发展民办教育。国家积极调动社会力量参与办学的积极性，推进多元办学。大力发展民办教育，使办学体制逐步发展为以政府办学为主和社会各界参与办学相结合。民办教育的发展扩展了基础教育资源，为实现"两基"目标做出了重要贡献，同时促进了教育竞争机制的形成，为满足不同人群的教育需求增加了可能性。

7. 教育信息化是基础教育改革的重要支撑

教育信息化是共享优质教育资源、推动教育理念变革和教学模式创新、提高教育质量的重要支撑。通过"优质数字教育资源建设与共享行动""学校信息化能力建设与提升行动""国家教育管理信息系统建设行动""教育信息化可持续发展能力建设行动"等一系列项目的实施，"三通两平台"（宽带网络校校通、优质资源班班通、网络学习空间人人通以及教育资源公共服务平台、教育管理公共服务平台）实现了建设与应用快速推进，教学点实现了数字资源全覆盖，教师信息技术应用能力获得了较大提升。远程教学、在线课堂、慕课等形式，缩小了基础教育数字鸿沟，实现了优质资源广泛共享。信息技术与教育教学的深度融合不断加强，促进了基础教育质量尤其是农村教育质量的提升。

二、我国基础教育课程改革

从上述我国基础教育改革的历程来看，课程改革是基础教育改革的核心。

(一)我国基础教育课程改革的历程

课程改革是基础教育改革的核心，而课程政策是推进课程改革的重要驱动力。自1949年以来，我国先后进行了八次中小学课程改革。其中，发生在改革开放以后的课程改革有四次，但最具影响力的是进入21世纪以来的第八次课程改革。从历史发展来看，改革开放以来的课程改革大致可划分为以下四个阶段。

1. 拨乱反正时期：1978—1985年

1978年1月，教育部颁布了《全日制十年制中小学教学计划试行草案》。这是自1966年以来我国第一个全国统一的中小学教学计划，具有深远的历史意义。该《草案》恢复了学术性科目在学校课程体系中的主体地位。随后，1978年9月，教育部颁布了《全日制中学暂行工作条例(试行草案)》《全日制小学暂行工作条例(试行草案)》，规定了中学和小学的课程设置。

1981年，教育部颁布了《全日制五年制小学教学计划(修订草案)》《全日制六年制重点中学教学计划(试行草案)》《全日制五年制中学教学计划(试行草案)的修订意见》。1984年，教育部颁布了《全日制六年制城市小学教学计划(草案)》《全日制六年制农村小学教学计划(草案)》。上述政策文件的颁布，逐步重建并发展了中国特色社会主义中小学课程体系。

2. 改革"四梁八柱"搭建时期：1985—2001年

1985年，中共中央颁布了《关于教育体制改革的决定》。该《决定》指出，由于我国经济发展很不平衡，义务教育的要求和内容应因地制宜。因此，坚持国家统一基本要求下的多样化成为中小学教材建设的方针。随后，"一纲多本"以及与之配套的编审分开、教材审定等一系列制度出台。1986年，《中华人民共和国义务教育法》以法律形式确认了教科书审定制度。

素质教育的提出，是课程改革历程中的里程碑。在关于推进素质教育的主要政策文件中，课程改革是其中一项重要内容。例如，中共中央、国务院《关于深化教育改革全面推进素质教育的决定》提出要"深化教育改革，为实施素质教育创造条件"，其中第 14 条明确指出："调整和改革课程体系、结构、内容，建立新的基础教育课程体系，试行国家课程、地方课程和学校课程。改变课程过分强调学科体系、脱离时代和社会发展以及学生实际的状况。抓紧建立更新教学内容的机制，加强课程的综合性和实践性，重视实验课教学，培养学生实际操作能力。要增强农村特别是贫困地区义务教育的课程、教材与当地经济社会发展的适应性。促进教材的多样化，进一步完善国家对基础教育教材的评审制度。积极推进教学改革，提高课堂教学的质量，国家和地方要奖励并推广符合素质教育要求的优秀教学成果。"①上述议题均成为课程改革的基本原则及主要内容。

3. 新课程改革时期：2001—2014 年

2001 年，教育部颁布了《基础教育课程改革纲要(试行)》，开启了中华人民共和国成立后的第八次课程改革。这次改革，是改革开放以来规模最大、力度最大、影响最为深远的新一轮基础教育课程改革，经常被称为新课程改革。

在发布这份课程改革指导性纲要的同时，教育部印发了义务教育阶段 18 个学科的课程标准(实验稿)。同年 9 月，全国有 38 个国家级实验区进入了新课改实验。至 2005 年秋季，所有义务教育阶段的学生都进入了新课改实验。

普通高中的课程改革也在同期但不同步地进行。2001 年 7 月改革启动；2003 年 3 月，教育部公布了《普通高中课程方案(实验)》和各科课程标准实验稿。2004 年之后的三四年间，15 个省(区、市)进入普通高中课程实验，并推至全国其他省(区、市)。

这次课程改革的纲领性文件《基础教育课程改革纲要(试行)》，明确提出了涵盖课程、教学、评价和管理等范畴的六大改革目标②：

● 改变课程过于注重知识传授的倾向，强调形成积极主动的学习态度，使获得基础知识与基本技能的过程同时成为学会学习和形成正确价值观的过程。

● 改变课程结构过于强调学科本位、科目过多和缺乏整合的现状，整体设置九年一贯的课程门类和课时比例，设置综合课程，以适应不同地区和学生发展的需

---

① 中共中央、国务院：《关于深化教育改革全面推进素质教育的决定》，1999-06-13。
② 教育部：《基础教育课程改革纲要(试行)》，2001-06-08。

求，体现课程结构的均衡性、综合性和选择性。

●改变课程内容"繁、难、偏、旧"和过于注重书本知识的现状，加强课程内容与学生生活以及现代社会科技发展的联系，关注学生的学习兴趣和经验，精选终身学习必备的基础知识和技能。

●改变课程实施过于强调接受学习、死记硬背、机械训练的现状，倡导学生主动参与、乐于探究、勤于动手，培养学生搜集和处理信息的能力、获取新知识的能力、分析和解决问题的能力，以及交流与合作的能力。

●改变课程评价过分强调甄别与选拔的功能，发挥评价促进学生发展，教师提高和改进教学实践的功能。

●改变课程管理过于集中的状况，实行国家、地方、学校三级课程管理，增强课程对地方、学校及学生的适应性。

2010 年，教育部颁布的《关于深化基础教育课程改革进一步推进素质教育的意见》，进一步强调了课程改革的重要性："基础教育课程是国家意志和核心价值观的直接体现，承载着教育思想、教育目标和教育内容，在人才培养中发挥着核心作用。当前，基础教育课程改革进入到总结经验、完善制度、突破难点、深入推进的新阶段。深化课程改革是提高国民素质、建设创新型国家和人力资源强国的战略举措，是落实科学发展观的具体体现，是推进教育现代化的重要内容，对于确保每一个孩子接受高质量教育、促进教育公平具有重要而深远的意义。"[1]

该《意见》分析了基础教育课程改革面临的严峻挑战："基础教育课程改革取得了很大成绩，但是，从总体上看，受相关制度、政策的制约和社会环境的影响，课程改革还面临着许多困难和问题。各地课程改革工作的推进不平衡，一些地方和学校对于课程改革在全面推进素质教育、提高教育质量、培养创新人才等方面的战略地位认识不到位；学校办学条件不足，教师队伍建设有待加强，课程资源、专业支持力量等服务保障体系较为薄弱；与课程改革相适应的考试评价、管理制度不配套；课程教材体系有待进一步完善。因此，必须高度重视，采取有力措施，坚定不移地推动课程改革向纵深发展。"[2]该《意见》同时还对教学改革、健全和完善考试

---

① 教育部：《关于深化基础教育课程改革进一步推进素质教育的意见》，2010-04-27。
② 教育部：《关于深化基础教育课程改革进一步推进素质教育的意见》，2010-04-27。

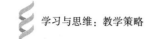
评价制度、全面提升教师队伍实施新课程的能力等方面做出了明确规定，为进一步推进素质教育提供了保障。

随着新课程改革的推行，人们开始以新的视角看待教学。此时的教学改革是以三维目标为关注点的新课程背景下的教学改革。新课程改革唤起了教师的课程意识，使教师得以重新理解教学。新课程改革的三维目标帮助教师树立起了相对完整的教学目标观，新课程改革中渗透的关注学生发展的理念凸显了学生在学习中的主体地位，这些都要求教师在教学过程中扮演引导者的角色，做到充分发挥学生在学习过程中的能动性。

4. 全面深化课程改革时期：2014 年至今

2014 年，教育部颁布了《关于全面深化课程改革落实立德树人根本任务的意见》，拉开了全面深化基础教育课程改革的序幕。为了适应基础教育内涵发展与现代化建设的时代要求，该《意见》对课程改革做出了若干顶层制度设计，明确了要着力推进的关键领域和主要改革环节。

首先，该《意见》提出要"研究制订学生发展核心素养体系和学业质量标准。要根据学生的成长规律和社会对人才的需求，把对学生德智体美全面发展总体要求和社会主义核心价值观的有关内容具体化、细化，深入回答'培养什么人、怎样培养人'的问题。教育部将组织研究提出各学段学生发展核心素养体系，明确学生应具备的适应终身发展和社会发展需要的必备品格和关键能力"①。根据该《意见》，"核心素养"成为课程改革的重要理念，而之前三维目标的概念逐渐被淡化。

其次，该《意见》提出要"修订课程方案和课程标准。依据学生发展核心素养体系，进一步明确各学段、各学科具体的育人目标和任务，完善高校和中小学课程教学有关标准"。"教育部将在总体设计的基础上，先行启动普通高中课程修订工作。"②2017 年年底，高中各科课程标准经过有关部门审定通过；同时，义务教育阶段课程方案与课程标准的修订启动，开启了新一轮的课程改革。

再次，该《意见》提出要"编写、修订高校和中小学相关学科教材。教材编写、修订要依据课程标准和教学大纲等要求，加强各学段教材上下衔接、横向配合。要

① 教育部：《关于全面深化课程改革落实立德树人根本任务的意见》，2014-03-30。
② 教育部：《关于全面深化课程改革落实立德树人根本任务的意见》，2014-03-30。

优化教材内容"。"教育部将组织编写、修订中小学德育、语文、历史等学科教材。"①国家教材委员会于 2017 年 7 月正式成立，统筹指导和管理全国的教材工作。教材局局长郑富芝在 2017 年 8 月 28 日的新闻发布会上说："在中央的决定当中，还有一件非常重要的事，非常具体，强调要重点编好中小学三科教材，要实行国家统一编写、统一审查和统一使用。"②由教育部统一组织新编义务教育道德与法治、语文和历史这三科教材，是党和国家做出的一项重大的决策部署，是落实立德树人的重要举措。

2014 年 12 月，教育部正式启动普通高中课程标准的修订工作。本次修订工作旨在贯彻落实立德树人根本任务，通过研制我国的核心素养体系，将基于核心素养的学业质量标准融入课程标准，引导和促进学习方式和育人模式的根本转型，从而实质性推动和深化我国基础教育课程改革。③本次深化基础教育课程改革，在我国教育历史上首次提出了"核心素养"这一概念，标志着我国课程改革开始进入"核心素养时代"。

(二)我国基础教育课程改革的趋势

纵观我国历次基础教育课程改革，其在课程目标、课程内容、课程实施方式、课程评价功能等方面呈现出如下趋势。

1. 课程目标设置从"社本"走向"人本"

改革开放之初，课程目标设置尤为重视人才培养效率，强调课程的经济效益和政治效益，呈现出社会本位的课程目的观。20 世纪 90 年代后，课程目标设置改变了之前将课程作为人才培养工具的认知，表现出以学生发展为本、以提高国民素质为宗旨、培养人才和全面发展相融合的特点。进入 21 世纪以来，课程改革基本确立了以人为本的教育方针，越发重视学生个体的生存和发展的内在需要，力求全面推进素质教育，促进学生全面发展。此外，"核心素养体系"的提出，更加鲜明地为素质教育指明了方向。

---

① 教育部：《关于全面深化课程改革落实立德树人根本任务的意见》，2014-03-30。
② 国务院新闻办公室：《教育部举行义务教育三科教材有关情况发布会》，2017-08-28。
③ 杨向东：《核心素养与我国基础教育课程改革的关系》，载《人民教育》，2016(19)。

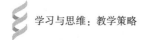

2. 课程内容选择从"分科"走向"综合"

20世纪80年代，国际竞争激烈，国内人才短缺。为加快专业型人才供给，我国普遍采用课程分科的方式。此阶段强调以分科课程为主的内容选择，重视课程内容的实用性、系统性和连贯性，在中小学分门别类地设置了诸多分科课程，尤为强调语文、数学作为基础工具课的地位和作用。90年代后，为满足社会发展对综合型人才的需求，这一时期的课程以学科课程和活动课程为主，增加了选修课、综合课、地方性职业技术类课程以及音体美课程的比重，逐渐将综合实践活动纳入必修课行列，并下放课程管理权力。课程内容的选择已开始关注国家外在要求与学生内在身心发展需要之间的矛盾，渐趋综合化和多样化。

2000年以后，在第八次课程改革的推动和素质教育目标的指引下，课程内容的选择凸显灵活性和选择性，将综合课程、选修课程、活动课程等有机融合，基本形成了国家课程、地方课程、校本课程三方联动的课程管理体制，提高了课程管理和课程内容选择的弹性与自由度。

3. 课程实施方式从"传授"走向"生成"

改革开放初期的学校沿袭传统教学模式，重新确立了以教师为中心、以"双基"（基础知识和基本技能）为导向的"传递—接受式"课程实施方式，将课堂教学作为课程实施的基本方式，忽视学生的学习情感体验。全日制中小学必须以教学为主，按期完成教学计划，加强基础知识的教学和基本技能的培训。20世纪90年代后前，在延续"双基"教学的基础上，课程实施开始重视学生学习积极性的调动和创造能力的培养。

进入21世纪以来，以信息技术为支撑的生成性学习、探究学习成为课程实施的着力点，倡导学生的主动参与和动手探究；注重对学生学习兴趣、探究能力、创新意识以及科学态度、科学精神等方面的培养，注重探究过程；强调充分利用现代信息技术，开展跨学科主题教育教学活动，将相关学科的教育内容有机整合，提高学生综合分析问题、解决问题的能力。

4. 课程评价功能从"选拔"走向"发展"

改革开放初期，随着高考的恢复，考试与考查成为课程评价的基本方式，以高考、中考、毕业考试等为主体的国家考试体系与以期末考试、期中考试、月考等为主要形式的学校考查系统并行。课程评价承担着人才选拔职能，通常采用机械测试、书面考核等客观评价方法，将分数作为唯一的评价结果，忽视课程评价的改进与激励功能。

20 世纪 90 年代后期，课程评价的弊病层出不穷，于是我国开始寻求多维度、多标准的课程评价方式，重视评价的发展性功能。课程评价开始关注学生的发展诉求，彰显评价的导向和质量监控作用。

2000 年以后，我国继续改革和完善考试制度，力求搭建促进学生全面发展的课程评价体系，形成基于评价结果的良性反馈机制。课程评价的根本目的在于促进学生的全面发展，以学生为主体，突出评价的诊断、激励、调控与发展功能。随着课程评价指标的日渐丰富，社会主义核心价值观已被纳入综合素质评价体系，课程评价的育人功能也得到充分重视。

新时代的基础教育课程改革将更多地向着关注人人、关注多样、关注个性、关注发展的方向迈进。课程改革的推进，也带来了教学改革：从重视知识、技能到重视兴趣、情感等非智力因素，到提倡三维目标，再到在学校变革的整体思路下关注学科教学的多重育人价值。教学所要追求的最为根本的价值，是使每个学生都获得自主的、主动的和健康的发展。每门具体学科或综合性课程的教学，都要有其他学科或课程所不可替代的价值。如何促进学生的主动学习已经成为许多教学研究者关注的重点。

（三）新时代背景下的教育教学改革

2017 年 10 月 18 日至 10 月 24 日，中国共产党第十九次全国代表大会在北京召开。习近平在党的十九大报告中指出，经过长期努力，中国特色社会主义进入了新时代，这是我国发展新的历史方位。

习近平强调，中国特色社会主义进入新时代，我国社会主要矛盾已经转化为人民日益增长的美好生活需要和不平衡不充分的发展之间的矛盾。习近平在党的十九大报告中，对如何发展教育提出了战略要求："优先发展教育事业。建设教育强国是中华民族伟大复兴的基础工程，必须把教育事业放在优先位置，深化教育改革，加快教育现代化，办好人民满意的教育。要全面贯彻党的教育方针，落实立德树人根本任务，发展素质教育，推进教育公平，培养德智体美全面发展的社会主义建设者和接班人。推动城乡义务教育一体化发展，高度重视农村义务教育，办好学前教

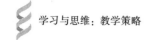

育、特殊教育和网络教育，普及高中阶段教育，努力让每个孩子都能享有公平而有质量的教育。完善职业教育和培训体系，深化产教融合、校企合作。加快一流大学和一流学科建设，实现高等教育内涵式发展。健全学生资助制度，使绝大多数城乡新增劳动力接受高中阶段教育、更多接受高等教育。支持和规范社会力量兴办教育。加强师德师风建设，培养高素质教师队伍，倡导全社会尊师重教。办好继续教育，加快建设学习型社会，大力提高国民素质。"①上述重要论述，为我国今后一段时期的课程改革，以及在新时期构建符合"发展素质教育"所要求的新的基础教育课程体系指明了方向。

为深入贯彻党的十九大精神和全国教育大会部署，加快推进教育现代化，建设教育强国，办好人民满意的教育，我国近年来又陆续出台了新的改革政策。2019年6月19日，国务院办公厅发布了《关于新时代推进普通高中育人方式改革的指导意见》，以统筹推进普通高中新课程改革和高考综合改革，全面提高普通高中教育质量。2019年7月8日，中共中央、国务院发布了《关于深化教育教学改革全面提高义务教育质量的意见》，就深化教育教学改革、全面提高义务教育质量提出了具体要求。上述两项政策均对课程改革、教学改革等方面做出了详细规定。

三、课程改革背景下的核心素养与课程

（一）核心素养与学科核心素养

1. 核心素养

由于时代发展对人的素质能力提出了全新的要求，"核心素养"受到世界各国的高度关注，要求学校教育能够培养出有全球视野和多元意识、有合作创新能力、有积极的自我发展能力的人。各国新一轮的教育与课程改革浪潮，均强调以培养人的关键素质和综合能力为核心。致力于儿童青少年核心素养的提升，逐渐成为世界各国发展的共同主题。不少国家在国家层面提出要培养学生的21世纪核心素养。

---

① 习近平：《决胜全面建成小康社会 夺取新时代中国特色社会主义伟大胜利——在中国共产党第十九次全国代表大会上的报告》，2017-10-18。

2014 年，教育部印发了《关于全面深化课程改革落实立德树人根本任务的意见》，提出了"学生发展核心素养"的概念。"学生发展核心素养，主要是指学生应具备的，能够适应终身发展和社会发展需要的必备品格和关键能力。核心素养是关于学生知识、技能、情感、态度、价值观等多方面要求的综合表现；是每一名学生获得成功生活、适应个人终身发展和社会发展都需要的、不可或缺的共同素养；其发展是一个持续终身的过程，可教可学，最初在家庭和学校中培养，随后在一生中不断完善。"核心素养以培养"全面发展的人"为核心，分为文化基础、自主发展、社会参与三个方面，综合表现为人文底蕴、科学精神、学会学习、健康生活、责任担当、实践创新六大素养，具体细化为国家认同等 18 个基本要点。①

2. 学科核心素养

2018 年 1 月，教育部发布了普通高中学科课程标准(2017 年版)，首次提出学科核心素养，将党的关于人的全面发展的教育方针的要求具体化、细化到各学科课程之中。

学生发展核心素养与学科核心素养之间存在内在联系。如《普通高中课程方案(2017 年版 2020 年修订)》所示，各学科均有学科核心素养，学科核心素养是指"学生学习该学科课程后应达成的正确价值观念、必备品格和关键能力"②。

学生发展核心素养主要依靠学校教育中的各门学科课程来养成，这意味着学生要经历基础教育每一门学科的学习，才能养成具有持续发展力的核心素养，即每一门学科的核心素养最终都归于学生发展核心素养，都是其中的有机组成部分。

(二)新时代的课程改革与核心素养

1. 落实立德树人根本任务与深化课程改革

深化课程改革是落实立德树人根本任务的核心路径。新时代注重"德行教化"，进一步强化了课程的育人功能。教育部《关于全面深化课程改革落实立德树人根本任务的意见》首次提出："研究制订学生发展核心素养体系和学业质量标准。要根据学生的成长规律和社会对人才的需求，把对学生德智体美全面发展总体要求和社

---

① 林崇德：《中国学生发展核心素养：深入回答"立什么德、树什么人"》，载《人民教育》，2016(19)。
② 教育部：《普通高中课程方案(2017 年版 2020 年修订)》，2020-05-11。

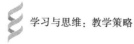

会主义核心价值观的有关内容具体化、细化，深入回答'培养什么人、怎样培养人'的问题。教育部将组织研究提出各学段学生发展核心素养体系，明确学生应具备的适应终身发展和社会发展需要的必备品格和关键能力，突出强调个人修养、社会关爱、家国情怀，更加注重自主发展、合作参与、创新实践。"

2. 明确核心素养框架，落实立德树人根本任务

立德树人的落实必须回答"立什么德，树什么人"的基本问题。对这一问题进行回答的基本表现是学术和政策领域逐步明确了核心素养的内涵，具体表现在以下几个方面。

第一，林崇德教授团队于 2016 年发布了中国学生发展核心素养的框架和内容，这成为国家政策文本中育人目标与学校课程对接的桥梁。林崇德教授团队将中国学生发展核心素养的核心表述为"全面发展的人"，并建构了包含三大维度、六大素养的分析框架。三大维度分别是文化基础、自主发展和社会参与。文化基础维度对应的核心素养是人文底蕴和科学精神。自主发展维度对应的核心素养是学会学习和健康生活。社会参与维度对应的是责任担当和实践创新。当然，国内还有其他研究团队。例如，刘坚教授团队于 2018 年发布了"21 世纪核心素养 5C 模型"，包括文化理解与传承、审辨思维、创新、沟通、合作。

第二，2017 年，中共中央、国务院印发了《关于深化教育体制机制改革的意见》，首次在政策文件中将核心素养明确表述为"关键能力"："在培养学生基础知识和基本技能的过程中，强化学生关键能力培养。培养认知能力，引导学生具备独立思考、逻辑推理、信息加工、学会学习、语言表达和文字写作的素养，养成终身学习的意识和能力。培养合作能力，引导学生学会自我管理，学会与他人合作，学会过集体生活，学会处理好个人与社会的关系，遵守、履行道德准则和行为规范。培养创新能力，激发学生好奇心、想象力和创新思维，养成创新人格，鼓励学生勇于探索、大胆尝试、创新创造。培养职业能力，引导学生适应社会需求，树立爱岗敬业、精益求精的职业精神，践行知行合一，积极动手实践和解决实际问题。要建立促进学生身心健康、全面发展的长效机制。切实加强和改进体育，改变美育薄弱局面，深入开展劳动教育，加强心理健康教育和国防教育。"

3. 核心素养与课程标准

在中国学生核心素养的引领下，2018 年，教育部发布了《普通高中课程方案和

语文等学科课程标准(2017 年版)》。随后各教材出版单位发布了新教材。该套课程
方案和课程标准在 2020 年又做了修订。从落实立德树人根本任务的提出、核心素
养内涵与框架的研制到基于核心素养的课程标准的研制，我国基本完成了立德树人
课程化的工作。

在课程标准研制完毕、教材更新完毕之后，核心素养落实的关键在于中小学教
师正确理解和消化基于核心素养的课程标准，并付诸课程设计与实施。在此基础
上，立德树人的根本任务才能最终完成。

概言之，新时代背景下，课程的育人功能得到进一步强化和彰显，培养合格的
社会主义建设者和接班人成为基础教育课程改革的核心目标。核心素养成为课程开
发的逻辑起点，课程改革的目的转向为培养学生的核心素养服务。

第二节　基于核心素养的课程

在关注学生发展的教育改革趋势的影响下，落实学生核心素养的培养的重要方
式就是基于核心素养进行课程改革。课程改革需要建立基于核心素养的课程体系，
以培养能够让学生适应未来社会的核心素养。

课程设计是指教师以课程目标为指向，对课程要素进行选择、组织与安排的过
程，包含拟订教学目标、组织教学、执行评价等活动。基于核心素养的课程设计，
强调以培养学生的核心素养为指向，精心规划学习体验和教学活动。课程设计中的
课程既包括学科课程，也包括跨学科课程，但是学科课程设计与实施只能帮助学生
获得某些核心素养，而综合性的核心素养则需要通过跨学科课程的设计，如
STEM/STEAM 课程设计，或基于项目的学习等来实现。

一、均衡性、综合性和选择性：完善课程结构

符合素质教育要求的课程体系，在课程目标、课程结构、课程内容等方面均能
适应学生的发展阶段，并能促进其全面发展。课程结构是课程系统或课程体系的

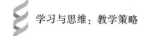

"灵魂"与"骨架"，它要解决的主要问题是："根据培养目标应设置哪些课程，如何设置这些课程，各个部分、各种类型、各种形态的课程的相互结合如何达到整体优化的效应；课程结构是课程各要素、各成分、各部分之间的组织形式，它涉及课程方案和教学计划的编订。"①良好、均衡、合理的课程结构，不仅能最大限度地发挥课程的育人功能，促进课程目标的达成与实现，而且能通过科学、严密、系统的组织优化，保障诸多课程要素之间形成最大合力，从而充分发挥课程的整体效能。本部分主要围绕"设置哪些课程""如何整体优化"等问题，探讨课程设计的结构维度。

（一）地方课程、校本课程与综合实践活动课程

为改变课程管理过于集中的状况，我国实行国家、地方、学校三级课程管理。地方课程是指"在国家规定的各个教育阶段的课程计划内，省一级的教育行政部门或其授权的教育部门依据当地的政治、经济、文化、民族等发展需要而开发的，并在国家规定的课时范围内设计并开发的课程"②。学校在执行国家课程和地方课程的同时，要根据当地社会经济发展的具体情况，结合本校的传统和优势、学生的兴趣和需要，开发或选用适合本校的课程。

1. 地方课程与校本课程

近年来，我国地方课程与校本课程在政策、制度、管理、开发与实施等方面日益走向规范、成熟。2010 年，教育部《关于深化基础教育课程改革进一步推进素质教育的意见》提出："在达到国家规定的基础教育基本质量要求的前提下，有条件的地区和学校可逐步提高地方课程和学校课程的设置比例。"③2014 年，教育部《关于全面深化课程改革落实立德树人根本任务的意见》再次强调："省级教育行政部门和学校要依据修订后的基础教育国家课程方案，调整完善地方课程和学校课程。""各地要结合育人工作实际，开发完善地方课程教材。"④教育部印发的《普通高中课程方案(2017 年版 2020 年修订)》明确提出："完善国家、地方和学校三级课

① 石鸥：《选择一种课程就是选择一种未来——关于高中多样化、选择性课程结构的几点认识》，载《中国教育学刊》，2003(2)。
② 崔允漷：《校本课程开发：理论与实践》，18 页，北京，教育科学出版社，2000。
③ 教育部：《关于深化基础教育课程改革进一步推进素质教育的意见》，2010-04-27。
④ 教育部：《关于全面深化课程改革落实立德树人根本任务的意见》，2014-03-30。

程管理制度……省级教育行政部门应依据本课程方案制定符合本省实际的课程实施指导意见。"①在新时代背景下，地方课程和校本课程是落实立德树人根本任务的重要路径。

地方课程作为课程三级管理中的重要环节之一，能更好地体现课程与社会经济、学生生活的联系，指向立德树人、整体育人。2015年，为充分发挥课程在人才培养中的核心作用，更好地促进中小学学生全面发展、健康成长，北京市对《北京市实施教育部〈义务教育课程设置实验方案〉的课程计划(试行)》进行了修订，对义务教育阶段的课程设置、课程结构、综合性课程的开设及选择、综合实践活动课程、校本课程和地方课程六个方面做了规定。

北京市各区根据国家和北京市的课程计划，在地方课程方面开展了具有地方特色的积极深入的探索，形成了一定的经验。例如，海淀区着眼于继承历史、立足当下、面向未来，坚持立德树人，遵循"人文海淀""科技海淀""绿色海淀"的课程理念，适应中关村国家自主创新示范区核心区的战略定位，逐步建立了内容开放和学段衔接的包含六大方面(乡土乡情教育、传统文化教育、科技创新教育、体育艺术教育、德育心理教育、国际理解教育)的地方课程体系，全面提升学生综合素质。地方课程与德智体美劳"五育"并举的培养目标相对接，与国家课程、校本课程有机整合，发挥育人合力和系统功能，全面提升学生综合素质。②

在政策的指导和鼓励下，北京市各学校均开发或选用了校本课程。例如，北京航空航天大学实验学校在"星空教育观"育人理念的指引下，建立了包括自然探究类、社会探究类、传统文化类、身心健康类、安全与环境类、现代技术类六大类的"星空"课程体系，通过主题实施、多学科互动融合、课程群专项推进、跨学段贯通进阶的方式推进实施，培养具有丰厚人文底蕴、乐于探求科学真知、主动践行航天精神、自主创新发展、心怀家国天下的新时代建设人才。③

2. 综合实践活动课程

在实践三级课程体系的过程中，我国课程改革实践将综合实践活动课程纳入学校教育课程体系。2017年，教育部印发了《中小学综合实践活动课程指导纲要》，

---

① 教育部：《普通高中课程方案(2017年版2020年修订)》，2020-05-11。
② 宋世云：《发挥地方课程育人价值 丰富立德树人实践途径》，载《北京教育(普教版)》，2020(4)。
③ 宋世云：《发挥地方课程育人价值 丰富立德树人实践途径》，载《北京教育(普教版)》，2020(4)。

对综合实践活动课程进行了全面详细的阐述："综合实践活动是从学生的真实生活和发展需要出发，从生活情境中发现问题，转化为活动主题，通过探究、服务、制作、体验等方式，培养学生综合素质的跨学科实践性课程。综合实践活动是国家义务教育和普通高中课程方案规定的必修课程，与学科课程并列设置，是基础教育课程体系的重要组成部分。该课程由地方统筹管理和指导，具体内容以学校开发为主，自小学一年级至高中三年级全面实施。"①该文件以附件的形式，分类型、分学段推荐了 152 个活动主题，并对活动目标、活动内容、活动方式等做了简要说明，给予学校充分的自主权，旨在促使学校根据实际情况，面向学生的个体生活和社会生活开发综合实践活动。

北京市修订后的课程计划提出了组织学科实践活动的要求，明确规定了地方课程和校本课程的学时，凸显地方课程与校本课程、综合实践活动课程的整合实施。不少学校形成了与地方课程相互整合的综合实践活动课程模式。例如，首都师范大学附属中学的校本课程博识课，秉承"博闻广见、卓有通识"理念，以《走近圆明园》读本作为基本阅读材料，利用校本课程博识课的学时，设计并组织实施了综合实践博识课"探寻圆明园"。北京市八一学校附属玉泉中学借助"三山五园"的地域优势，将校本课程和地方课程相结合，创造性地实施区级地方课程"海淀历史与文化"，开设了供学生必修或选修的"三山五园"课程，开展了课堂内外跨学科综合实践活动，激发了学生热爱家乡、热爱祖国的情感。②

概言之，新时代的课程改革进一步深化了对"设置哪些课程"的认识。基于国家课程、地方课程、校本课程及综合实践活动课程相结合，能够让课程更加紧密地联系社会实际，贴近学生生活，加强生活技能培养，有助于全面提升学生发展与生存所需的核心素养。

（二）必修课程与选修课程

《国家中长期教育改革和发展规划纲要（2010—2020 年）》明确提出，要"尊重

---

① 教育部：《关于印发〈中小学综合实践活动课程指导纲要〉的通知》，2017-09-25。
② 宋世云：《发挥地方课程育人价值 丰富立德树人实践途径》，载《北京教育（普教版）》，2020(4)。

教育规律和学生身心发展规律，为每个学生提供适合的教育"①。

在明确"设置哪些课程"的基础上，在素质教育主张的"为每个孩子提供适合的教育"之下，我们需要考虑学生对课程内容的选择性。选修课程是指学校所开设的课程，并不要求学生人人都学，但学生可以根据自己的需要、兴趣和能力自由选择一定的教学科目。②

近些年来，我们不断对课程要素进行整体优化和完善。在课程结构中，选修课程的比例逐步加大，使学生对课程内容的选择性日趋增强。为不同的学生提供最合适的学习条件和环境，把选择权还给学生，是当前教育改革与发展的着力点。

2014 年，教育部《关于全面深化课程改革落实立德树人根本任务的意见》强调要"合理确定必修、选修课时比例，打牢学生终身发展的基础，增加学生选择学习的机会，满足持续发展、个性发展需要"③。

例如，北京市近年来持续增强了高中阶段课程的选择性，从推进普通高中特色发展到促进高中多样化特色发展。"十二五"时期，北京市实施"特色高中建设计划"，鼓励学校找准定位，特色办学，多样发展；鼓励学校开设丰富多彩的选修课程，开发特色课程，提高课程的选择性和多样性。"十三五"时期，北京市加大力度，促进普通高中多样化特色发展，努力构建课程优质多样、特色鲜明、资源共享的普通高中课程体系，满足学生多样化的学习需求；完善综合素质评价体系，推进学校实施素质教育，引导学生个性发展。

二、"五育"并举、全面发展素质教育：持续优化课程知识结构

2019 年，中共中央、国务院《关于深化教育教学改革全面提高义务教育质量的意见》明确提出"基本要求"："树立科学的教育质量观，深化改革，构建德智体美劳全面培养的教育体系，健全立德树人落实机制，着力在坚定理想信念、厚植爱国主义情怀、加强品德修养、增长知识见识、培养奋斗精神、增强综合素质上下功

---

① 国家中长期教育改革和发展规划纲要工作小组办公室：《国家中长期教育改革和发展规划纲要（2010—2020 年）》，2010-07-29。

② 靳玉乐：《现代课程论》，288 页，重庆，西南师范大学出版社，1995。

③ 教育部：《关于全面深化课程改革落实立德树人根本任务的意见》，2014-03-30。

夫。坚持德育为先，教育引导学生爱党爱国爱人民爱社会主义；坚持全面发展，为学生终身发展奠基；坚持面向全体，办好每所学校、教好每名学生；坚持知行合一，让学生成为生活和学习的主人。""坚持'五育'并举，全面发展素质教育。"①在"全面发展素质教育"的要求之下，学校和教师可以从以下三个方面持续优化课程知识结构。

（一）加强课程内容与学生生活之间的联系

课程改革是对合法知识进行重新选择、分配和编排的过程。我们要回答的第一个问题是，什么知识可以算作合法的知识进入学校课程。近些年来，课程内容与学生生活之间的联系不断加强。

2010 年，教育部《关于深化基础教育课程改革进一步推进素质教育的意见》明确指出：要进一步完善基础教育课程体系，"修订各学科课程标准和教材，把社会主义核心价值体系有机融入课程教材中，进一步精选对学生终身发展有重要价值的课程内容，更加强化课程教材与社会发展、科技进步和学生经验的紧密联系，更加突出时代性，增强适宜性，提升课程教材的现代化水平，突出对学生社会责任感、创新精神和实践能力的培养"②。

2014 年，教育部《关于全面深化课程改革落实立德树人根本任务的意见》明确提出要"根据社会发展新变化、科技进步新成果，及时更新教学内容。要增强适宜性，各学科的学习内容要符合学生不同发展阶段的年龄特征，紧密联系学生生活经验"③。

2017 年，教育部《中小学综合实践活动课程指导纲要》强调，课程开发要"面向学生的个体生活和社会生活"，"面向学生完整的生活世界，引导学生从日常学习生活、社会生活或与大自然的接触中提出具有教育意义的活动主题，使学生获得关于自我、社会、自然的真实体验，建立学习与生活的有机联系。要避免仅从学科知识体系出发进行活动设计"。④

---

① 中共中央、国务院：《关于深化教育教学改革全面提高义务教育质量的意见》，2019-07-08。
② 教育部：《关于深化基础教育课程改革进一步推进素质教育的意见》，2010-04-27。
③ 教育部：《关于全面深化课程改革落实立德树人根本任务的意见》，2014-03-30。
④ 教育部：《关于印发〈中小学综合实践活动课程指导纲要〉的通知》，2017-09-25。

在上述政策指引下，课程知识与生活知识的边界逐渐被打破：一方面，地方性经验和个人经验等生活知识找到了合法途径进入了课程体系；另一方面，传统的课程知识开始接纳和融合生活知识。例如，北京市启动了社会大课堂，并研制了相应的《北京市社会实践活动基地标准和基地课程化实施方案》《北京市社会实践基地课程化开发方案》和《北京市中小学生社会大课堂教学活动实施要点》，并确立了首批44家社会大课堂教学示范基地，以"深化资源开发"和"加强教学研讨"为主题，努力使社会大课堂真正地成为学生学校生活和学习的组成部分。

（二）改变课程过分强调学科体系的现状，开发跨学科综合课程

课程改革改变了过分强调学科体系的状况，逐步打破了学科知识之间的壁垒，促使课程整合不断深化。《中小学综合实践活动课程指导纲要》强调了综合实践活动课程与学科课程之间的关系："在设计与实施综合实践活动课程中，要引导学生主动运用各门学科知识分析解决实际问题，使学科知识在综合实践活动中得到延伸、综合、重组与提升。学生在综合实践活动中所发现的问题要在相关学科教学中分析解决，所获得的知识要在相关学科教学中拓展加深。"[①]

在具体的教育教学实践中，教师可通过如下策略，开发跨学科综合课程。

1. 注重学科知识的横向与纵向联系

教师需要关注学科之间知识的融通性，建立学科教学之间的连续性。例如，以生物课教学为例，教师可以采用生物与劳动技术及其他学科相结合的方式，开发跨学科综合课程。

学校在开发校本课程时，也可开设跨学科的综合实践活动。例如，清华附中上地学校发挥地缘优势，以地方文化为主题，构建了跨学科的校本课程模式。该校开发了"走进圆明园"实践活动课程，在每个阶段设置不同的活动主题，统整语文、数学、英语、历史、政治、地理、生物、体育、美术等学科，形成了跨学科综合实践活动课程形态。学生潜能和才艺得到彰显，学习兴趣浓厚，学习成果丰富，获得感明显提升。[②]

---

① 教育部：《关于印发〈中小学综合实践活动课程指导纲要〉的通知》，2017-09-25。
② 宋世云：《发挥地方课程育人价值 丰富立德树人实践途径》，载《北京教育（普教版）》，2020（4）。

2. 通过主题教学把相关学科知识联系起来

主题整合使不同的学科汇集在同一主题下。在同一主题之下，学科壁垒被打破，不同学科的知识相互交叉，为某一主题的教育服务。

例如，清华附中在开发综合实践活动课程时，遵循的是基于主题、基于问题、基于项目的理念，体现了"有意识地运用两种或两种以上学科的知识和方法论考察或探究一个中心主题或问题"的特点。以"走进科学殿堂"项目课程为例，该课程以体验式学习为主，旨在通过对学生进行科学知识、科学方法、科学思维的浸润，全面提升学生的科学素养。在"聆听科学""感受科学""触摸科学"三个阶段的推进过程中，学生结合化学、物理、地理等不同学科的知识内容进行探究学习。[①]

在教育教学领域，已有诸多 STEM 项目的实践，即将科学、技术、工程和数学四个学科领域进行整合，以跨学科、项目学习为特色，通过合作探究，利用多学科知识，以工程思维方式解决实际问题，循序渐进地培养学习者的沟通能力、团队协作能力、科学探究能力、分析问题与解决问题能力、创新创造能力，这是培养学习者 21 世纪技能的有效解决方案之一。也有不少项目将人工智能和创客编程融入项目体系中，循序渐进地培养学习者的编程思维、科学探究和创新能力，通过课堂教学对学生的 21 世纪技能进行培养，让学生为适应未来职业发展需要做好准备。

（三）德智体美劳"五育"并举

2010 年，教育部《关于深化基础教育课程改革进一步推进素质教育的意见》明确提出要"全面落实基础教育课程方案"，要"坚持以促进学生德智体美全面发展为宗旨，把指导和规范学校全面落实课程方案，突破课程实施的薄弱环节作为重要任务"。[②]这就要求课程在科目设置上要与"全面发展的人"的培养目标相契合。在此基础上，各科之间的比例也要不断协调，在学科统筹和"加强学科间相互配合，发挥综合育人功能"的要求下，比重分配和形态分布更加均衡。

中共中央、国务院《关于深化教育教学改革全面提高义务教育质量的意见》明确提出要"坚持'五育'并举，全面发展素质教育"，主要要求包括"突出德育实效"

---

①　杜毓贞：《清华附中：以多类实践课程满足不同学生发展需要》，载《人民教育》，2018(3~4)。

②　教育部：《关于深化基础教育课程改革进一步推进素质教育的意见》，2010-04-27。

"提升智育水平""强化体育锻炼""增强美育熏陶""加强劳动教育"。①

为构建德智体美劳全面发展的教育体系，2020年3月20日，中共中央、国务院发布了《关于全面加强新时代大中小学劳动教育的意见》，强调："劳动教育是国民教育体系的重要内容，是学生成长的必要途径，具有树德、增智、强体、育美的综合育人价值。实施劳动教育重点是在系统的文化知识学习之外，有目的、有计划地组织学生参加日常生活劳动、生产劳动和服务性劳动，让学生动手实践、出力流汗，接受锻炼、磨炼意志，培养学生正确劳动价值观和良好劳动品质。"②

总体而言，在我国的课程设置中，传统的语文、数学、外语科目的比例在不断变化，并逐渐让出空间给予其他课程。一些学校教育中的"边缘学科"，如音乐、美术、劳动技术等的课程比例也随着时代变化不断增加，与培养"全面发展的人"的育人目标相契合。随着教育均衡化发展的要求，各门学科之间的比例趋于平衡，以更好地培养学生多方面的综合能力。

三、增强课程的适应性：促进学生全面而有个性地发展

课程最终要落实在学生的学习上。符合素质教育要求的课程体系指向的是每个学生都全面而有个性地发展。要培养全面而有个性的社会主义建设者和接班人，其中一个前提条件就是要增强课程的适应性，允许学校和学生在统一要求的基础上，根据多方面需求，对课程进行自主选择。当前的课程改革，日益强调课程的选择性与适应性。

（一）加强课程的选择性

加强课程的选择性，是课程改革的优先目标之一。课程是塑造学生的载体，具有选择性，是学生能够全面而有个性发展的前提。在基础教育阶段，义务教育和高中教育课程的选择性建设呈现出略微不同的样态：义务教育更强调共通性下的选择，而高中教育则更突出个性化的选择。

---

① 中共中央、国务院：《关于深化教育教学改革全面提高义务教育质量的意见》，2019-07-08。

② 中共中央、国务院：《关于全面加强新时代大中小学劳动教育的意见》，2020-03-26。

1. 义务教育阶段：增强课程的选择性

义务教育阶段注重学生品行的培养，重在激发学生的学习兴趣，锻炼学生的体魄，帮助学生养成良好习惯。因此，在义务教育阶段增强课程的选择性，是尊重学生各方面兴趣与发展机会、符合素质教育培养目标的理念。我国义务教育阶段，已建立起必修、选修、课外活动三者相结合的课程结构。

新课程改革之后，教育部在《基础教育课程改革纲要（试行）》中阐明了小学和初中阶段的课程结构，提出"实行国家、地方、学校三级课程管理，增强课程对地方、学校及学生的适应性"，而且"学校应努力创造条件开设选修课程"。[①]地方课程、校本课程承载了地方、学校、学生对选择性的需求。

以北京市海淀区为例，2012 年 1 月，海淀区教委研究决定率先在 14 所小学开展"课程整合、自主排课"实验，通过"建立协作机制，组建合作研究工作团队""注重顶层设计，科学论证实验方案""淡化行政强制要求，尊重基层首创精神"，打破了学科内、学科间、课内外、校内外的壁垒，构建了更加符合育人目标的校本课程体系，如清华附小的"1+X"课程体系、五一小学的"幸福素养"课程体系、北大附小"三层五类"的"生命发展"课程体系、中关村一小的"开放、选择、生态"课程体系等。

校本课程在学校本土生成，既能体现本校办学宗旨、学生的特别需要和学校的资源优势，又与国家课程、地方课程紧密结合，是一种具有多样态和可选择性的课程，增强了学生对课程的选择性。

2. 普通高中课程：逐步满足不同潜质学生的发展需要

高中教育作为基础教育的高级阶段，是基础教育与高等教育的衔接阶段，在整个教育体系中发挥着承上启下的作用。高中课程改革主要通过增强课程的均衡性、综合性和选择性等方式对课程进行重构。在选择性方面，高中通过开设必修课和选修课，以适应地方、学校、学生发展的多样化需求。高中的选修课是改革的重点，是实现课程多样性和选择性的关键。

2010 年，《国家中长期教育改革和发展规划纲要（2010—2020 年）》提出要开设

---

① 教育部：《基础教育课程改革纲要（试行）》，2001-06-08。

丰富的选修课①，以促进学生全面而有个性地发展。教育部《关于深化基础教育课程改革进一步推进素质教育的意见》提出，要"开设丰富多彩、高质量的选修课，保障学生有更多选择课程的机会。加强对学生选课的指导，引导学生选择适合个人兴趣爱好和未来发展需要的课程"②。

例如，北京市教委自 2008 年以来，相继批准了两批共 23 所高中开展自主课程实验，该实验从本质上说是学校课程校本实施的过程。实验开展至今，已取得了一些良好的经验。例如，高中课程校本实施形成了多种行动策略，包括课程目标的细化与具体化、课程结构的重新构建与完善、课程内容的整合、课程编排的变式与创新、教学实施的多元化与更新、课程资源的关联与利用、学生评价的调整与优化等。

2014 年，国务院印发了《关于深化考试招生制度改革的实施意见》。同年 12 月，教育部颁布了《关于普通高中学业水平考试的实施意见》。这两个文件进一步明确了选择性考试实施的细则，提出新高考将采取"3+3"模式。为此，普通高中课程与教学开始了一系列的变革，进一步增强了课程的多样化形态，以适应新的高考方案。在不少学校中，每个学生都拥有了适合自己的个性化课表，"一班一表"变成"一生一表"。

（二）创设条件开设丰富多彩的选修课

国家课程的选修模块即通常所说的"选修Ⅰ"，是国家根据社会对人才多样化的需求，适应学生不同潜能和发展的需要，在共同必修的基础上，按照各科课程标准分类别、分层次设置的供学生选择的修习模块。校本课程的选修模块即"选修Ⅱ"，是学校根据当地社会、经济、科技、文化发展的需要和学生的兴趣，所开设的供学生选择的若干修习模块。

根据新课程改革的精神，课堂教学改革的核心在于打造选修模块。例如，北京青少年科技创新学院"翱翔计划"的选修课程，打破了基础教育课程与高等教育课程的制度壁垒，在整合相应专家资源的背景下，力求建立纵跨高中与大学两个阶段

---

① 国家中长期教育改革和发展规划纲要工作小组办公室：《国家中长期教育改革和发展规划纲要（2010—2020 年）》，2010-07-29。

② 教育部：《关于深化基础教育课程改革进一步推进素质教育的意见》，2010-04-27。

的选修课程模块。"翱翔计划"选修课程模块不同于国家课程和校本课程的选修模块，在模块内容、时间安排和评价方式上都比较灵活，超越了基础教育的机构和人员的限制。"翱翔计划"充分保证了课程的选择性与学生的个性发展，促进了学校教育特色发展与教师专业发展，促进了学校教育的民主与开放。

（三）保障学生有更多选择课程的机会

政策文件和课程结构的变化，客观上为学生选择课程提供了条件。但学生是否真正享有选择的机会，还需要区域和学校真正从学生的需求出发，因地制宜地保证学生能选择、会选择。

为贯彻落实教育部在《关于深化基础教育课程改革进一步推进素质教育的意见》中提出的"保障学生有更多选择课程的机会"，以及在《关于全面深化课程改革落实立德树人根本任务的意见》中提出的普通高中课程修订工作要"合理确定必修、选修课时比例，打牢学生终身发展的基础，增加学生选择学习的机会，满足持续发展、个性发展需要"的要求，各地各校开展了多元的实践探索。

区域层面，以北京市为例，注重加强课程资源建设，促进社会资源课程化。北京市以加强选修模块的资源建设和整合虚拟课堂与现实课堂的教学模式实验为重点，创新课程资源建设工作方式和推进模式。在课程资源的配置上，以选修模块为突破口，创造性地打造了虚拟课堂，并与现实课堂进行整合，带来了一种全新的教与学的方式，营造出了具有开放性、生成性的新的课程形态和课程文化。通过在网络上建立虚拟教室，突破传统的教与学模式，实现了学生跨班级、跨年级、跨校甚至跨区域选修课程，解决了校间、区域间发展不均衡问题，建立了优质教育资源的共享机制，为每一个学生都可以平等、自由地学习选修课程提供了可能性。2013年，北京市启动了"首都特色课程教材资源体系建设项目"，由市里统一组织开发课程教材辅助资源，其路径包括一线征集、定向委托开发及招投标。目前北京市已经开发了大量课程教材辅助资源，并上传至北京市中小学课程教材辅助资源网，供广大一线教师和学生使用。

推进学校课程规划与实施，必须解决好学生需要什么、学校能做什么、学校如何做好等问题。课程改革要从学生的视角，以学生的真实感受为依据看待课程学习；从学校的角度，以课程标准为依据审视课程实施；从育人的高度，以课程实施为依据进行顶层设计。

在学校层面，不少学校对创新育人模式进行了多年的实践探索。以北京市十一学校为例，该校在确定"让每一位学生都成为自主发展的主体"这一教育价值选择之后，自2007年开始进行课程顶层设计，2009年开始正式创新育人模式，以构建具有选择性的课程体系为基础，促进学校的转型。十一学校通过将国家课程、地方课程校本化，实现一位学生一张课表，最大限度地创造适合每一位学生的教育。①2014年，十一学校荣获首届基础教育国家级教学成果特等奖。十一学校能获奖，不仅仅是因为走班制、265门选修课，而且是因为十一学校从课程结构到管理制度，从教学方式方法到学校组织文化等全方位的转变。十一学校通过这样的课程改革构建了适合每一个学生发展的课程体系。前校长李希贵认为，要发现每一位学生的不同，唤醒每一位学生的潜能，启动每一位学生的内动力，让每一位学生都成为自我发展的承担者。只有解放了学生，让他们拥有相信自己的力量，他们才能去实现心中的梦想。

在学校教育教学中，学生是具有自主性、能动性和创造性的独特个体，享有凭自身学科兴趣、专业性与个性潜能选择相关课程的权利。学生能够自由学习，不仅有利于培养学生良好的个性品质，实现学生的个性成长和全面发展，也有利于形成"适合的教育"。

立德树人是教育改革发展的根本任务。在当前新时代的背景下，为贯彻落实党的十九大和全国教育大会的精神，课程建设必须坚持以立德树人为根本，进一步完善课程结构。在课程内容方面，通过课程整合，推进跨学科综合课程的开发与实施，引导学生综合运用不同学科的相关知识，进行跨界学习，以激发学生的创新热情，培养学生的创新与实践能力，着力培养学生的核心素养。在课程实施方式上，进一步凸显地方课程和校本课程具有的活动性和实践性的特征，注重通过综合实践活动课程，鼓励学生探究、体验、合作、互助，为学生的全面发展提供真实、丰富的情境；同时加强劳动教育，鼓励学生在生活中学习，培养学生知行合一的品质，以进一步落实立德树人根本任务，进一步完善育人方式。

---

① 李希贵等：《学校转型——北京十一学校创新育人模式的探索》，53页，北京，教育科学出版社，2014。

概言之，基于核心素养的课程改革，一是要加强顶层设计，制订课程改革实施方案，整体规划，分层推进，重点实施。二是进行课程整合与实施。首先，国家课程要校本化。国家课程校本化的基本要求是学校和教师通过选择、改编、整合、补充、拓展等方式，对国家课程和地方课程进行再加工、再创造，使之更符合学生、学校的特点和需要。其次，学科课程要层级化。学校领导与学科教师要有学科整体视野，进行学科规划，实现学科内的深度融合；通过三年一体化的学科规划，整合每个学科的目标、内容、评价及资源，实现学科课程体系的科学构建和学科教师的专业发展；同时依据学生的水平和选择实现目标、内容的分层分级，实现学科课程层级化。最后，校本课程要特色化。学校要依据学生兴趣、选拔需求及教师的课程开发与建设的实践能力，开设"课程超市"，建设校本化课程；实行学生选课走班制，实现课程建设的特色化，构建适合学生个性发展的课程体系。

第三节　基于核心素养的教学

在教学实践层面，课堂教学是落实核心素养的桥梁，而教学方式是让课堂教学目标落地的方式。基础教育课程改革由知识指向向核心素养指向转变，关注学生生命的质量，关注育人文化、课程文化的建设；在育人观念上，注重尊重和理解学生，优化教与学的方式，提升课堂教学质量。

一、课程改革背景下的教学改革

（一）新课程改革下的教学改革

2001 年，教育部颁布了《基础教育课程改革纲要（试行）》，标志着我国开始了新一轮以课程改革为核心的基础教育变革。在以往课程改革的基础上，这一轮教学改革的核心就是转变教学方式。

尽管人们对教学方式的理解存在差异，但基本共识是要扭转过去偏向"教"的格局，力求多层次、全方位地体现教与学两个方面，尤其是体现一贯被忽视的"学"的一面。

《基础教育课程改革纲要（试行）》明确指出："教师在教学过程应与学生积极互动、共同发展，要处理好传授知识与培养能力的关系，注重培养学生的独立性和自主性，引导学生质疑、调查、探究，在实践中学习，促进学生在教师指导下主动地、富有个性地学习。教师应尊重学生的人格，关注个体差异，满足不同学生的学习需要，创设能引导学生主动参与的教育环境，激发学生的学习积极性，培养学生掌握和运用知识的态度和能力，使每个学生都能得到充分的发展。"①

教学方式的转变，是要把重"教"的过程转向重"学"的过程，从单向的"教"的过程转向教与学互动的过程，从看重学习结果转向看重学习过程，用新课改的术语表达，即"自主、合作、探究"。此外，评价采取形成性评价和终结性评价相结合的方法。因此，此次改革的焦点是推行合作学习、研究型学习等以"学"为主的教学方法。

从新课改时期基础教育改革的重点来看，教学改革的趋势包括：以教育现代化为阶段目标取向，以教育公平为基本价值取向，以终身教育为终极价值取向，以生命关怀为核心价值取向。

（二）新时代的教学改革

1. 义务教育：优化教学方式

2019 年 7 月，中共中央、国务院发布的《关于深化教育教学改革全面提高义务教育质量的意见》提出："优化教学方式。坚持教学相长，注重启发式、互动式、探究式教学，教师课前要指导学生做好预习，课上要讲清重点难点、知识体系，引导学生主动思考、积极提问、自主探究。融合运用传统与现代技术手段，重视情境教学；探索基于学科的课程综合化教学，开展研究型、项目化、合作式学习。精准分析学情，重视差异化教学和个别化指导。"②

① 教育部：《基础教育课程改革纲要（试行）》，2001-06-08。
② 中共中央、国务院：《关于深化教育教学改革全面提高义务教育质量的意见》，2019-07-08。

2. 普通高中教育：深化课堂教学改革

2019 年 6 月，国务院办公厅发布了《关于新时代推进普通高中育人方式改革的指导意见》，明确提出："深化课堂教学改革。按照教学计划循序渐进开展教学，提高课堂教学效率，培养学生学习能力，促进学生系统掌握各学科基础知识、基本技能、基本方法，培养适应终身发展和社会发展需要的正确价值观念、必备品格和关键能力。积极探索基于情境、问题导向的互动式、启发式、探究式、体验式等课堂教学，注重加强课题研究、项目设计、研究性学习等跨学科综合性教学，认真开展验证性实验和探究性实验教学。提高作业设计质量，精心设计基础性作业，适当增加探究性、实践性、综合性作业。积极推广应用优秀教学成果，推进信息技术与教育教学深度融合，加强教学研究和指导。"①

从上述新政策来看，义务教育和普通高中教育均强调基于情境和问题导向，采用互动式、启发式、探究式、体验式等创新性教学方式，注重采用项目学习、研究性学习等方式培养学生的核心素养，并在教学中运用信息技术手段。

二、基于核心素养的教学方式创新

学科核心素养的养成，落脚点在于形成学科的思维品质和关键能力。素养的养成，不能依赖单纯的课堂教学，而要依赖学生参与其中的教学活动；不能依赖记忆与理解，而要依赖感悟与思维。素养的养成是自主思考的经验的积累。学生核心素养的培养，最终要落在学科核心素养的培育上。

因此，基于核心素养的教学，要求教师抓住知识的本质，创设合适的教学情境，启发学生思考，让学生在掌握所学知识、技能的同时，感悟知识的本质，积累实践经验，形成和发展核心素养。

不同学科聚焦的学科核心素养有所不同，学科核心素养的形成需要一线教师基于核心素养与课程标准进行单元设计并开展学习评价，需要教师思考学校课程的整体结构。具体化的教学目标是体现学生核心素养的教学目标，而内容标准和教学建议是促进学生形成核心素养的保证。教师可以通过如下实践方式，将宏观、上位的

---

① 国务院办公厅：《关于新时代推进普通高中育人方式改革的指导意见》，2019-06-09。

核心素养具体化为教学内容，将核心素养的培养融入具体的课程之中，从而把对学生发展核心素养的培养落到实处。

(一)单元教学设计

普通高中新课程标准明确了各学科教学的逻辑起点是学科核心素养目标的达成。目标从知识点的了解、理解与记忆，转变为学科核心素养中的正确价值观念、必备品格和关键能力的培育，这要求教师必须提升教学设计的站位，即从关注单一的知识点、课时转变为进行单元设计。只有这样，教师才能改变学科知识点的碎片化教学，才能真正实现教学设计与核心素养的有效对接。指向学科核心素养的大单元设计是落实立德树人、发展素质教育、深化课程改革的必然要求，也是学科核心素养落地的关键路径。①

教师可以以单元主题统领和整合教学内容，进行单元教学设计。教师需要认真研究课程标准，理解学科本质，在课程实施中尝试单元教学改革。学科核心素养的内涵指学生学了本学科之后逐步形成的正确价值观念、必备品格和关键能力。它意味着教学目标的升级。新的教学目标关注学生运用知识做事、持续地做事、正确地做事的能力，重视知识点之间的联结及其运用。由此看来，学科核心素养的提出倒逼教学设计的变革，促使教学设计从设计一个知识点或课时转变为设计一个新的单元。

传统的教学往往以篇、节甚至知识点展开，细致而具体，容易关注局部而忽视整体。信息技术时代，学生获取的信息更容易碎片化，学习也容易变得零散和不系统，这有碍于学科能力和学科核心素养的培养。这就需要教师以单元主题统领和整合教学内容，以单元为单位进行教学设计。

单元教学设计兼顾整体和局部，有利于减少以往教学只见树木不见森林的弊端。这样的教学操作，有利于避免知识内容的碎片化和各节课之间的线形、单向度联系，使各学段的教学内容更加优化，有利于帮助学生在学习过程中理解每课之间立体丰富的逻辑关系，从而系统地把握所学内容。

---

① 崔允漷：《如何开展指向学科核心素养的大单元设计》，载《北京教育(普教版)》，2019(2)。

1. 单元整体教学的设计

学期大单元设计可采用如下"三步法"。第一步，研读本学期相关教材的逻辑与内容结构，厘清课程标准的相关要求，分析学生的认知准备与心理准备，利用能够得到的课程资源等，按照规定的课时，确定本学期本学科的单元数等。第二步，依据学科核心素养的相关要求，厘清本学期的大单元逻辑以及大单元名称，如到底是以大任务或大项目来统率单元，还是以大观念或大问题来统率？遵循一种逻辑还是几种不同的逻辑？第三步，进行单元主题方面的设计。一个单元至少要对接一个学科核心素养，即依据某个核心素养的要求，结合具体的教材，按某种大任务（大项目、大观念、大问题）的逻辑，将相关知识或内容结构化。

一个学期的大单元名称与数量确定好以后，就需要按单元设计专业的学习方案。按大单元设计的学习方案要把六个问题说清楚。一是单元名称与课时，即为何要花这些课时学习此单元。二是单元目标，即此单元要解决什么问题，期望学生学会什么。三是评价任务，即何以知道学生已经学会了。四是学习过程，即学生要经历怎样的过程才能够学会。五是作业与检测，即学生是否学会了。六是学后反思，即通过怎样的反思让学生管理自己的学习。

在具体操作时，需要将课标拆解成教学意义单元。第一，可以从课标原文出发，拆解出数量恰当的"最小教学意义单元"。应注意，"最小教学意义单元"不是越多越好。教学意义单元拆分的粗细、大小，要从学生学段、学科起始年级、法定教学时间等方面综合考虑。第二，"最小教学意义单元"的排列顺序要符合学生的认知规律，体现实际教学过程。第三，对"最小教学意义单元"目标类型的划分应更多元，体现教师对教学目标思想的理解及落实。第四，对学科价值有深刻理解，激发学生产生持久的甚至持续终身的学习兴趣。第五，能细化课标所指的具体内容，能对如何实现课标提出有效的教学策略，明确达标程度及教学重点。第六，对实现每个"最小教学意义单元"目标所需的教学次数、教学时间有清晰准确的理解。第七，对每个"最小教学意义单元"的重要程度要有准确的判断。

2. 基于学科核心概念进行单元教学设计

以基于核心素养的单元教学设计模型为例，基于学科核心概念的单元教学设计要依据明确的教学主题，按照学科知识的逻辑结构、学生认知发展的顺序，以相关活动为主线对教材内容进行二次开发和重组，形成若干个教学阶段或课时，然后基于学科核心素养将这些教学阶段有机组合成新的结构单元。

最新颁布的普通高中各科课程标准强调以大概念或单元主题的方式组织教学，以切实培育核心素养。例如《普通高中物理课程标准(2017年版2020年修订)》指出："更新了教学内容。进一步精选了学科内容，重视以学科大概念为核心，使课程内容结构化，以主题为引领，使课程内容情境化，促进学科核心素养的落实。"大概念(核心概念或核心观念)是指具体知识背后更为本质、更为核心的思想或看法，是对概念间关系的抽象表述，是对事物的性质、特征以及事物间的内在关系与规律的高度概括。例如，我国《义务教育小学科学课程标准》中提到"本标准在物质科学领域选择了6个主要概念，生命科学领域选择了6个主要概念，地球与宇宙科学领域选择了3个主要概念……四大领域的18个主要概念构成了本课程的学习内容，并将科学、技术、社会与环境的内容融入其中"。这四大领域的18个主要概念被分解成75个学习内容，分布在三个学段的课程内容中，每一个主要概念都是一个大概念。

站在大概念或单元主题的高度去组织教学，能够帮助学生既学到具体的知识，又理解知识间的联系、掌握实践的技能、领会学科的思维方法，更能用大概念或从单元的角度整体把握知识，发展系统的学科能力，并经过长期锻炼和实践，逐渐形成必备品格和关键能力，进而培育核心素养。

3. 单元整体教学案例

在当前的教育改革中，已有不少学校的教师开展了积极的教学方式变革实践探究。例如，语文学科开展的新课改背景下的任务群教学和专题教学的探索；数学学科为提升学生数据分析素养而实施的概率统计大单元教学设计；地理学科世界区域地理部分的主题整合教学；英语学科围绕单元整体教学进行的单元学习目标分析、单元学习材料开发与分析、单元学习活动设计与单元学评检测等全方位的单元教学探索，等等。在实践过程中，各学科在学科内容整合方面不断创新，积累了教学方式变革的实践案例。

在具体设计时，教师可以打破教材原有的结构和顺序，以主题为线索进行相关教学内容的整合，进行单元整体教学。例如，统编语文教材二年级上册第四单元编排了《古诗二首》《黄山奇石》《日月潭》《葡萄沟》，以及"我爱阅读"中的《画家乡》，用优美的语言、形象的笔法描绘了九曲黄河、庐山瀑布、黄山奇石、台湾日月潭、新疆葡萄沟和美丽家乡的迷人风光，勾画了祖国山河的壮美景象。本单元的教学重点是让学生了解词句的意思，同时丰富语言表达。教师可以整合绘本《我的家乡真美丽》、古诗《题西林壁》、民间传说《日月潭的故事》等内容，将单元主题定为"美丽中国行"，以"我的旅行手帐"专题性学习统领整个单元。学生通过单元学习，可以提升语言能力，促进思维发展，同时提升审美鉴赏、创造及文化理解与传承能力，增强亲近家乡、热爱祖国的情感。

单元教学设计从一章或者一个单元的角度出发，根据章节或单元中不同的知识点，综合利用各种教学形式和教学策略，通过一个阶段的学习让学生完成对一个相对完整的知识单元的学习。钟启泉教授认为，单元教学设计的基本思路是由"三设问"(到哪里去？怎样实现目标？怎样才算实现了目标？)引出单元设计的"三重心"：目标的设计、方法的设计、评价的设计。①单元整体教学设计需要解决"为什么教、教什么、怎么教、教得如何"这四个方面的问题，即单元教学目标、单元教学内容、单元教学方法、单元教学评价。

进行单元教学设计的一般逻辑可以为：围绕学科核心素养设计单元教学目标，根据单元教学目标精选教学内容，根据教学内容的特点选择合适的教学方法、设计多样的学习实践活动，从实现单元教学目标的角度去设计可行的单元教学评价。

基于教学实践，以单元主题统领和整合教学内容，进行单元教学设计，有利于学生整体理解学科课程，准确掌握知识结构；有利于基础概念向上位概念生长，帮助学生形成稳定的学科观念；有利于学生在解决具体问题中进行归纳和演绎，进行横向和纵向的迁移，让学生的思维能力由单点结构向多点结构、关联结构等发展；有利于学生对问题的整体把握和系统思考，进而促进学生核心素养的形成。

(二)基于情境的问题解决

当今社会、技术发展迅速，培养学生的问题解决能力日益成为教育工作者关注的热点。学者对问题解决能力的范式进行了探讨，国际学生评估项目(PISA)对问题情境的关注以及对问题解决能力的测评操作也能供教师参考。为培养学生的问题解决能力，教师可以尝试通过创设探索性情境等相关策略进行教学，引导学生利用

---

① 钟启泉：《单元设计：撬动课堂转型的一个支点》，载《教育发展研究》，2015(24)。

迁移过程促进问题解决，全面培养学生的思维能力。基于情境的问题解决是培育学生核心素养、促进学生学习的重要教学策略之一。

1. 情境学习与问题解决的理论基础

情境学习的理论基础主要源于心理学。杜威将实际的经验情境作为学习的起始，认为经验产生于人与情境的互动，学生的学习思考是通过实际情境激发的，进而提出了"情境—问题—假设—推理—验证"五步教学法。[①]

近些年发展起来的学习科学也对情境学习做了深入探讨。情境学习理论认为，学习不仅仅是个体的意义建构过程，更是社会性、实践性的参与过程。情境学习理论认为，知识具有情境性，知识与活动密不可分，即只有在情境中应用知识，知识才能被理解。因此，学习者不仅要善于学习情境性知识，而且要善于在情境中运用所学知识。学习也具有实践性，即学习过程是个体参与实践共同体，与他人和环境相互作用的过程，且参与实践有助于学习和理解。

情境学习理论给予的启示是：知识镶嵌于情境之中，只有在情境中获得知识，才能丰富认知结构，生成真正的经验。在情境学习过程中，教师必须成为学生学习的设计者、组织者和支持者。教师要确定合理的学习目标，创设情境化的活动任务，促进学习共同体的合作交流，在必要时给学生搭建学习支架，提供对学习的反馈与评价。核心素养导向下的情境教学，强调学生的主动探究和建构，而探究与建构都来自情境的引导。

学生学习的过程，也是问题解决的过程。目前人们对问题解决的研究主要集中于认知心理学和教学论两个领域。其中，认知心理学主要从微观层面研究问题解决的心理机制、策略选择和技能形成等；教学论则主要从宏观的教学活动过程出发，研究问题解决的教学模式和实践操作策略等。这两个层面的研究是近年来教学与学科心理学研究的热点问题，其中很多结论对教育教学的发展产生了深刻的影响。

伴随着认知学习理论的影响，以问题为基础来展开学习和教学过程成为改革路径之一，基于问题的学习日益受到关注。学界倾向于将问题解决视为一个由认知技能和各种动作组成的复杂的活动表现，涵盖了一系列高层次思维技巧如关联、抽象、理解、操作、推理、分析、综合、概括等的协调。自 20 世纪 60 年代开始，研

① ［美］约翰·杜威：《民主主义与教育》，王承绪译，179 页，北京，人民教育出版社，2001。

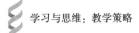

究人员制定了一般的问题解决模型并假设：学习者掌握了抽象的问题解决能力，就可以在不同的现实情境中解决不同的问题。当前的研究认为，问题解决深受问题情境影响，取决于先前知识和经验的深层结构。因此，必须让学习者在现实环境中解决真实问题之后，尝试在不同的问题背景中依靠思维品质并应用相应的策略来解决问题。

经济合作与发展组织在国际学生评估项目中，将问题解决能力列入测评范围。PISA 2003 将问题解决能力定义为："个体运用认知过程来面对并解决一个真实的、跨学科情境中的问题的能力。"该定义着重强调了学生综合运用在阅读、数学、科学领域所获得的知识解决在生活中遇到的真实问题的技能，并把问题解决能力定位为学生主动参与社会和经济生活必不可少的、综合性地运用学校教授的知识和技能的能力，以适应纷繁复杂的社会生活。①

2. 基于情境的问题解决与核心素养培育

基于情境学习理论，指向问题解决的学习活动，突出强调情境化学习任务的创设。情境学习的关键在于情境的创设，表现为创设一个"问题"或"任务"。问题是学习活动开展的核心，一切学习活动都由问题驱动。问题解决教学模式的典型教学过程是：学生以小组为单位，开始解决一个实际问题；为了解决问题，学生往往需要获得一些必要的专业知识，即所谓学习议题，然后分头查找资料，相互交流所获得的知识，并讨论如何用所获得的知识来促进问题的解决；如果在讨论的过程中，学生发现还需要研究另外一些新的学习议题，就需要不断产生学习议题、分头查找资料、小组交流并讨论，直到问题得到解决；问题解决后，学生还需要对自己的学习过程进行自我反思和评价，总结所获得的知识和思维技能。②

基于情境的问题解决教学，是以问题解决为导向来展现课堂教学中师生双边教与学的互动过程，能够充分体现学生在教与学中的主体地位。创设问题解决情境的教学，找寻问题解决的途径，可以提升学生自主探究学习的水平，培养学生解决问题的综合能力，发展学生的创新能力，提升学科核心素养。从理论基础来看，基于情境的问题解决教学方式，能够让学生在解决实际问题的过程中打下灵活的知识基

① 杨学敬、徐斌艳：《问题解决内涵的重构——来自 PISA 的启示》，载《教育科学》，2007(2)。
② 刘儒德：《基于问题学习对教学改革的启示》，载《教育研究》，2002(2)。

础，在提升合作能力与自主学习能力的同时，进一步提升批判性思维能力和创造性思维能力，进而提升核心素养。

开展基于情境的问题解决教学，教师需要打破传统讲授式课堂中封闭、单向和稳定的知识传递路径，需要为学生构建起开放、多元的学习环境，使知识在情境中鲜活生动起来。基于学生作为学习主体的认知特点，情境学习有助于帮助学生在利用真实情境解决问题的体验中构建知识概念，有利于将单一的知识学习转化为对学科思想的理解内化，在独立思考、自由探索的空间中发挥学生的创新能力。

3. 基于情境的问题解决教学案例

设计指向问题解决能力的学习活动，需要以明确的问题指向或任务目标驱动整个学习过程，将教学内容中简化的抽象知识置于丰富的生活场景里，通过动手操作、探究、游戏、表演等学习活动解决问题。这类学习活动重在静态知识的动态应用，其学习任务呈现出一定的开放性和非结构性。

创设问题情境，可以启发学生思维。例如，《普通高中思想政治课程标准（2017年版2020年修订）》在"基本理念"中提出"尊重学生身心发展规律，改进教学方式"的要求，明确指出"要通过问题情境的创设和社会实践活动的参与，促进学生转变学习方式，在合作学习和探究学习的过程中，培养创新精神，提高实践能力"。问题情境的创设，既是教师改进教学方式的重要落脚点，同时也可以转变学生学习方式。

又如，在地理学科中，在学习完中国铁路干线的地理知识后，教师可设计如下情境性学习活动：甲在北京，乙在上海，他们打算暑假一起去拉萨旅行，中途去西安看兵马俑，去洛阳看龙门石窟，从拉萨回来之后甲乙一起回北京。任务活动为设计甲和乙相遇的地点，以及合理的铁路路线。上述基于真实生活的场景、具有实际意义的现实任务能够唤醒学生的先在知识，从而激活学生现有的生活经验和已有的基础知识，实现知识的迁移，发展学生的问题解决能力。

在具体的教学实践中，化学、数学等学科均可以联系现实生活，通过设置具有生活性、学科与学术性、社会性等特点的多样化的情境，引导学生在课堂学习中运用知识、技能解决问题。根据创设问题情境、倡导合作探究、实现情感体验的教学流程，基于图文并茂的教学情境，教师对课堂教学设计与实施进行创新性探索。

问题解决能力是学生的重要能力。如何在课堂教学中培养学生的问题解决能力，是教师非常关注的问题。在情境学习理论的指导下，指向问题解决能力的学习活动应突出情境化学习任务、参与性学习方式和社会化学习环境的创设。在设计学习活动时，教师需要提供情境化的学习任务和活动、必要的指导和支架、互动的协作环境、辅助的认知工具、清晰表达的机会、真实的持续性评价。

依据情境学习理论，建立指向问题解决学习活动的情境与任务架构，构建由活动任务、活动方式、活动规则、活动环境构成的学习活动，在实践中将设置任务链、明确问题解决阶段思考重点、多感官学习、默会知识显性化、环境音乐介入等策略加以应用，培养学生的问题解决能力。

（三）项目学习

项目学习（Problem Based Learning 或 Project Based Learning，PBL，也称项目式学习、基于项目的学习、基于问题的学习或项目教学法）影响了世界各国的课程改革与课堂教学。随着我国基础教育课程改革的推进，多方日益关注项目学习并已开展实践，旨在通过项目学习的方式，促进学生核心素养的养成。例如，为全面贯彻落实中共中央、国务院《关于深化教育教学改革全面提高义务教育质量的意见》，推进义务教育教与学方式变革，上海市教委印发了《上海市义务教育项目化学习三年行动计划（2020—2022 年）》，着力培养学生创造性解决问题的能力，以进一步提高义务教育质量。[①]

1. 项目学习的相关理论

项目学习的思想源头，可以追溯至美国教育家杜威。而后，杜威的学生克伯屈，首次提出并实践了项目学习。随着近些年来全球范围内"素养"研究的深入，项目学习作为培育素养的一种重要手段受到普遍重视。与克伯屈时代相比，与"动手做"不同，在 21 世纪技能和素养的导向下，当前国际上相关领域的研究者或研究单位，如斯坦福大学的达林·哈蒙德教授、学习科学领域的克拉斯克、巴克教育研究所等更强调核心知识的理解，在做事中形成专家思维，引发跨情境的迁移。[②]

巴克教育研究所将项目学习界定为学生在一段时间内通过研究并解决一个真实

---

① 上海市教委：《上海市义务教育项目化学习三年行动计划（2020—2022 年）》，2020-09-24。
② 夏雪梅：《在学科中进行项目化学习：学生视角》，载《全球教育展望》，2019（2）。

的、有吸引力的和复杂的问题、课题或挑战，从而形成对重要知识和关键能力的理解的学习。项目学习的重点是学生的学习目标，包括基于标准的内容以及批判性思维、问题解决、合作和自我管理等能力。①

基于研究者的界定，项目学习主要包含以下要素：真实的驱动问题；学生在真实情境中对这个驱动问题展开探究；学生经常用项目化小组的方式学习；学生运用各种工具和资源促进问题解决；学生最终形成可以公开发表的成果。②因此，项目学习需要从有待解决的问题开始，使学生在生成和体验中解决真实或接近真实的问题。

2. 项目学习与核心素养

项目学习作为一种学习方式，构建了一个完整、系统的模式。学生在项目学习过程中，必须根据问题解决的实际需求来主动学习，而学习的每一环节都是基于目标明确的问题导向的。学习活动的探究、学习资源的取得、学习共同体的创建都要与现实生活的实际需要相融合、相一致，从而让"学以致用"的"学"和"用"有机融合。

项目学习"注重帮助学生解决真实世界中复杂的、非常规的且具有挑战性的问题，培养学习者沟通合作、批判创新的高阶认知能力和工作方式"。作为一种学习方式，它的学习本质主要体现为"必须有目标、有计划、有评价，强调学习者的中心地位"，同时其项目特质又体现为"真实的情境性、系统思维和产品导向"。③

项目学习最主要的特点是有驱动问题和任务作品。学生在学习时，会接到小组的驱动问题。在学习过程中，学生进行小组合作，制订小组计划进而完成任务。项目的驱动问题和作品都会比较生活化。学生若想完成作品，一定要运用具体知识，并在合作学习中习得知识。项目学习能够提升学生的学习兴趣、合作能力、沟通能力和问题解决与创造能力，有利于解决所学知识与实际生活相脱节的问题。因此，作为一种深度探究活动，项目学习能够促进学生批判性思维与创造性思维的发展，为学生成为积极、主动、灵活的学习者奠基。

---

①　Buck Institute for Education，What is PBL? 2014.

②　夏雪梅：《项目化学习：连接儿童学习的当下与未来》，载《人民教育》，2017(23)。

③　滕珺、杜晓燕、刘华蓉：《对项目式学习的再认识："学习"本质与"项目"特质》，载《中小学管理》，2018(2)。

3. 项目学习教学案例

我国已在一些学科中开展了项目学习的实践探索。以语文学科为例，《普通高中语文课程标准(2017 年版 2020 年修订)》提出要在语文课堂中实施高中语文任务群学习。高中语文学习的 18 个任务群均由若干学习项目组成，从语文的特点和高中生学习语文的规律出发，以语文学科核心素养为纲，以学生的语文实践为主线进行设计。语文学习任务群以学习任务为导向，以学习项目为载体，整合学习情境、学习内容、学习方法和学习资源，引导学生在学习语言的过程中提升语文素养。

有研究者认为，项目学习需依据六个步骤进行设计，可供参考的六个步骤为：第一，寻找核心知识；第二，形成本质问题并将其转化为驱动问题；第三，澄清项目的高阶认知策略；第四，确认主要的学习实践；第五，明确学习成果的公开方式；第六，设计覆盖全程的评价。①

项目学习可以基于学科也可以超越学科而设计。一方面，教师在学科教学中，可以将项目学习与学科教学有机融合。基于课程标准、学业质量标准对教学内容的要求，教师可以设计项目学习。通过小组合作的方式，学生在学习中以实验探究、查阅资料、调查分析、交流汇报为主，充分体现学生的主体性，有效突破学习难点。项目成果能让学生充分体会学科的有趣性和有用性，感受到学科的魅力和应用价值。另一方面，教师可以进行跨学科的项目学习设计，通过融合两个及两个以上的学科概念来解释现象、解决问题、创造作品，让学生产生新知识，获得更深的理解。跨学科的项目学习，通过学科之间不可分割的联系和持续性的探究来解决问题。STEM 或 STEAM 即项目学习的一种类型，偏向科技、数学等领域的整合。项目学习也可包含人文、历史、语言等更多领域。

项目学习作为培养学生核心素养的重要途径，目前已在一些中小学校进行了广泛实践与探索。例如，河南省一所小学基于"乐享教育"的课程目标，已进行了多年项目学习的课程改革研究与实践。在学科微项目学习中，根据压岁钱这一真实情境，数学学科在各年级开展了以"压岁钱升值记"为主题的项目学习；在跨学科项目学习中，开展了以"未来校园 3D 模型设计"为主题的项目学习；在深度开展的探

---

① 夏雪梅：《项目化学习设计：学习素养视角下的国际与本土实践》，32~33 页，北京，教育科学出版社，2018。

索中，设计了在三至六年级实施的长周期项目学习"走进博物院"。该校从学科微项目学习到跨学科项目学习，再到与育人目标深度联结，探索了走向深入的项目学习，形成了独具学校办学特色的项目学习新样态。①

项目学习充分凸显了学生的主体地位，实现了教学方式和学习方式的转变。在项目学习过程中，项目的任务设置引导学生关注身边的文化与生活，使学生能够尽快进入主动学习的状态，而不是让学生被动接受学习任务。根据项目需求自主开发的新的课程资源，能够拓宽学科学习和运用的领域，有助于改变接受式学习的单一性，提高学生的学科实践能力和探究能力。在具体的教学实施中，教师要注意保持项目学习的过程形态，不能将项目学习混同于综合实践活动或主题式教学。

(四)学科实践活动

随着课程改革的逐渐深入，课程领域逐步改变了以往单一的学科本位课程体系，强化了实践活动课程。2014 年，教育部颁布了《关于全面深化课程改革落实立德树人根本任务的意见》，提出要全面落实学科实践活动。在不增加学科总课时的前提下，各学科拿出不少于10%的课时用于开展学科实践活动，在内容上可以以某一学科内容为主开展学科实践活动。2015 年，北京市发布了《北京市实施教育部〈义务教育课程设置实验方案〉的课程计划(修订)》，也明确规定各学科平均应有不低于 10%的学时用于开设学科实践活动课程。诸多学校已在学科实践活动课程的构建与实施方面进行了实践探索。

1. 开展学科实践活动的意义

《中国学生发展核心素养》指出要培养学生的实践创新能力，重视学生在日常活动、问题解决、适应挑战等方面所形成的实践能力、创新意识和行为表现。传统的教学注重理论知识而忽视实践环节。学科实践活动为解决上述问题提供了新的路径。

学科实践活动立足于学生的学习过程，帮助学生在真实情境中运用所学知识解决问题，对实施素质教育、促进学生综合能力的提升具有重要意义。学科实践活动

① 侯清珺、窦立涛、王黎超等：《从 1.0 到 3.0 的进阶：走向深度的项目学习》，载《中小学管理》，2020(8)。

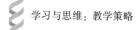

注重从实际生产生活中就地取材，发现问题、提出问题并解决问题，让学生经历学习发生的过程，体会到所学知识"有用、会用、好用"，进而培养学生的创新精神和实践能力；坚持贴近实际、贴近生活、贴近学生，关注学生的学习兴趣和经验，通过践行、体验、探究等多种学习方式，促进学生的自主发展、创新实践。概言之，学科实践活动有助于促进学生个性发展，有助于学生综合素养的提升。

2. 学科实践活动与核心素养

新时代背景下我们对学生核心素养的强调，要求教师将核心素养的概念运用到学科实践活动中，引导学生能够对所学学科有正确的认识，从而让学生能够更好地理解学科本质，提升学生的学科学习能力。

学科实践活动以国家规定的学时为基础，着眼于学科的核心学习主题，通过现实世界中的问题解决进一步实现学科教育，也可通过纸笔测试评估其教育效果。学科实践活动的目的在于让学生处于现实生活中和问题情境中，利用学科知识和思维方法来发现问题、思考问题，然后解决问题。

学科实践活动以研究性、实践性和情境性为鲜明特点。落实到具体学科，教师要基于核心素养设计并实施多样化的实践活动。教师可以将学生熟悉的生活现象和感兴趣的问题作为实践活动的切入点，在生活与学科之间建立联系，使学科教学跨越知识逻辑，回归生活。此外，运用科学知识解释生活现象或解决生活问题，能够激发学生的学习兴趣，使他们养成主动探究的习惯。在学习过程中，通过加强知识内涵的学习、探究方法的学习，能够培养学生的问题意识，激发学生的创新意识，进而提升学生的学科思维与创造性思维能力，以及解决实际问题的能力，以有效培育学生的核心素养。

3. 学科实践活动教学案例

在学科实践活动设计中，教师可遵循以下原则。

第一，学科性原则：关注学科知识和思维方式形成的过程；基于学科知识体系与能力架构设计课程和实践活动，使学生形成基本的学科观念。第二，实践性原则：强调学生的实际参与，通过简单的探究活动，增强学生对科学探究过程的体验；在活动过程中注重实践能力和创新能力的培养与提升，为学生的后续学习奠定基础。第三，多样性原则：采取校内与校外、课上与课下结合的形式，在实践活动中突出学科的主体性，同时注重学科的整合。第四，灵活性原则：设计课程内容时注重活动主题的相对独立性,根据学情有选择地、灵活地开展学科实践活动。

在具体的教学实践中,教师可以将培养学生的核心素养与学科实践活动结合在一起,探索具有学科特色和学校特色的课程体系。例如,基于学校办学特色,北京市一所国际学校的实践活动课程围绕如何培育学生的中国灵魂、开拓学生的国际视野、提升学生的跨文化交流能力展开。学校的语文学科将课程改革与学校办学理念有机结合,建构起符合学校实际的十二年一贯制"世纪演说家"课程。根据学生语言发展规律,参照语文课程标准,语文学科将课程分为4个学段:一至三年级为故事课程,四至六年级为主持人课程,七至九年级为演讲课程,十至十二年级为辩论课程。同时,完善跨学段教研机制、课程协同机制,根据课程纲要研编各学段课程方案,保证学科实践活动的系统性。学校还制订了课程分段目标,保障学科素养的纵向衔接。学校为课程实施提供了时间保障(至少10%的学时),编写了故事、主持、演讲和辩论4种校本教材,开发了电子学习资源,探索了课程网络平台的建设。"世纪演说家"课程融教、学、说、练为一体,除了知识传授、技能培训和比赛锻炼,还构建了情境式教学模式,设计了多种话题情境,形成了立体式口才教学情境。学校也建立了多元化、多角度的评价方式,激发更多学生在参与实践活动课程中提升自己,使学生在交际和合作等方面得到发展。①

基于教育改革及课程改革的需要,以及学生发展的需求,教师可以设计丰富多彩的实践类课程。在学科教学实践活动中,教师要以问题为引导,明确学习范围,以任务为驱动,以活动为中心,要求学生在活动中体验知识的形成过程,在开放的基于资源的学习环境中综合完成任务。

学科实践活动具有情境化、问题化、任务化、活动化、开放性、整合性等特点,同时基于资源的支撑,体现了整合性、作品性、自主性与合作性的特点。学生通过实践活动,可以了解学科知识与生活的广泛联系,学会综合运用所学知识和方法解决简单的实际问题,加深对所学知识的理解,获得运用知识解决问题的能力和方法,进而全面提升核心素养。

---

① 周松涛:《跳出误区,学科实践活动如何有声有色》,载《北京教育(普教版)》,2019(4)。

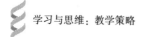

三、智能时代的教学方法与学习方式

在传统教学模式主导的学习过程中，学生认知主体的作用没有得到充分发挥，学生的学习方式也较为单一。课程与教学制度的变革，以及以互联网为特征的计算机技术和人工智能技术的兴起，为主动学习、交互式学习、智能学习等新型学习方式的产生提供了保障，深刻影响了教师的教学方式。

（一）网络教学与混合式学习

面对信息技术的发展和普及，教学手段步入多媒体网络技术时代，课堂教学手段日新月异。技术支持下的新型学习方式主要有微课、慕课等。

1. 微课

在实际教学中，教师多用微课开展教学。微课是指按照新课程标准及教学实践要求，以教学视频为主要载体，反映教师在课堂教学过程中针对某个知识点或教学环节而开展教与学活动的各种教学资源的有机组合。微课的核心内容是课堂教学视频(课例片段)，同时还包含与该教学主题相关的教学设计、素材课件、教学反思、练习测试及学生反馈、教师点评等教学支持资源，它们以一定的结构关系和呈现方式共同营造了一个半结构化、主题突出的资源单元应用"生态环境"。① 为符合中小学生的认知特点，微课的教学视频时长一般为 5~8 分钟，教学内容较少，通常仅涉及一个知识点。

与微课较为接近的一个名词是微视频，但两者存在本质区别。教学微视频是一种单一的教学资源，但"微课是为了完成一个教学目标围绕某个知识点、教学活动或者技能而展开的以微视频为中心和焦点的课或课程"②。

2. 慕课

慕课(Massive Open Online Course，MOOC)，即大规模开放在线课程，是在线开放课程的一种独特类型，具有大规模、开放性、在线等特点。慕课不仅为学习者

---

① 胡铁生：《 "微课"：区域教育信息资源发展的新趋势》，载《电化教育研究》，2011(10)。
② 谢贵兰：《慕课、翻转课堂、微课及微视频的五大关系辨析》，载《教育科学》，2015(5)。

提供学习材料，还支持学习者与教师以及其他学习者之间的交流。学习者在完成慕课课程的学习之后即可获得慕课平台颁发的对应课程的电子版合格证书。有些慕课平台为满足学习者的需求，与愿意提供学分的大学合作，使学习者在慕课平台上完成学习后即可获得该大学的相应学分。

简言之，学习者可以在慕课平台上学习、讨论、完成作业、考试、获取证书，经历学习的全过程。全球比较成规模的慕课三大平台是 Coursera、Udacity、EdX，这些平台均以英语为主要语言。2013 年 9 月 23 日，北京大学加盟了美国在线教育平台 EdX。2013 年 10 月 10 日，清华大学推出了面向全球的开放在线课程平台"学堂在线"。2013 年 10 月，教育部发布的《关于实施全国中小学教师信息技术应用能力提升工程的意见》提出启动教师培训 MOOC（大规模开放在线课程）建设工作。①2013 年，华东师范大学与国内 20 多所学校发起"C20 慕课联盟"（C 即 China，20 即国内 20 余所知名高中、初中、小学），在中小学推进了慕课与翻转课堂的应用。

3. 混合式学习与个性化学习

2018 年，教育部印发了《教育信息化 2.0 行动计划》，标志着我国教育信息化建设进入了新阶段。混合式学习在"互联网+教育"的背景下呈加速发展态势。混合式学习，其本质是为学生创建一种真正高度参与的、个性化的学习体验；学习的本质与内涵已经发生了变化，学生不仅需要共性的、标准化的知识习得，更追求个性化知识与创造性知识的自我建构与生成。②在前期研究的基础上，研究者提炼出了实现有效、高效、有吸引力和个性化的混合式学习设计的四个典型策略：第一，明晰核心目标；第二，线上、线下、现场教学相辅相成；第三，设计开放式的学习活动、真实的学习体验，有助于提升活动的吸引力；第四，数据驱动的学习分析技术是实现集体教学个性化的技术基础。③

互联网技术推动了个性化学习。个性化学习是以学生个性差异为基础，以促进学生个性发展为目标的学习范式。个性化学习的实现有赖于丰富的学习资源和个性

---

① 钟亚妮：《美英两国慕课的发展与展望》，载《世界教育信息》，2014(3)。

② 冯晓英、孙雨薇、曹洁婷：《"互联网+"时代的混合式学习：学习理论与教法学基础》，载《中国远程教育》，2019(2)。

③ 冯晓英、曹洁婷、黄洛颖：《"互联网+"时代混合式学习设计的方法策略》，载《中国远程教育》，2020(8)。

化的学习环境，学习的自主性和开放性是个性化学习的主要特征。在传统课堂学习中，由于受到资源、体制等客观因素的限制，教师难以顾及每个学生的差异。个性化学习是通过教师根据不同学生的特点来制订不同的教学指导计划，然后学生完成教师制定的个性化任务来实现的。以互联网为特征的计算机技术的发展打破了传统教学方式对学生的束缚，使学生学习的空间和时间更具弹性："学习者可以在网络上自主选择学习内容、学习方式、学习资源、学习伙伴，从而真正实现个性化、自主化的学习"。①

混合式教学有助于满足集体教学中的个性化需求。技术支持下的新型学习方式，从学习场所上看，不再局限于学校和课堂，学习者可以选择在自己喜欢的场所学习；从学习内容上看，使学习者可以根据自己的兴趣选择符合自己能力与认知水平的课程；从学习节奏上看，不再存在众口难调的问题，使学习者可以根据自己掌握学习内容的情况调整学习节奏；从学习时间上看，不必再召集所有学习者在特定的时间点共同开展学习，使学习者可以根据自己的情况妥善安排时间。

互联网技术推动了自主探究式学习。互联网技术的发展，一方面将大量信息带到了学生的身边，在极大程度上拓宽了学生获取信息的渠道，为学生的学习打开了一片新天地，使学生的学习不再局限于传统教材和教师的讲授，使学生可以借助互联网获得自己所需的信息；另一方面，加快了信息更替的速度，导致教师在课堂上教授的知识可能难以完全满足学生的学习需求，从而促使学生主动获取资源，开展自主探究式学习。

概言之，以微课、慕课等为代表的基于互联网的教学模式应运而生并走向实践。它们突破了学生学习时间和空间的局限性，有利于实现个性化线上学习、扩大优质教育覆盖面、促进教育公平和构建学习型社会。在线教育的发展，为学校融合线上线下教学、鼓励学生自主学习与合作学习、改革传统教学方式创造了非常有利的条件，有利于提高教学质量、提升教学效益。基于互联网的教育信息化建设已经成为我国教育发展的战略重点。

---

① 蒋志辉：《网络环境下个性化学习的模式建构与策略优化》，载《中国远程教育》，2013(2)。

(二)深度学习

1. 深度学习的内涵

深度学习首先在人工智能领域出现，后扩展到基础教育领域，其核心在于强调学习的深度，因针对当前中小学课堂教学中存在的形式化、浅表化、碎片化、机械训练等问题而受到关注。

深度学习"将教学改进的目标指向发展学生的核心素养，指向增进学生的深度理解、实践应用和创造性解决问题的能力的提升"①，是培养学生高阶思维能力的路径。深度学习的"深度"导向"知识的深度建构、思维的深度建构、能力的深度建构和人的发展的深度建构"，"以科学的建构策略和学习方式为支撑，致力于深度参与，最终使学生的高阶思维、关键能力以及情感、态度与价值观等实现深度发展"②。

2. 深度学习与核心素养

加拿大教育家迈克尔·富兰等人认为，深度学习在性质和范围上与其他教育创新都不甚相同。在他们看来，深度学习就是指全球化能力的6Cs：品格、意识、协作、沟通、创造力和批判性思维。它聚焦于让个体和集体去做有意义的事情，通过改变学生、教师和其他人的角色，从而改变学习。③自2014年以来，迈克尔·富兰等人成立了"深度学习新教学法"国际联盟，在7个国家或地区拥有1200多所学校。目前依然活跃的实验室致力于发现改变学习过程的实践和条件，以使每位学生都具备基本技能和国际化能力。④

过去以知识、技能、考试为导向的教学，造成浅层学习现象的凸显、知识概念的机械化记背、学生知其然而不知其所以然的肤浅；问答、演示、角色扮演等看似热闹的活动，却因内涵的缺位而无法触及学习内容的内在本质。深度学习的提出，

① 郑葳、刘月霞：《深度学习：基于核心素养的教学改进》，载《教育研究》，2018(11)。
② 袁国超：《基于核心素养的深度学习：价值取向、建构策略与学习方式》，载《教育理论与实践》，2020(8)。
③ ［加拿大］迈克尔·富兰、乔安妮·奎因，［新西兰］乔安妮·J. 麦凯琴：《深度学习：参与世界，改变世界》，盛群力、陈伦菊、舒越译，X页，北京，机械工业出版社，2020。
④ ［加拿大］迈克尔·富兰、乔安妮·奎因，［新西兰］乔安妮·J. 麦凯琴：《深度学习：参与世界，改变世界》，盛群力、陈伦菊、舒越译，17页，北京，机械工业出版社，2020。

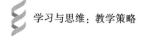

呼应了新课标的要求，针对以往的浅表化学习，强调学生对课程内容的深入理解和对学习过程的深度参与。

3. 指向高阶思维能力的深度学习教学案例

指向高阶思维能力的深度学习不是一个独立的教学策略，而是渗透在各种教学方式中的贯穿于整个教学过程的一种教学意识。因此，在各个学科富于思想性和创新性的教学设计与实施中，深度学习无处不在。

比如，在政治学科"文化的多样性与文化传播"一课中，教师可以设置引发学生思考的问题："如何让中国京剧艺术走出国门？有两种不同观点，你支持哪一种？为什么？"在学生已有的认识基础上，教师激发学生畅所欲言及深度思考。学生在辩论的过程中不断修正自己的观点，由表及里提升理性认识。

以英语学科为例，教师可以从设计立体化的学习活动和解决现实生活问题的意义探究两方面开展深度学习的实践，用专业的语言多角度分析问题，多思路解决问题，帮助学生经历学习理解、实践应用、迁移创新三个层次，实现语言与思维的融通发展。

以生物学科"生态系统的物质循环"的教学为例，教师可以引导学生构建碳循环的模型，同时让学生思考为什么会出现干旱、洪水、沙漠化等自然灾害，呈现人类活动对自然的影响，通过现实问题让学生在构建完整的碳循环模型之时，感受人与自然的关系、带着责任和使命学习生物知识，帮助学生树立和谐发展的观念，提升学生的社会责任感。

各学科的学习，不仅是简单的让学生增长知识的过程，也是丰富学生精神世界的过程。教师根据不同的情境自主构建教学活动，能够唤醒学生的生命意识，激发学生的生命潜能，增强学生的生命活力，提升学生的生命质量，让每位学生都能自由而充分地实现自己的生命价值。教师只有通过深度学习才能深耕课堂教学，培养学生的高阶思维能力，精细化地实现素养养成的育人目标。

（三）人工智能推动教学与学习

人工智能（Artificial Intelligence，AI）是计算机科学的一个分支，是一门研究运用计算机模拟和延伸人脑功能的综合性学科。人工智能技术的概念于1956年被正式提出，其主要研究领域有专家系统、机器学习、模式识别、自然语言理解、人工神经网络、博弈和分布式人工智能等。当前，人工智能技术获得了迅猛发展并正在引发大数据分析技术、虚拟现实技术、可穿戴技术等的交叉融合，形成了以人工智能技术为核心的新一代技术集群，推动了人机交互入口和决策服务的智能化，各种形态的智能代理出现并得到初步应用。①

教育领域在人工智能的推动下，也正在发生改变。人工智能和学习科学相结合形成了新领域——教育人工智能（Educational Artificial Intelligence，EAI）。教育人工智能重在通过人工智能技术，更深入、更微观地窥视和理解学习是如何发生的，是如何受到外界各种因素（如社会经济、物质环境、科学技术等）影响的，进而为学习者高效地进行学习创造条件。②目前，已有大量教育人工智能系统应用于学校，这些系统整合了教育人工智能和数据挖掘（Educational Data Mining，EDM）技术（如机器学习算法）来跟踪学生行为数据，预测其学习表现，以支持个性化学习。③

目前，人工智能技术在教学和学校管理等方面得到了应用。它在教学方面的应用涉及课堂教学、在阅卷中的应用及仿真教学实验等方面，在学校管理方面的应用则涉及教学测评、学生心理疏导、学生健康成长跟踪、学校安防等方面。

基于 2010 年至 2017 年关于教育人工智能的文献研究，陈凯泉等人发现：在应用人工智能变革学习方式的研究中，智能代理（Intelligent Agent）与自主学习（Self-regulated Learning）、智能教学系统（Intelligent Tutoring System）与专家系统（Expert System）、学习数据分析（Learning Data Analysis）、眼部跟踪（Eye Tracking）和面部表情识别（Facial Expression Recognition）等智慧感知技术的探索应用，基于游戏的教学系统，应用虚拟现实（Virtual Reality）技术构建仿真实验环境，应用教育机器人作为学习者的学习伙伴这几类主题的文献近年来的发表数量显著增加。④

在当前的研究与实践中，智能代理、智能教学系统等是教育人工智能领域较受

---

① 郭绍青、贺相春、张进良等：《关键技术驱动的信息技术交叉融合——网络学习空间内涵与学校教育发展研究之一》，载《电化教育研究》，2017（5）。

② 闫志明、唐夏夏、秦旋等：《教育人工智能（EAI）的内涵、关键技术与应用趋势——美国〈为人工智能的未来做好准备〉和〈国家人工智能研发战略规划〉报告解析》，载《远程教育杂志》，2017（1）。

③ 余明华、冯翔、祝智庭：《人工智能视域下机器学习的教育应用与创新探索》，载《远程教育杂志》，2017（3）。

④ 陈凯泉、沙俊宏、何瑶等：《人工智能 2.0 重塑学习的技术路径与实践探索——兼论智能教学系统的功能升级》，载《远程教育杂志》，2017（5）。

关注的话题。随着技术的进步，教育人工智能领域越来越关注学习者个体，关注学习者的学习体验以及学习交互需求。过去，受到人力资源以及软硬件资源的限制，教育领域只能给予每一个学习者有限的关注。由于教师少、学习者多，许多学习者在学习过程中产生的交流、沟通需求没能及时得到满足。随着人工智能技术介入教育，许多学习者的交互需求都将及时得到回应。展望未来，关注每一个个体学习需求的学习时代有望即将到来。

大数据、人工智能、虚拟现实、区块链等先进信息技术的发展及其与教育教学的融合，将给学校教育带来新的冲击和挑战。新的挑战也是新的机遇。信息技术与教育教学深度融合是大势所趋。教师不仅要密切跟踪教育教学和信息技术的融合发展，还要结合学校实际情况进行多样化的积极探索，并且保持理性、严谨、求实的态度。应对挑战，关键在于教师。教师要提升自身的信息素养以及知识融合、学科交叉和课程整合的能力，尤其要凸显自身的育人功能。

概言之，教学变革加上技术的飞速发展，推动着学习方式、课堂教学方式和学校的变革。一方面，在课程设置上，教师要在内容、技术手段等方面，体现现代技术的特点和要求，让"互联网+"、人工智能、大数据等进入地方课程和校本课程；另一方面，教师要持续改进教与学的方式，为学生打开通向未来的门窗，同时让在这方面有爱好、有特长的学生学得更多、更好，得到更长足的发展。教师需要基于学习方式多样化的未来学习，倡导公平，注重基于对话、合作和探究的未来课堂建构，以进一步培养学生的核心素养，让学生为未来的生活和工作做好准备。

第三章
学生高阶思维及培养

　**本章概述**

　　学生在学习的过程中会遇到一些问题，但是很多时候他们并不能通过简单记忆或浅层理解书本知识解决这些问题，而是需要针对问题联系实际，运用高阶思维去分析和解决问题。本章基于学生的学习，研究和讨论了高阶思维的内涵、培养学生高阶思维的教学原则以及教学策略三个方面的内容。

第一节　高阶思维与学习

一、高阶思维的内涵

高阶思维已经成为教师在教学设计和教学实践中经常使用的一个词语，然而对于思维尤其是高阶思维的内涵与类别，许多学者有着不同的理解。杜威对思维的解释比较具有代表性，其中他提出了反省思维。杜威认为反省思维和一般的思维是有显著区别的，他认为反省思维包括：引起思维的怀疑、踌躇、困惑和心智上的困难等状态；通过寻找、搜索和探究的活动，求得解决疑难、处理困惑的实际办法。反省的目的是发现适合自己的目标的各种事实。在反省过程中，持续居于主导地位的因素是解决困惑的需要。问题的性质决定思维的目的，而思维的目的则控制思维的过程。① 杜威着重强调了问题对于思维的重要性，认为思维的发生就是思维—问题生成—探究式过程—批判性思维—问题解决的过程，而依据布卢姆的思维分类，这种思维实际上就是一种高阶思维。

许多研究者采用列举的方法来说明高阶思维。有研究者认为高阶思维至少包括三种，分别是批判性思维、创造性思维和问题解决。低阶思维与高阶思维具有相关性及相互包容性，故高阶思维研究过程不排斥概念、推论、归纳等低阶思维技巧。② 在教育实践领域，研究者为了能够更好地说明高阶思维的分类与内容，以便于进一步将其应用于教育研究和教育实践，对高阶思维进行了更加详细的描述和划分。有研究者在杜威等研究者的基础上，面向课程与教学实践，界定了对比、分类、归纳、演绎、错误分析、构建支持、分析观点、抽象、决定、调查、问题解

---

① ［美］约翰·杜威：《我们怎样思维·经验与教育》，姜文闵译，19~21 页，北京，人民教育出版社，2005。

② Anne J. Udall., Joan E. Daniels, Emily Disante & Stacey Lynn, *Creating the Thoughtful Classroom-Strategies to Promote Student Thinking*, Tucson, Zephyr Press, 1991, p. 31.

决、实验探索和发明 13 种高阶思维技能。① 我国对高阶思维的研究起步较晚，但也有不少学者对高阶思维进行了定义。钟志贤认为高阶思维是一种以高层次认知水平为主的综合性能力，是批判性的态度，是自主学习者的能力，也是对事物或现象做出合理判断的能力。高阶思维主要由四大能力构成：问题求解、决策、批判性思维和创造性思维(见表 3-1)。②

表 3-1　高阶思维的构成

高阶思维	任务	强调的基本技能	一般结果
问题求解	1. 解决已知或确定的难题 2. 推断或提出解决方案并且验证其适用度 3. 围绕难题聚合相关事实并且决定所需的信息 4. 追求最简单的解释并且消除歧义 5. 得出解决方案并且核验其普遍价值	1. 转换：关联已知和未知的特点、创建意义、类推、隐喻、逻辑归纳 2. 因果关系：建立因果关系、评估、预测、推论、判断、评价	1. 解决方案 2. 一般法则
决策	1. 在诸多备选对象中选择最优对象 2. 围绕某个特定的主题聚合所需信息 3. 比较多种可供选择方法的优点、缺点 4. 决定所需的信息 5. 在有充分理由的基础上判断最有效的方法	1. 分类：相似性和差异性、分组、分类、排序、比较 2. 关联：部分与整体(模式)、分析与综合、步骤与顺序、逻辑演绎	实际的绩效反应
批判性思维	1. 分析和洞悉特定的意义及解释（其中的论点) 2. 发展内在一致的、逻辑推理的模式，理解特定立场中蕴含的假设和偏见 3. 确定一个可靠的、简明的和可信的表达方式	1. 关联：部分与整体（模式)、分析与综合、步骤与顺序、逻辑演绎 2. 转换：关联已知和未知的特点、创建意义、类推、隐喻、逻辑归纳 3. 因果关系：建立因果关系、评估、预测、推论、判断、评价	1. 有力的辩论 2. 证据 3. 理论

---

① Robert J. Marzano, et al., *Dimensions of thinking：A framework for curriculum and instruction*, Alexandria, ASCD, 1998.

② 钟志贤：《面向知识时代的教学设计框架——促进学习者发展》，博士学位论文，华东师范大学，2004。

续表

高阶思维	任务	强调的基本技能	一般结果
创造性思维	1. 创造或发展新颖的、审美的、有建设性的观点/产品 2. 运用已知的信息或材料生成可能的观点/产品	1. 判定：强调对独特性的发现、定义、事实、基于问题或任务的认知 2. 关联：部分与整体（模式）、分析与综合、步骤与顺序、逻辑演绎 3. 转换：关联已知和未知的特点、创建意义、类推、隐喻、逻辑归纳	1. 新观点、意义、解释等 2. 新颖、令人愉悦的产品

一些学者从高阶思维特征的角度进行界定，从而避免对高阶思维这一复杂的范畴进行简单的确定。例如，有学者认为：第一，高阶思维是非算法的，即行动路径完全不是预先指定的；第二，高阶思维往往会很复杂，在心理上不是可见的；第三，高阶思维往往会产生多种解决方案，所以方案并非是唯一的；第四，高阶思维涉及细致的判断和解释；第五，高阶思维涉及多个标准的比较和应用，但这些标准有时会彼此冲突；第六，高阶思维通常涉及不确定性，即并不是所有的任务都是已知的；第七，高阶思维包括思维过程的自我调节；第八，高阶思维涉及学习者自己给出的含义，学习者要在明显无序中找出结构；第九，高阶思维是相当费力的，在学习者所需要的阐述和判断中涉及相当多的智力活动。[1]

还有学者提出了以下判断高阶思维的标准：第一，使用抽象的思维结构；第二，将信息组织成一个整合的体系；第三，应用合理的逻辑和判断准则。掌握了知识的结构并形成抽象思维才能具有高阶思维的基础。如果一个学习者能够把信息进行整合，使其具有条理性、系统性、逻辑性，并能够运用合理的逻辑和判断标准来决定行为和活动，我们就可以认为这个学习者具有高阶思维。[2]

---

[1] Resnick, L. B., *Education and Learning to Think*, Washington, DC, National Academy Press, 1987.

[2] Robert H. Ennis, "A taxonomy of critical thinking dispositions and abilities," In Joan Boykoff Baron & Robert J. Sternberg(Eds.), *Teaching thinking skills：Theory and practice*, New York, W. H. Freeman, 1987, pp. 9-26.

美国国家科字研究委员会于 1987 年提交的报告对以往的研究成果进行了综合，将高阶思维的特征总结为不规则性、复杂性、艰巨性、精细性、运用多元标准、已知条件不确定性、自我调节、意义建构。（见表 3-2）

表 3-2　高阶思维的特征

特征	描述
不规则性	问题解决的路径不是预先设定好的（创造性解决问题）
复杂性	存在多种解决问题的方案
艰巨性	求解需要付出巨大的心力
精细性	决策的需要不是一目了然的，而要见微知著
运用多元标准	问题解决过程需要采用可能存在矛盾的多元标准
已知条件不确定性	没有提供明确的问题解决的出发点
自我调节	使用元认知，对使用的策略具有自我意识
意义建构	发展新的理论并将之运用于事实分析和问题解决中

国内研究者周超在对数学高阶思维进行界定的时候，提出思维品质包括深刻性、灵活性、独创性、批判性、敏捷性等特征，并从这五个方面入手对数学高阶思维进行了界定。[①] 这个界定同样是从高阶思维的特征出发的，与雷斯尼克的定义方式相似。

为了明确高阶思维的内涵，也有许多学者对其进行了结构和层次的划分。美国教育学家布卢姆是其中的代表，他提出的认知过程六个类别及相关认知过程为教育实践领域对高阶思维的研究和应用奠定了坚实的基础。布卢姆等人按照认知的难易程度把学生的认知过程分成了六类：记忆、理解、应用、分析、综合、评价。[②]

洛林·W. 安德森在布卢姆研究的基础上进行了修订，将学生的认知过程改成目前的六个维度：记忆、理解、应用、分析、评价、创新。这六个维度又分别包含

[①]　周超：《数学高层次思维的界定及评价研究》，硕士学位论文，苏州大学，2003。

[②]　Benjamin S. Bloom, Etal Krathwohl, David Krathwohl, *Taxonomy of educational objectives：Handbook* Ⅰ：*The cognitive domain*, New York, David Mckay Co Inc., 1956.

两个或更多具体的认知过程。通常人们把记忆、理解和应用称作低阶思维，而把分析、评价和创新称作高阶思维。① 见表 3-3。

表 3-3 高阶思维结构和层次的划分

过程类别		认知过程及其例子
分析(analyze)——将材料分解为它的组成部分，确定部分之间的相互关系，以及各部分与总体结构或总目的之间的关系		
1	区别(differentiating)	例如，区分一道数学应用题中的相关数字与无关数字
2	组织(organizing)	例如，将历史描述组织起来，形成赞同或否定某一历史解释的证据
3	归因(attributing)	例如，依据文章作者的政治观点来确定其立场
评价(evaluate)——基于准则和标准做出判断		
1	检查(checking)	例如，确定科学家的结论是否与观察数据相吻合
2	评论(critiquing)	例如，判断解决某个问题的两种方法哪一种更好
创新(create)——将要素组成内在一致的整体或功能性整体；将要素重新组织成新的模型或体系		
1	产生(generating)	例如，提出解释某种现象的假设
2	计划(planning)	例如，计划关于特定历史主题的研究报告
3	生成(producing)	例如，有目的地建立某些物种的栖息地

此外，类似这样把高阶思维按照不同的标准进行结构、层次划分的还有加涅等人。加涅将学习结果的表现划分为言语信息、智慧技能、认知策略、态度、动作技能，认为智慧技能与认知策略中的高阶规则——问题解决属于高阶思维。② 有人把高阶思维划分成为四个层次，即理解、问题解决、批判性思维以及创造性思维，作

---

① 洛林·W. 安德森等：《布卢姆教育目标分类学(完整版)：分类学视野下的学与教及其测评》，蒋小平、张琴美、罗晶晶译，22~29 页，北京，外语教学与研究出版社，2009。

② Robert M. Gagne, Walter W. Wager, Katharine C. Golas, *Principles of Instructional design*, New York, Harcourt Brace Jovanovich College Publishers, 1992, p. 23.

用于事实、概念、原则、程序四类内容，形成复杂、反复、系统的过程。①

高阶思维是一种综合性能力，超越简单的问题解决能力、元认知能力和评价能力，是一种基于问题解决的批判性思维和创新能力，具有复杂性、综合性、判断性和解决性的特点。随着社会文化的发展，学生的高阶思维培养已经成为中小学教学的重要议题。

二、高阶思维与学习

由于意识到了发展学生高阶思维的重要性，许多研究者对在教学中培养高阶思维的方法进行了探索和研究。有研究者在教学实践中总结出了高阶思维的三种教学实践模式：过程模式、内容模式和注入模式。过程模式强调将思维技能作为专门的学科进行教学，鼓励学生把所学的认知技能应用到其他学科的学习中。内容模式强调将不同的认知技能放在不同的学科中分别进行教学。注入模式是过程模式和内容模式的整合，强调将思维培养与课程教学融为一体。② 但是比较这三种模式发现，注入模式较之前两种模式相对更具有优势。高阶思维不可能脱离问题情境而存在，课程的学习内容决定了思维技能的选择，而思维技能的选择和运用又成为学生学习内容的视角。因此，发展学生的高阶思维要将学生的高阶思维训练和学科的课程教学融合在一起，这种高阶思维教学实践模式在学校中被大量使用。此外，一些具体的教学设计模式、课堂教学模式以及信息技术也是培养学生高阶思维的重要方式。

(一)教学设计模式

教师可以在教学设计方面对高阶思维进行干预。第一，教学设计应当包含高阶思维培养中多方面而不是单一方面的内容或目标。这意味着高阶思维的培养内容不是某种孤立的认知策略，而是运用一系列认知和元认知方法的整体性行为。第二，运用镶嵌式的高阶思维学习策略进行教学设计。这些教学设计是情境特定并与课程

---

① Thomas M. Haladyna, *Writing Test Items to Evaluate Higher Order thinking*, Boston, Allyn and Bacon, 1997, p. 32.

② Moshe Barak, Larisa Shakhman, "Fostering higher-order thinking in science class teachers' reflections," *Teachers and Teaching: Theory and Practice*, 2008(3).

内容相联系的，而且要求学习者利用、调节或修正其领域特定的知识。第三，在现有的课程内容学习中，给学习者提供练习运用高阶思维的机会。第四，给学习者解释各种认知和元认知的应用方法。学习者应知道不同策略的应用条件。第五，激发、支持、强化和保持高阶学习中认知、元认知和非策略知识的参与或组合。问题解决的任务应当有足够的难度才有激发的作用。第六，有效的策略应用包含认知和情感的因素。强而适度的动机是高阶思维训练的一个关键条件。①

此外，有学者结合教学设计的过程，提出了从教学目标的确立到教学评价的设计需要遵循的相应原则。②在目标分析阶段，教师所确立的教学目标需要清晰并体现出对高阶思维发展的关注。在教学策略开发阶段，教师需要选择能够促进学生高阶思维发展的策略。在教学实施过程中，教师要关注学生本身而非教学，创建以学生为中心的、协作的、技术支持的学习环境，为学生的"思维"而教。在最后的评价环节，教师需要选择合适的、指向高阶思维的方式评价学生的学习。

教师使用教学设计模式培养学生的高阶思维，要保证学科知识学习和高阶思维培养紧密结合，在学习过程中利用不同的教学策略促进学生高阶思维的发展。教师在进行教学设计的时候，不仅要注重教学设计的主要内容，还要从教学目标、教学内容、教学策略、教学评价等方面实现对学生高阶思维发展的促进。

（二）课堂教学模式

培养学生高阶思维也有许多课堂教学模式，如翻转课堂、项目式学习等，这些课堂教学模式都具有一个共同的特点，即基于问题解决。

翻转课堂是指学生在课堂外通过网络和视频技术传递学习内容，根据自己的理解速度学习新知识，并完成对应的练习题以检查理解程度。课堂中教师组织以学生为中心的学习活动，教师角色由主讲者转变为指导者，学生为自己的学习负责。课堂中的教学关键是在技术支持的学习环境中，教师为学生提供有针对性的支持、指导和反馈。与传统课堂不同的是，教师利用课上时间解决学生的问题，而不是直接

---

① Andrea C. Young, "Higher-Order Learning and Thinking: What Is It and How Is It Taught," *Educational Technology*, 1997(1).

② Mehmet Can Sahin, "Instructional design principles for 21st century learning skills," *Procedia-Social and Behavioral Sciences*, 2009, 1(1).

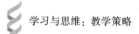

讲授知识。在翻转课堂中，学生在课堂外参与低阶思维的学习活动（记忆、理解、应用），在课堂中参与高阶思维的学习活动（分析、评价、创新）。①教师在翻转课堂中，对理解性问题、应用性问题的提问比传统课堂多，对事实性知识的提问则少于传统课堂，使学生有更多时间实现主动学习，并参与高阶思维的学习活动。②

项目式学习因其注重帮助学生解决真实世界中复杂的、非常规的且具有挑战性的问题，培养学生沟通合作、批判创新的高阶认知能力，所以在较短的时间内风靡全球，对世界各国的课堂教学、课程改革产生了极大的影响，已成为传统课堂教学的重要补充。③ 在项目式学习中，学生不仅要达到学习学科知识的目标，而且要通过项目参与和体验获取信息，批判性地分析信息，沟通交流，团队合作和创造性地解决问题，然后完成项目式学习的目标。在项目式学习过程中，学生必须考虑多方面的问题，如整体的探究计划、小组的分工合作、学科知识以及行动步骤、最终的产品形式等，这样的学习方式有助于培养学生的高阶思维。

此外，能够促进学生高阶思维发展的还有许多教学策略，如思维导图、问题链、小组合作等，这些都能够较好地发展学生的高阶思维。第三节"高阶思维培养的教学策略"将进行较为详细的阐述。

(三)信息技术

信息技术可以与教学方法相结合然后应用于学科教学，增强学科教学的课堂教学效果。2000 年以来，美国、英国、加拿大、澳大利亚等国先后提出了将信息技术与学科课程相整合的思路，典型的有"美国国家教育技术标准""英特尔·未来教育"等，它们都强调用信息化环境来培养学生的高阶思维。蒋科蔚针对大学生高阶思维培养中的问题，探讨在 WebQuest 教学模式下如何促进大学生高阶思维的发展。钟志贤和他的研究团队从理论上探讨了以信息技术作为认知工具促进学生高阶思维

---

① Mary Beth Gilboy, Scott Heinerichs, Gina Pazzaglia, " Enhancing student engagement using the flipped classroom," *Journal of Nutrition Education and Behavior*, 2015(1).

② Lara R. DeRuisseau, " The flipped classroom allows for more class time devoted to critical thinking," *Advances in Physiology Education*, 2016(4).

③ 滕珺、杜晓燕、刘华蓉：《对项目式学习的再认识："学习"本质与"项目"特质》，载《中小学管理》，2018(2)。

发展的可能性以及实施方式。① 钟志贤探讨了技术与课程整合的实质，建构了技术应用框架，为将信息技术作为学习工具的实践提供了应用框架。② 另外，还有研究者让六年级学生通过五个互动式视频游戏学习数学。访谈、课堂观察、学生作品等多方面的资料显示，学生在通过游戏进行学习的过程中表现出了高阶思维。③

网络媒体和虚拟社区的应用也能够促进学生的合作学习，把学习从课堂延伸到课后，并且能够以小组合作学习的形式进行。目前，微信、博客、网络课堂等可以帮助学生通过网络针对学科的某个主题进行讨论，分享自己的观点，思考别人的言论或对别人的思想进行相应的评价，通过多种途径发展学生的高阶思维。

第二节 高阶思维培养的教学原则

在教学中培养学生的高阶思维要基于学生所学的知识与获得的信息，帮助他们对学习中的任务进行分析，并在此基础上促进学生的评判及创新。教师要坚持课堂教学以学生为主体，通过问题解决建构学习中心的课堂。

一、学生是课堂教学的主体

传统课堂在教学形式上是以教师为核心的课堂，学生处于被动从属的位置。教学目的通常是教师完成教材的讲授并帮助学生完成课后的任务；教学内容是教材设定的知识；教学形式是教师教授，学生听记并配以定期的测试和考试。在学科的课堂教学中，教师会以教材中的知识为基础，促进学生对所学知识进行反复练习，然后以作业或考试的形式检验学生的学习。在这种教学模式之下，教师对于学生而言

---

① 蒋科蔚：《WebQuest 促进大学生高阶思维能力发展的研究》，硕士学位论文，江西师范大学，2007。

② 钟志贤：《信息技术作为学习工具的应用框架研究》，载《电化教育研究》，2008(5)。

③ Abate L. Kenna，"*The impact of maths game based learning on children's higher order thinking skills*，" Proceedings of the British Society for Research into Learning Mathematics，2015，35(3).

是绝对的权威，学生只要记忆、理解教师在课堂上所讲授的知识并能够完成教师所布置的任务即可。学生的思维发展体现了一种机械的记忆和浅层的理解过程。因此，现代的课堂教学必须改变传统课堂中教师为单一主体的状况，让学生也成为课堂教学的主体，以促进学生的知识和思维的转变。

一方面，学生在学习过程中具有发展的潜能，这已经为科学研究所证实。国内外关于智力开发的探索，为此提供了大量的实施经验。泼诺的横向思维训练、菲尔斯坦的工具性强化训练，以及国内林崇德的思维开发教育都得出了通过专门训练人类智力水平可以明显提高的结论。[1]因此，在学习过程中，学生蕴含着获得成功的巨大潜能。教师要帮助学生解决问题，并在合作学习中促进学生的发展和提升。在教育实践中，正是基于每个学生都有获得成功的潜能的信念，教师才能够取得良好的教育效果。

另一方面，学生不仅仅是抽象的学习者，还是有着丰富个性的完整的人。在教育活动中，学生不仅要接受知识或技能，而且要全身心参与学习过程，进行分析、评价和创新等高阶思维活动。如果不从整体上理解和接受学生，那么教育活动就可能会脱离学生的实际，难以取得预期的效果。每个学生都有自身的独特性，他们看待世界和解决问题的视角或途径并不相同，所以只有让学生成为学习的主体，才能真正帮助学生解决问题并在教育实践中不断发展和完善学生的素养。教师只有认真研究学生的特点并基于学生的实际来设计和实施教学活动，才能有效地和学生进行沟通与交流，得到学生的认可和配合，从而达到教育他们的目的。

因此，在教学中教师要在思想和行动上改变传统的做法，减少自身和教材对于学生的控制，强调学生在教学中的主动参与。以学生为主体进行教学是促进学生高阶思维发展的关键因素。这种课堂支持学生公开表达观点，强调学生主动参与思维实践。有研究者曾经对师生课堂角色进行了长期的研究，提出了合理的师生课堂角色定位及提问方式。[2]（见表3-4）

---

① 白学军：《智力心理学的研究进展》，杭州，浙江人民出版社，1996。

② Alison Rose, Creating a Thinking Curriculum: Higher-order Thinking Across KLAs, 2011.

表 3-4 合理的师生课堂角色定位及提问方式

内容	课堂角色		问题
	教师角色	学生角色	
分析	学生把信息分解成一个个部分以更好地加以理解	探索 引导 观察 评价 作为资源 提问 组织 解析	讨论 发现 辩论 深入思考 测验 考试 提问 计算 调查 探究 积极参与	哪些事件不可能发生？ 如果……发生，结果会发生什么变化？ ……与……有哪些相似之处？ 还有其他哪些结果？ 为什么会出现这样的变化？ 当出现……情况时，你能想象一下接下来肯定会发生什么吗？ ……有哪些问题？ 你能区分……吗？ ……背后的动机是什么？ 转折点是什么？ 问题在于什么？
评价	学生在深入反思、批判、评估的基础上做出决策	说明 接受 指导	判断 争论 比较 批判 质疑 辩论 评价 决定 选择 证明 积极参与	还有更好的解决办法吗？判断……的价值时，你如何考虑？ 你能为……做出你的辩护吗？ 你认为……是好事还是坏事？ 你将如何处理？ 你认为……会发生什么变化？ 你相信……吗？如果……你会有什么感觉？ ……效果如何？ 这会造成什么影响？ ……的缺点和优点分别是什么？ 为什么……非常重要？ 备选方案是什么？
创新	学生使用先前学到的知识，形成新的观点、信息	促进 拓展 反思 分析 评价	设计 阐述 计划 冒险 修正 生成 建议 制作	你能设计一个……到……的方案吗？ 你能找到可能的解决办法？ 如果你能获得这些资源，你将如何处理？ 如果……将发生什么？ 你有多少种办法？ 你能为……创造新的用途吗？ 你能提出一个建议将……吗？

二、促进教学问题的解决

问题是指一种特殊的情境，在这个情境中个体需要找出达到某一特定目的的方法，并依据该方法进行实际操作以最终达到目的。对问题的划分是一件比较难的事情。① 根据问题在结构上的不同，我们可以将问题分为结构良好的问题和结构不良的问题。②

结构良好是指问题的初始状态、目标状态以及解决方法确定，有着明确的准则和解决步骤，可以确定某一解决方案或答案是否正确。反之则是结构不良的问题，日常生活中或者学习、工作中的多数问题属于结构不良的问题。构成课堂教学内容的问题的性质会对学生的高阶思维的发展产生直接的影响。传统教学内容中单一、封闭且结构良好的问题是教师为了传授知识而事先准备好的，而现实中的问题往往是错综复杂的结构不良的问题，因此，学生需要在掌握基本知识的基础上，在教师的指导与帮助下发展高阶思维，进行更多反思、批判和创新活动，以达到问题解决的目的。

PISA 2003 将问题解决的步骤分为五步。第一，理解问题，包括：确定问题的多个变量以及它们之间的相互关系；确定哪些变量是相关变量，哪些是非相关变量；提出假设；提取、组织、思考并且批判性地评价情境信息。第二，陈述问题，包括：制作表格；绘制符号；用语言进行陈述；将给定的外在陈述运用于问题的解决方案中，并将各种表达形式进行相互转化。第三，解决问题，包括：做出决定；通过分析系统或者设计系统来实现特定目标；诊断并提出解决方案。第四，反思解决方案，包括：检查解决方案并且寻找附加的信息或者进一步明确、澄清方案；从不同的角度来评价解决方案，并试图调整解决方案以使方案在社会性与技术性上更加合理；验证他们的解决方案。第五，交流解决方案，包括：选择恰当的媒体与陈

---

① Michelene T. H. Chi, Robert Glaser, Problem-solving ability, Pittsburgh, Learning Research and Development Center of University of Pittsburgh, 1985.

② David H. Jonassen, "Instructional design models for well-structured and ill-structured problem-solving learning outcomes," *Educational Technology Research & Development*, 1997, 45(1).

述方式，向外界表达他们的解决方案。①根据这个问题解决的过程，学生能够突破孤立的知识或问题带给他们的思维禁锢，打通分析、评价和创新的道路。

在日常教学中，问题不单是由学生自己思考解决的，还可以由同伴或小组合作解决。在班级授课制下，教师直接解决学生的个体问题效率不高。如果通过小组合作交流的方式，一些较难的个体问题在碰撞中会逐渐聚焦，一些层次较低的个体问题在交流中会得到解决，进而形成具有一定代表性的小组问题。在这个环节中，学生是问题解决的主体。他们在真实的问题情境中，采用自主、合作、探究的学习方式来解决问题。教师则作为组织者和协助者，通过组织讨论、提供帮助或评价等活动促进问题的顺利解决。

三、建构学习中心课堂

传统的课堂教学设计和课堂教学实践的目标指向给学生传递知识，促进学生的知识获得，而这种课堂过分强调学生的学习结果，而非学生学习探究的过程，因此阻碍了学生高阶思维的发展。对于学生而言，学习不仅是一种获取知识的过程，更是一种促进学习能力提升的学习探究过程。而学习中心课堂就是将学生学习活动作为整个课堂教学过程的中心或本体的课堂。在以学习为中心的课堂中，课堂教学过程的组织要尽可能让能动、独立自主地学习成为学生学习的基本状态，并让这种状态占据主要的教学时空。同时，教师以激发、引导学生能动和独立自主地学习为最高追求和根本目的。② 只有在独立探究学习的过程中，学生才能够在记忆和理解的基础上，对学习中的问题进行分析、评价与创新，从而发展自己的高阶思维。

首先，学习中心课堂要将学生能动有效的学习活动作为整个课堂教学过程中的本体性或目的性活动，即以学为本。教学由教与学两种活动组成，课堂教学过程中学生的学习不能缺少教师及其教导作用。教师的教导主要体现在引起和促进学生能动、有效的学习活动上。教师通过学生能动有效的学习活动去实现教学目标，而非

---

① OECD, *Problem Solving for Tomorrow's World—First Measures of Cross-Curricular Competencies from PISA* 2003, Paris, OECD Publishing, 2004.

② 陈佑清:《建构学习中心课堂》，载《河南教育(基教版)》，2015(6)。

完全以自己的教授为课堂中实现教学目标的主要活动。学生在教师的指导和帮助下，进行探究学习而非知识的机械化搬移，因此发展高阶思维对于学生而言具有重要意义。学生能动有效的学习活动开始成为课堂中的本体性或目的性活动，而教师的教导活动则成为引发和促进学生能动有效学习的条件或手段。

其次，学生能动和独立自主地学习的状态要占据主要的教学时间和空间，即课堂上要少教多学，促进学生进行独立探究性学习。教师的少教并不意味着教师在教学活动中退出或减少指导性或帮助性的教学活动。教师只是减少了直接教授知识的时间，学生的学习依然是由教师指导、调控和支持的，如学生的学习动机激发、学习重难点指导、互动答疑等活动。如果教学时空仍然被教师所占据，那么学生就不会有独立思考的条件，随之学生关于问题解决的意识和方式也会受到较大的影响，不利于学生深入探究教学中的问题和形成较强的思维能力。

最后，依据学生的学情进行教学设计和课堂实践。学生的学情是教学设计和课堂实践的起点。学生的学习基础应该成为教师教学的基础，即以学定教。学生的现有学习基础如学科知识、生活经验以及思维方式和能力都应该成为教师教学的依据。传统的课堂教学中，教师以教材的设计和安排进行教学计划的设计，因此课堂是教学目标导向性的课堂，主要帮助学生掌握考试需要的知识和技能。但是，如果教师忽视学生的学情进行教学设计和课堂实践，课堂会呈现无序或学生学习严重分层的状态。因此，现代教学强调基于学生的学情进行教学设计，注重学生的能动参与与积极建构，真正内化学生的学习并且提高学习的有效性；基于学生在学习过程中提出的问题，以合作探究的方式解决问题，从而保证学生学习的针对性、能动性和有效性。学生只有积极参与课堂教学，在问题解决的过程中进行思考和创新，才能得到更好的发展。

学生的学习是一个动态的过程。学生通过参加课堂学习活动，并亲身经历和完成学习活动，促进自身的知识积累和思维发展。教师要帮助学生成为课堂教学的中心或主体，让学生主动投入学习的过程中，让学生能动地进行信息加工并获得亲身感受和体验，进而完成知识的理解和意义的建构。在课堂教学过程中，教师要帮助学生进行自主学习或同伴、小组的合作学习，承担指导的任务，促使学生在探究学习活动中发展自主学习与合作学习的意识和能力，并促进高阶思维的发展。

第三节　高阶思维培养的教学策略

为了推动学生高阶思维的发展，教师在教学过程中采用了许多教学策略，如思维导图、问题链、小组合作等。本节将对这些教学策略做进一步说明与阐述。

一、思维导图

思维导图可以激发学生的学习兴趣和学习动机，而且能够帮助学生梳理知识，促进学生对所学内容的思考。目前思维导图已经在教学中被教师广泛应用。

（一）思维导图的内涵

思维导图在 20 世纪 80 年代初被托尼·布赞提出，随后他在《开发你的脑力》（*Make the Most of Your Mind*）一书中对思维导图做了详细阐述，从而让思维导图逐渐被学术界关注。[1]有研究者基于八年级的科学课进行了利用思维导图做笔记和利用传统方法做笔记的比较研究。[2] 在此项研究中，研究者把 62 名学生随机进行了控制组与实验组的划分。控制组的学生利用传统的做笔记的方法进行科学概念的学习，而实验组的学生利用思维导图做笔记，并且通过这一认知工具辅助他们对科学概念的理解。对比实验结果发现，实验组对科学概念的理解水平要明显高于控制组，所以研究者充分肯定了思维导图在有效提高教学效率方面的重要作用。

2009 年，"思维导图学习法"（Mind Mapping Learning Technique）被提出。后来有研究者利用这种方法进行了学生批判性思维的培养。[3]研究表明，利用思维导图

---

① Tony Buzan, *Make the Most of Your Mind*, New York, Simon and Schuster, 1984.

② Issam Abi-El-Mona, Fouad Adb-El-Khalick, "The Influence of Mind Mapping on Eighth Graders' Science Achievement,"*School Science and Mathematics*, 2008, 108(7).

③ Genevieve Pinto Zipp, Cathy Maher, Anthony V D'Antoni, "Mind Maps: Useful Schematic Tool for Organizing and Integrating Concepts of Complex Patient Care in the Clinic and Classroom,"*Journal of College Teaching & Learning*, 2009, 6(2).

教学策略能够有效帮助学生对所学内容进行有效的组织、优化以及整合。托尼·布赞指出思维导图自身的结构与大脑相似，而且符合大脑的思维方式，能将一些零碎的、没有关联的信息变为有关联的并具有色彩的图画，因而他将思维导图归结为一种十分重要的图形技术、一把重要的可以不断挖掘大脑潜力的钥匙。他将思维导图的特征概括为五点，它们分别是：图形的中央位置用于展现核心主题；分支信息可以被看作核心主题的主干，由中央位置向四周放射；分支信息通常可以用一些图形及关键字去描述，它们位于分支位置；各分支都可以被看作节点结构；所有的思维导图都用不同的符号、色彩及线条等元素表示，以方便学生迅速理解并掌握知识。[①]

王功玲对思维导图的理论进行了详细阐述，标志着我国开始了对思维导图的研究。[②]陈敏将思维导图首次应用到教学中，验证了它可以将知识转化为内部表达能力。[③]赵国庆客观剖析了思维导图的本质，对如何开展思维导图教学提出了很多建议，并对思维导图的理论及应用进行了详细介绍及深入分析。[④]

思维导图的实质是使得知识结构及思维过程变得可视化的一个重要的图形工具。它可以将人们的思维图示化，并将抽象的知识转化为形象的图形。思维导图教学就是通过这种思维方式，让学生在学习过程中运用高阶思维对学习的中心内容进行思考，并且以结构图的方式把这一思维过程记录下来，从而构建学习网络、实现深度学习。

(二)思维导图教学的理论基础

1. 知识可视化理论

知识可视化是指采用图的方式将复杂的知识加以表达及传递，从而促进知识的掌握及传播，其核心是将原有的复杂知识进行可视化设计、创造及传播，这种创造

---

① Tony Buzan, *The Mind Map Book: Unlock Your Creativity, Boost Your Memory, Change Your Life*, New York, Pearson BBC Active, 2010.

② 王功玲：《浅析思维导图教学法》，载《黑龙江科技信息》，2000(4)。

③ 陈敏：《思维导图及其在英语教学中的应用》，载《外语电化教学》，2005(1)。

④ 赵国庆：《概念图、思维导图教学应用若干重要问题的探讨》，载《电化教育研究》，2012(5)。

可以促进人与人之间知识的创造及传播。① 有研究表明人的83%左右的记忆内容都是靠视觉获取的，所以说视觉是人类认知的重要渠道。因此，如果学生在学习的时候能够将思维以图的方式呈现出来，将会促进其学习的发生和思维的发展。利用思维导图进行的教学就是在知识可视化理论的基础上达到促进学生学习目的的教学形式。

2. 脑科学理论

大脑对于学生的学习有着重要的作用和意义。大脑是人类记忆、思维、情感的中心，也是创新能力形成的物质基础和物质载体。人们进行思考的时候，只用了大脑的一部分资源。如果想发挥大脑的创造性功能，那么思维导图是一种很好的形式和途径。脑科学为思维导图教学打下了基础，从一定程度上讲，思维导图是大脑思维模式在外部的体现。

3. 建构主义理论

瑞士心理学家皮亚杰在建构主义理论中指出，知识是主体与客体之间通过不断相互作用构造起来的，而不是二者任意一个决定的；另外，他指出在这个相互作用的过程中，主体的原有知识结构不断被打破，从而不断构建出一个新的平衡体系。② 在教学实践中，学生是学习的主体，教学材料以及教学环境是客体。主体通过和客体进行相互作用来获取知识。思维导图作为一种思维的工具，促进了师生之间的交流，而且推动学生运用高阶思维去思考问题、解决问题。在这个过程中，学生践行了建构主义理论。思维导图的运用促使学生和外界实现了动态的平衡。

（三）思维导图的教学实践

目前思维导图在教学中主要用于新知识的导入、教学过程中对教学内容的梳理和拓展，以及课后对学生进行学习反思的帮助。无论在以上哪一个学习阶段，思维导图教学都能够帮助学生积极参与课堂互动，并且在学生对知识的学习和实践方面发挥重要作用。

---

① 赵国庆、贾振洋、黄荣怀、陈鹏：《基于 GraphML 的知识可视化接口的定义与实现——以概念图和思维导图为例》，载《中国电化教育》，2008(6)。
② 张东妮：《基于构建主义理论的高校英语教学》，载《吉林省教育学院学报(中旬)》，2015(11)。

1. 新知识的导入

学生在学习新知识之前，本身已经具有相关知识，并处于自身的社会文化背景中，因此，如果某种方法能够激发他们原有的知识，引起学生对新知识的探求，那么教师就能够较好地促进学生的学习并提高课堂的实效性。思维导图就能够帮助学生联系原有知识和新知识并加强它们之间的联系，促进学生对所学新内容的思考，并帮助他们围绕主题进行新的学习。因此，在利用思维导图导入教学的时候，教师应该首先帮助学生回忆原有知识，然后建立新旧知识的链接，促进学生对于新知识的联想和思考，从而使学生能够从整体上把握主题思想和脉络。

2. 课堂教学内容的整理与提炼

教师讲授知识的过程是帮助学生建构新的知识框架的过程。在这个过程中，思维导图的延展是学生对所学知识的思考。学生和教师一起建构思维导图的时候，要和教师以及同学一起讨论，找出思维导图中的关键点和难点，进一步完善思维导图。勾画思维导图不仅是教师的工作，更是学生运用高阶思维去反思学习的过程。学生是这个学习过程中的主体，在探究中构建新的知识内容和结构。思维导图的构建往往和解决一个问题密切相连，因此教学过程中思维导图的构建不仅能够帮助学生发挥其学习主体的作用，同时也能够促进学生深入思考。

3. 课后的反思与总结

思维导图在课后能够帮助学生梳理所学知识并进行学习反思。基于思维导图，学生可以复习课堂所学知识，并对重点和难点进行进一步思考。课后学生利用思维导图总结所学知识，一方面可以从整体上进行知识梳理，另一方面可以针对某一问题进行深入思考和讨论，促进对主题的深入学习。由于思维导图是一个或多个主题的延伸，因此，思维导图能够使学生对学习中主题的思考更加有针对性，同时也能够促进学生从中找出知识学习的关键环节，进一步解决学习中的问题，促进学生高阶思维的提升。

以下是史小燕老师利用思维导图进行地理教学的课例。以"中亚"的教学为例，首先，教师课前下发预习思维导图，要求学生根据教材中的图文信息进行填写，完成预习思维导图(见图 3-1)。①

---

① 史小燕：《构建思维导图，提升地理综合思维能力》，载《地理教学》，2019(4)。

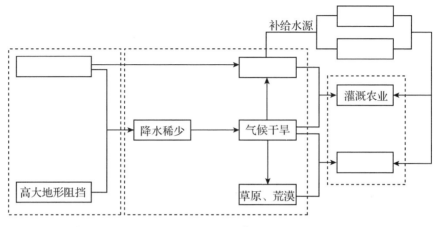

图 3-1 预习思维导图

其次，教师在预习思维导图的基础上，引导学生大胆地对思维导图进行重构，请学生为每一虚线框内的信息取一个主题名称(见图 3-2)。

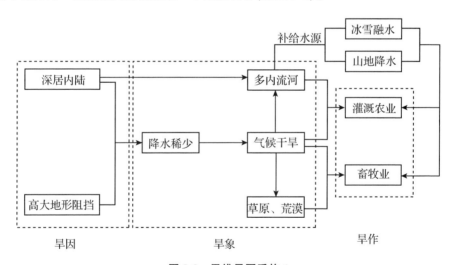

图 3-2 思维导图重构 1

再次，教师以旱为中心点，发散出三个节点，再由三个节点向外扩散(见图 3-3)。

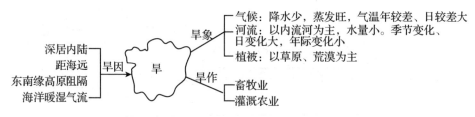

图 3-3　思维导图重构 2

最后，在课后复习已学知识的基础上，教师在旱作这一节点上又提出问题：旱作农业可能引发的生态环境问题及解决措施？教师要求学生延伸思维导图，促使学生用动态的眼光分析区域发展问题，并提出解决措施，使知识体系构建得更加完整（见图 3-4）。

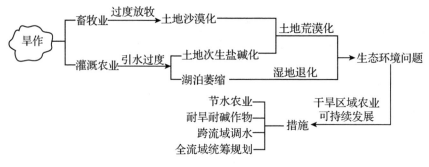

图 3-4　思维导图重构 3

二、问题链

学生的学习始于问题，课堂教学的重心也是教师通过知识的传授来帮助学生解决问题，所以教学和问题紧密相连。问题链是当前教师在教学中常用的一种教学方式，不仅可以增强学生对于学习的兴趣，而且能够推动学生思考，培养学生的高阶思维。

(一)问题链的内涵

问题链是教师在教学过程中根据教学目标和学生已有的知识，针对学生学习中的困惑所设计的一连串的教学问题，具有趣味性、聚焦性、层次性以及开放性。问题链从形式上看是一环接一环、环环相扣的，每个问题之间紧密相连；从内容上看，问题链是教学目标的达成过程，每个问题的解答都是为了教学目标的实现，问题推动学生的深入思考；从主体上看，问题链连接教师和学生，其中学生不是被动地回答问题，而是和教师积极互动，在对话中找到解决问题的途径。问题链是一个动态的交流过程，在这个过程中学生不断提取已有的知识，在教师的引导与帮助下建构新知识和发展新技能，逐步发展高阶思维。

问题是学生积极思维的源泉。教学改革鼓励以问题解决为核心的教学方式，鼓励学生通过运用自己的高阶思维来解决学习过程中的问题，建构对知识的理解和解决问题的能力。因此，问题是教学的中心，而问题链则能够促进学生的认知与思考。在问题链的设计和实施中，教师需要关注问题链的如下特征：趣味性，即问题链要能够吸引学生的注意，激发学生对学习的兴趣；聚焦性，即问题链作为一系列的问题要围绕教学中心话题展开；层次性，即问题链是问题的环环深入；开放性，即问题链要具有启发学生思考的作用，从而促进学生思维的发展。

(二)问题链的理论基础

1. PBL(基于问题的学习)教学理论

PBL 教学理论是一种以学生为中心、以问题为导向的教学模式。它主张在教学中以学生为中心，在问题情境中使学生通过自主探究和合作来解决问题，并形成解决问题的新知识和新技能。在这个教学过程中，教学围绕问题展开，教学的过程也是问题探究的过程。学生在真实的情境下合作和探究，从而发展高阶思维。这种以解决问题为指向的教学将问题作为学习的起点，使学生围绕问题进行探究学习。学生是学习的中心，教师发挥指导、引导和帮助的作用。学生在合作、探究的学习过程中，不断解决新问题，建构属于自己的认知图式，形成自己的新知识和新技能，在问题解决中推进高阶思维的发展。

2. 最近发展区理论

维果茨基提出的最近发展区理论认为学生有两种发展水平：一种是现有的认知发展水平，另一种是即将达到的认知发展水平。而这两种水平之间的差距被称为最近发展区。最近发展区理论重视学生在学习中的主体作用，认为在学生的学习过程

中，教师和同伴以及外部环境等因素都会对学生的学习产生重要的影响。学生具有一定的潜能，他们并不是消极地接受外部环境的影响的，而是在和外部环境的积极互动过程中，内化所学的知识，形成相应的技能，最后获得发展。因此，教师在教学中，要激发学生的学习探究兴趣，以问题指引学生进行思考，最大限度地开发学生的潜能，进而促进他们的发展。在这个过程中，教师指导和帮助学生，逐步把未知转化成已知供他们吸收。问题链促进学生对未知的思考，从而帮助学生完成从现有水平到最近发展区的跨越。认知发展理论强调学生需要将新知识纳入旧的认知体系中，建立知识点之间的联系，在问题链的支持之下内化知识，提升解决问题的能力并建立起自己的新知识图式。

(三)问题链的教学实践

基于问题链的概念界定与分析，问题链在教学实践中的应用应该遵循以下特征，从而使师生借助问题链提高课堂教学质量，提升课堂教学的实效性。

1. 问题链的趣味性

问题链具有趣味性，能够激发学生的学习动机，促使学生进行深入学习。动机可以为学生的学习提供最初动力，使学生的学习保持持久性。教师在实际教学中利用动机激发学生的学习积极性是目前教育研究的一个方面。问题链的设计就是要激发学生的学习动机和潜能，唤起学生对于学习知识的欲望，并且充分发展其思维，帮助其运用高阶思维来探究问题的解决。

以北京版小学英语五年级第三单元第十课"The Double Ninth Festival"（重阳节）的学习为例，这是一篇关于重阳节的课文，采用对话形式谈论重阳节的时间及节日中人们的活动。教师在引入教学内容的时候，提出以下问题对学生学习的相关知识进行了解，并根据学生的回答情况进行相应的补充和说明：教师提出的问题可以为：What do you know about Chongyang Festival?（关于重阳节，你知道什么?）What kinds of activities do we do?（重阳节有哪些风俗活动?）Why do we have Chongyang cake?（为什么要吃重阳糕?）What else do you want to know about it?（关于重阳节，你还想了解什么?）由以上问题可以看到，教师对学生的实际生活进行了解，一方面激发学生的学习兴趣和动机，为开展教学做铺垫和准备；另一方面对学生的原有节日认识进行调查，为进入教学和研讨做铺垫。提问中教师采用了问题链的提问方式：首先对节日的总体认知进行提问；其次对节日的相关方面进行提问；随后基于学生对节日的兴趣，挖掘他们自己的问题并开始课文的学习。教师在课堂实践中发现，学生对于该节日有一定的了解，但是同时也存在许多的问题，如 When did it begin?（重阳节的来历？）Why do we have Chongyang cake?（为什么要吃重阳糕？）这说明学生想要通过学习来了解和掌握更多的知识与信息。就这样，教师在开始授课之前，对学生已知和未知的方面进行了解和掌握，便于顺利进入文本的课堂教学。[①]

2. 问题链的聚焦性

问题链的聚焦性是问题链的重要属性，决定了问题的方向。问题链作为一系列问题的组合，在教学实践中可能会由于某些原因而偏离教学目标，从而造成问题链效果的消减。因此，教师应该围绕问题的解决，针对重难点设计问题链。

以一堂地理课为例，教师先让学生观看了日本福岛核电站因地震发生泄漏的新闻和我国多地抢购碘盐的报道，接着让学生自由提问。学生会提出以下问题：地震发生时如何进行自救？地震的危害为什么这么大？人们为什么要抢购碘盐？核电站发生核泄漏会有哪些危害？核电站的工作原理是什么？核反应是什么变化？在学生通过讨论找到上述问题的答案后，教师继续鼓励学生：你能否根据所学的学科知识从不同角度提出更多的科学问题呢？在启发下，学生提出了更多的问题：1 千克碘盐中碘元素的含量有多少克？人体缺碘会得什么疾病？地震发生的原因是什么？地震释放的能量的来源是什么？除地震外，地壳还有什么运动方式吗？日本为什么是一个地震多发的国家？地球的板块学说的主要内容是什么？教师最后请学生按学科将提出的问题进行分类，并重点对涉及地壳运动的问题进行解答。[②] 在整个问题链的师生对话过程中，教师对学生零散不完整的问题进行整理和归纳，帮助学生发现关键问题，并引发学生思考，促进学生高阶思维的发展，从而进一步促进教学目标的实现。

3. 问题链的层次性

问题链要具有层次性才能帮助学生层层深入思考问题，并逐步探究问题的解

---

① 张敏、王国玲：《整体语言学习视角下的小学英语对话教学策略》，载《基础教育研究》，2019(5)。
② 王建强：《课堂问题链的设计、实践与思考》，载《上海教育科研》，2015(4)。

决。教师根据学生学习的主题之间的联系，设计一系列由浅入深的问题，通过层层递进的问题链，引导学生逐步对所学知识进行思考和分析，对内容进行新的建构，并挖掘其中所蕴含的知识点，推进学生高阶思维的发展。

例如，荀子《劝学》步步设喻，喻中寓理。其"善假于物也"中的"善"就颇耐人寻味。冯为民老师的问题设计是这样的："善假于物"中的"善"应该怎样解释？这个"善"字能不能删掉？文章是如何引出这个"善"字的？你认为怎样的学习才能称得上是"善"的？"善"字与文章的中心论点有什么关系？经过步步探究，学生最终悟出：《劝学》全篇不仅激励人们勤奋学习，还以殷殷之情告诫人们如何做到"善学"——只有不断追求一个"善"字，才能成为君子、具备善心。作者旁征博引、微微说理，所聚焦的就是"善学"。①通过层层的问题链设计，学生逐步明白了问题的实质，并从中找到了解决问题的办法，在理解、分析、综合的基础上逐步形成自己的判断和创新思维。

4. 问题链的开放性

开放的问题链是促进学生思考、发展学生高阶思维的重要途径。要使问题链具有开放性，首先，教师在设计问题链的时候，要多设计开放的问题，鼓励学生积极参与问题的讨论；其次，教师在提出问题的时候要事先预设问题的答案，针对学生有价值的问题进行启发、引导和深化，帮助学生进行深层次学习。

例如，教师在进行英语绘本的教学时，为了使学生明白本文中最后一句话"This dog has the best of world"的意义，向学生提出问题：What can Baxter do now? Is it prefer to live with Polly? 文本中的宠物狗 Baxter 被寄放在 Polly 家中，但是这对于 Baxter 而言是最好的选择吗？学生针对教师的这个问题进行了热烈讨论。鉴于这种情况，教师在授课的时候对原先的设计进行调整，把阅读教学拓展成读写教学，让学生根据自己的理解和思考，对文本内容进行原因分析和故事续写，从而进一步激发了学生的学习动机，拓展了学生的想象并发展了学生基于问题解决的高阶思维。

---

① 戎仁堂：《阅读教学中"问题链"的设计要领》，载《语文建设》，2018(14)。

三、小组合作学习

新课程改革实施以来，学生的合作学习方式由于能够调动学生的学习积极性，促进学生共同进步，并且能够在合作过程中推动学生高阶思维的发展而越来越受到教师的关注。

（一）小组合作学习的内涵

小组合作学习最早发源于美国，在20世纪70年代掀起了教育高潮，并在几十年的发展过程中形成了特有的教育理论，取得了巨大的发展和进步。小组合作学习颠覆了传统学习的理念和形式。有研究者认为小组合作学习是为了实现一定的合作目标，组员之间通过共同努力，充分发挥自己的优势，在合作过程中最大限度地促进组员的学习与进步的学习方式。也有研究者则认为小组合作学习是一种能提升课堂教学效果的组织形式，该组织形式包含一切有利于教学活动的方式和方法。学生与学生之间需要在学习的过程中相互合作与交流、沟通，这是小组合作学习最基本的特征之一。通常这种小组合作模式将学生分为3~5人的小组，然后，组员在这个小组里进行所有的学习活动。于是小组变成了社会组织单位，学生在这个组织里学习并且与其他学生进行沟通与交流。① 我国学者王坦提出合作学习是让学生处于异质小组中，摆脱学生对教师的依赖，让学生学会自主学习与合作学习的学习方式。其中，学生是课堂的主体，评价标准以小组的总体成绩为依据，学生在教师的指导下实现学习目标。②

小组合作学习是为了促进学生在小组内进行合作学习并完成学习目标的一种教学组织形式。小组成员在课前、课中和课后进行合作学习，共同参与讨论和建构。教师和其他学生对小组合作进行评价，帮助并促进小组成员合作完成学习任务。

---

① 郭自立：《优化教学模式 构建高效课堂》，载《宁夏教育》，2011(7~8)。
② 王坦：《论合作学习的基本理念》，载《教育研究》，2002(2)。

(二)小组合作学习的理论基础

1. 合作学习理论

合作学习在新型师生关系的指导下，拥有相对稳定的开展基础即异质小组。师生在教学过程中充分互动，包括师生互动和生生互动。合作学习以小组的总体成绩为主要评价标准，并有相对应的评价与激励措施，以提升教师的教学效率以及学生的自主学习能力，并最终完成教学任务与学习目标。[①] 合作学习在学习过程中对学生主要有下列影响。

首先，增强小组成员的自信，使学生获得安全感。在小组合作学习的过程中，成员地位平等。成员在课堂上代表小组发表见解的时候，不仅代表自己的意见，更代表小组的意见，其观点是小组成员集体讨论之后共同得出的结论，因此小组成员更加自信，而且在集体讨论的状态下获得了更强烈的安全感。

其次，在小组成员进行交流和分享的时候，通过信息的交换和更新，小组成员的高阶思维得以发展。每个成员都能够贡献自己的想法，并在师生对话以及生生对话和小组活动中不断进行分析、评价和创新，促进思维品质的发展和提升。

最后，小组活动中多元化的评价方式能够使学生发现各自的优点，让彼此之间能够给予建议、鼓励，增强彼此的信心，从而有利于学生自我效能感的提升并帮助小组成员共同进步。

2. 建构主义理论

建构主义理论认为学习并不是学生被动接受的过程，而是学生对所学的知识进行加工进而主动积极进行自我构建的过程。学生在学习的时候，具备已有的学科知识和社会文化背景知识。在学习过程中，学生在记忆、理解知识的基础上，进行理论的应用以及分析、评价和创造等高阶思维活动。在这个过程中，学生会提高发现问题、探究问题以及解决问题的能力，从而进一步发展批判性思维和创新思维。教师在这个学习过程中是帮助者和指引者，而学生则是问题的积极思考者和问题解决的创造者。

---

① David W. Johnson, Roger T. Johnson, Edythe Johnson Holubec, *Circles of learning*: *Cooperation in the classroom* (4*th*), Edina, Interaction Book Company, 1993.

小组合作学习的方法在内容上表现为小组成员对知识的共同建构和对问题的共同解决，在形式上则表现为小组成员之间的分工合作。经过共同协商和努力，小组成员对问题的不同角度的见解和解决方法最后成为小组合作解决问题的成果，这不仅能够促进小组成员之间形成友爱互助的合作关系，而且能够帮助他们合作解决问题，并在共同协商中促进学生高阶思维的发展。

(三)小组合作学习的教学实践

小组合作学习对于学生高阶思维的发展具有独特的优势。学生在平等参与、小组合作以及共同分享的基础上，汇集个体解决问题的方法，在问题解决的过程中以群体互促的形式实现小组成员的高阶思维的提升。

1. 以发展高阶思维为目的，制定小组合作学习的任务目标

小组合作学习最大的特征是小组成员共同学习，因此如果教师给予学生的问题只是封闭的问题，或者小组活动是在教师的完全控制下进行的，小组成员没有参与到合作学习中，学生的思维水平处在较低的层次，那么小组合作学习就失去了原有的意义。小组合作学习的初衷就是解决个体不能解决的问题。批判性与创造性被归为专家思维，指个体在特定情境中当所有标准化的解决问题的方法均告失败时发明新方法以解决问题的能力。① 这就是高阶思维。因此，小组合作应当以发展高阶思维为目标设定小组学习的任务。例如，在社会实践课上，教师布置"计算本周末班级郊游活动最经济的车费支出"的任务，能够比"这次周末郊游活动需要多少车费"更能够调动学生的思维，使学生积极参与集体讨论并商榷活动方案的计划和执行。

2. 以问题解决为内容，设置小组合作学习的真实任务

按照布卢姆的认知目标分类，人们通常把分析、评价和创新作为高阶思维，而学生在小组合作学习过程中更多要依赖高阶思维完成任务。合作任务高于学生个体的解决能力，且需要在小组成员的共同努力之下才能完成，更能激发学生的合作欲望与动机。因此，小组的合作任务应当真实，使学生能够在真实的情境下思考、讨论和找到解决问题的方案，同时有利于小组成员之间形成沟通、合作、平等、尊重与包容的优秀品质，利于达成小组合作学习的目标。例如，在高中英语的学习中，

---

① 张华：《论核心素养的内涵》，载《全球教育展望》，2016(4)。

虚拟语气对学生而言是比较难以掌握的，单纯的语法练习往往难以使学生彻底掌握语法具体的使用情境。因此，教师借用报纸上登载的一起锅炉爆炸事件，设置了"如果你是值班工人、安全检查员或经理，你怎样做可以避免这起事故发生"的小组学习任务，加强了学生对英语语言具体使用情境的关注，促使学生在小组讨论中熟悉并掌握了相关的语法，并找出了这起事故发生的原因以及解决方案。通过这种方法学生不但完成了知识学习的目标而且发展了高阶思维。

3. 以公平参与为形式，推动小组合作学习的集体决策

学生在小组合作学习中既要承担个人的责任，同时也要积极参与合作学习任务。学生不能"贴标签式"地参与小组合作学习，而要平等参与，这样他们才能够在小组合作中发展认知能力并提升思维品质。因此，学生参加小组合作学习的时候要明确自己已经掌握的部分、目前仍然感到困惑的问题、在小组讨论中能分享的部分以及能够从小组合作学习中收获的东西，然后积极参与到小组合作当中从而推动小组合作学习的进程。小组成员在合作学习中尽管做的并不是同一件事情，但是都要为小组合作学习贡献自己的想法和建议。因此，小组合作的过程是集体智慧形成的过程。因为不同的小组成员给小组任务的完成和问题的解决提供了更多的可能与途径，所以课堂上的小组活动能够促进每一个学生的发展和提升。

小组合作学习也要求每一个学生都能够在独立思考的基础上，倾听别的同学的意见和想法，反思自己解决问题的思路与途径，表达自己的见解，和别人沟通并获取不同的信息。在小组合作学习中，学生不断提出自己的见解，整合别人的解决策略，并在充分理解他人的基础上形成判断并提出解决方案。在这个过程中，学生的高阶思维得以发展，最后在小组合作的基础上完成小组任务。

4. 以师生共同评价为手段，提升小组合作学习的实效性

教师和学生是小组合作学习评价的主体。教师既要设计小组合作学习，又要做学生合作学习的伙伴；学生既是小组合作学习的参与者，也是评价者。师生的共同评价对提高小组合作学习的实效性具有重要意义。教师要参与到学生的小组合作活动中，了解学生的合作进展情况，并且在解决问题的思路、重难点的突破方面给予指导或帮助，同时对提出问题的学生或学习能力弱的学生提供帮助，引导小组合作活动积极有序进行。

在小组合作学习中，学生互评的作用也非常显著。学生在提出自己的意见和想法

之后，要鼓励所有同学都积极参与讨论，贡献自己关于讨论主题的意见和看法，并在此基础上发展批判性思维。此外，教师在小组合作学习之后的评价能够促进学生高阶思维的发展和提升。教师在小组合作学习之后，针对学生学习活动的目标和内容进行及时反馈，对学生合作学习中的重难点进行总结，帮助学生进行知识的梳理和拓展。教师对小组合作学习中的小组合作情况，如是否能提出有价值的问题、是否进行了有效的合作等情况的评价，能够帮助学生进一步关注小组合作学习的实效性。

　　学生之间的互评多发生在小组内部或小组之间。小组成员针对学习主题、成员的学习观念和学习效果进行评价，同时也对小组成员间的沟通、表达以及合作进行评价，进一步明确小组发展的方向和目标。小组内的评价能够促进组内成员的合作学习，提高小组合作的有效性。例如，咸春华在讲"经济生活"中的"劳动和就业"时，就"如何解决劳动者就业问题"采用了小组互评的方式，设计了四个不同的观点供四个小组进行学习并互评。[①] 第一个观点：解决就业问题主要靠党和政府；第二个观点：解决就业问题主要靠企业，尤其是中小企业；第三个观点：解决就业问题主要靠劳动者个人努力；第四个观点：解决就业问题主要靠发挥市场的决定性作用。在互评中，学生的积极性都很高而且将本组观点阐述得很到位，对课本中基础知识的把握也较扎实，对对方观点的评价中肯，能够指出对方的优势和不足。另外，加上教师的引导与评价，学生对如何解决就业问题达成了共识，即解决就业问题以上四个方面缺一不可。通过小组内的评价和组间互评，学生对问题的认识逐步清晰，批判性思维得到了发展。

　　本章对高阶思维的内涵、高阶思维培养的教学原则以及高阶思维培养的教学策略三个方面进行了解析与论述。高阶思维是一种综合性能力，超越简单的问题解决能力、元认知能力和评价能力，是一种基于问题解决的批判性思维能力和创新思维能力，具有复杂性、综合性、判断性和解决性的特点。随着社会文化的发展，学生高阶思维的培养已经成为中小学教学的重要方面。教师在教学中应当依据学生为课堂教学的主体、促进教学问题的解决、建构学习中心课堂的原则，采用思维导图、问题链、小组合作学习等多种能够促进学生高阶思维发展的教学策略，进一步推动学生发展核心素养的提升。

---

① 咸春华：《小组合作学习方式的反思与优化》，载《中学政治教学参考》，2017(28)。

第四章
以学生建构为中心的
教学策略

 **本章概述**

　　学习科学研究表明，基于协作会话的合作学习、探究学习和项目学习能有效促进学生的认知加工，提升学生的知识掌握水平和思维能力，体现了正式学习与非正式学习相结合的优势。学生知识的呈现方式，应该让核心概念和原理在合作解决问题中、建构主义的情境中和项目设计的主题中，使学生的学习更科学、更高效。

第一节　合作学习

学习科学近 30 多年的研究成果表明，基于协作会话的合作学习有助于学习者学习。学习者的有意义学习是发生在社会环境中的，学习者之间、学习者与教育者之间是相互协作而不是竞争与淘汰的关系。会话是完成协作的关键环节，学习小组成员之间必须通过会话商讨如何完成规定的学习任务。每个学习者的思维成果(智慧)为整个学习群体所共享。同伴互教能同时提高教师同伴和学生同伴的学习效果，课堂上的合作式学习比竞争性学习能更好地促进学习。

合作学习(Cooperative Learning)是 20 世纪 70 年代初兴起于美国，并在 70 年代中期至 80 年代中期取得实质性进展的一种富有创意和实效的教学理论与策略。由于它能改善课堂内的社会心理气氛，能大面积提高学生的学业成绩，能促进学生形成良好的认知品质等，它很快引起了世界各国的关注，并成为当代主流教学理论与策略之一，被人们誉为"近十几年来最重要和最成功的教学改革"。[1] 20 世纪 80 年代末 90 年代初，我国也出现了针对合作学习的研究与实验，并取得了较好的效果。

合作学习是对传统班级授课制的一种改革，它改变了学生在课堂中的被动地位，调动了学生学习的积极性，并为学生的深入学习提供了机会与条件。当学生有机会相互探究学习内容时，他们不仅是在以一种有利于大脑发展的方式学习，同时也是在通过听取他人的观点、观察他人的肢体语言和语调反应来增强自身的知识，开发记忆的图式并建立联系。[2]合作学习除了对学生的学业成绩和态度具有促进作用外，也更符合现代社会对人才的合作意识与合作能力的要求，因此其在教学中的应用受到越来越多的关注。

---

[1]　王坦：《合作学习简论》，载《中国教育学刊》，2002(1)。

[2]　[美]唐娜·沃克·泰勒斯通：《提升教学能力的 10 项策略：运用脑科学和学习科学促进学生学习》，李海英译，61 页，北京，教育科学出版社，2017。

一、理论基础

纵观国内外关于合作学习的研究发现，合作学习能成为深受世界上很多国家关注的教学策略，其中很重要的原因之一是它有深厚的理论基础。

（一）社会互赖理论

社会互赖理论（Social Interdependence Theory）源于 20 世纪初的格式塔心理学。作为创始人之一的考夫卡认为，群体是成员之间的互赖性可以变化的动力整体，而且各成员之间的互赖有其差异性。考夫卡的同事勒温对上述观点进行了阐发，他认为群体的本质是其成员基于共同目标而形成的互赖，由此促使群体成为一个整体；群体中任何成员或次群体的状态发生改变，都会影响其他成员或其他次群体发生改变；群体成员内在的紧张状态能够引发他们完成共同目标的动机。[①]

（二）选择理论

选择理论（Choice Theory）的创立者哥拉斯认为，青少年学生有 4 种需要值得被认真关注，这就是归属（友谊）、影响别人的力量（自尊）、自由和娱乐。他相信，学校的失败不在学术成绩方面，而在培育温暖、建设性的关系方面，这些关系对于成功是绝对必要的。选择理论是一种需要满足的理论，依照这一理论，只有学校创造条件满足学生的需要，学生才会愿意学习，才会感到学习是有意义的，才有可能取得学习上的成功。[②]

（三）发展理论

发展理论（Developmental Theory）的基本假定是，儿童围绕适宜的任务所进行的相互作用能促进他们对重要概念的掌握。苏联心理学家维果茨基将儿童的最近发展区界定为由独立解决问题所决定的实际发展水平与通过成人的指导或能力更强的同

---

① 王坦：《合作学习简论》，载《中国教育学刊》，2002(1)。
② 王坦：《合作学习简论》，载《中国教育学刊》，2002(1)。

伴合作解决问题所确定的潜在发展水平之间的距离。①维果茨基认为，儿童间的合作活动之所以能够促进成长，是因为年龄相近的儿童可能在彼此的最近发展区内活动，表现出较单独活动时更高级的行为。与之相类似的是，瑞士心理学家皮亚杰认为，社会经验知识——语言、价值、规则、道德和符号系统——只有在与他人的相互作用中才能习得。皮亚杰学派传统上十分注重守恒（conservation）的研究。有大量的实证研究支持这样一种观点，即同伴的相互作用能够帮助非守恒者（nonconservers）成为守恒者（conservers）。当年龄大致相同的守恒者与非守恒者协同完成要求守恒的任务时，非守恒者会逐渐形成和保持守恒的概念。②

（四）精制理论

精制理论（Elaboration Theory）不同于发展理论。认知心理学的研究证明，要想使信息保持在记忆中，并与记忆中已有的信息相联系，学习者必须对材料进行某种形式的认识重组或精制。精制最有效的方式之一是向他人解释材料。长期以来关于同伴互教活动的研究发现，在学业成绩方面，教者与被教者均能从中受益。③

（五）接触理论

接触理论（Contact Theory）着眼于社会互动关系的研究，提倡不同种族、民族、性别的学生在学习上的互动与交流，由此达成群体关系的和谐。接触理论的代表人物阿尔波特认为，人际合作能增强小组的向心力及友谊。他还强调，机械接触尚不能形成促进性学习，也不能增进学习效果，只有发展合作性关系，才能形成有效学习。就接触理论而言，它不但适用于不同种族，也适用于不同年龄、性别、社会经济地位或能力的学生在一起学习。④

合作学习的各种理论之间存在着互补性，它们虽然各有侧重，但是并不相互矛盾。

---

① 王坦：《合作学习简论》，载《中国教育学刊》，2002(1)。
② 王坦：《合作学习简论》，载《中国教育学刊》，2002(1)。
③ 王坦：《合作学习简论》，载《中国教育学刊》，2002(1)。
④ 王坦：《合作学习简论》，载《中国教育学刊》，2002(1)。

二、基本原则

合作学习的基本原则是指为提高小组合作学习的学习效果，学生在有效合作学习方法的指导下，以小组活动和同伴互动的形式，在合作学习的过程中进行协作与会话，共享信息，互帮互助，共同努力完成学习任务的一种学习原则。

(一)积极互赖是合作学习的基础

相互依赖是小组成员之间一种积极的相互关系，是学习共同体的伙伴关系。每个成员都应认识到自己与小组(个体与集体)之间以及自己与小组内其他成员(个体与个体)之间是同舟共济、荣辱与共的关系。每个人都要为自己所在小组的其他同伴的学习负责，必须尽自己最大的努力去帮助同伴，为了共同的目标而努力学习。

(二)人人担责是合作学习的保证

在小组合作学习的过程中，每个成员都应承担不同的学习任务，都要有自己的责任，都要扮演不同的角色，如召集人或组长、主持人、记录员、检查员等。合作学习中的小组成员分工如表 4-1 所示。

表 4-1　合作学习中的小组成员分工

角色	责任	范例
组长	组织与指导小组成员根据研究任务进行合作学习，并做出积极回应，确保学习任务高质量按时完成	"今天我们小组合作学习的主要任务是根据课文内容，为'蝉'做微信主页。要求有头像、个性签名、简介等内容，请大家积极讨论如何为'蝉'做出有个性的微信主页。"
主持人	激励小组成员积极参与活动，安排发言顺序与任务，要求小组成员各抒己见	"李，你画画好，你为'蝉'画头像吧。" "王，你认为个性签名要突出什么特征?" "张，你说说简介怎么写?" ……
记录员	分发小组学习资料，记录小组讨论要点，清晰表达小组学习成果并征询成员意见	"这节课中我们小组齐心协力，出色地完成了为'蝉'做微信主页的任务。我们小组为'蝉'写的个性签名、简介分别是……"
检查员	检查每个成员的掌握程度	"请大家把'蝉'的头像、个性签名、简介写在纸上，然后交流、研讨，说说哪位同学写得最好。"

　　研究发现，学生在合作学习中的相互作用，可以使他们更迅速地掌握知识。在小组中担任不同的角色对成员的认知也是有影响的。被辅导者通过同伴的解释和帮助，提高了认知发展水平；辅导者进行辅导时需要重新组织语言和材料进行讲解，进一步巩固了他们已学的知识，使他们在学习上获益更多。

(三)掌握合作技能是合作学习的前提

　　合作学习理论强调学生要掌握合作学习的合作技能，它是合作学习取得成功的重要条件。在合作学习中，学生要能进行有效的沟通，建立起小组成员之间互相信任的关系，遇到组内冲突时能有效地予以解决，这些都需要学生掌握良好的社交技能与合作技能。面对面地交流、互动可以促进学生之间的沟通。学生逐渐学会理性地表达自己的见解，学会聆听、分析、理解他人的想法，学会相互接纳、赞赏、争辩等。在合作之前或者在合作过程中，教师都需要有意识地培养学生的合作技能。合作学习理论的研究者都认为合作技能是可以教授的，并且可以通过教学使学生的合作技能得到提升和强化。

(四)协同互动是合作学习的形式

　　不同的合作学习理论在学生交往互动的程度与水平、交往互动的方式上存在着差异，但合作学习理论都强调学生在相互依赖的基础上开展交往互动。交往互动是合作学习的表现形式，合作学习是通过学生一系列的交往互动来实现的。在交往互动的过程中，学生相互交流、相互沟通、相互启发，分享彼此的经验和知识，交流彼此的情感与体验，从而达成共识，实现共享和共同发展，这也会对学生的学习动机和态度等产生积极的影响。

(五)激励评价体现合作学习的价值

　　合作学习改变了传统教育对学生个人学习进行评价的方法，而是把小组总成绩作为奖励的依据，把个人之间的竞争变为小组间的竞争，把个人计分改为小组计分。进行合作学习效果评价，需要关联每个成员的成绩，使评价的重心由鼓励个人竞争达标转向小组合作达标，真正实现了发展性评价。

　　合作学习还把学生合作意识与合作技能的运用作为评价的重要内容，改变了以往单纯以学习成绩作为评价学生的唯一依据的状态，促进了学生交往技能的提高，尤其是在培养和形成学生的互助精神、合作意识、集体观念，以及改进学生对学习、学校、同伴和自己的态度等方面优势显著，这正是合作学习的价值与魅力所在。

三、实施策略

(一)合作学习的基本要素

合作学习的研究者对合作学习要素的认识各有千秋。合作学习理论的相关研究，目前已经确认了与有效合作学习有关的五个基本要素，即积极互赖、责任到人、促进性互动、合作技能和小组反思。① 教师应在教学中合理运用这些要素进行教学设计，有效促进学生的合作学习，使合作学习适用于不同学生和不同学科领域。

1. 采取多种形式让学生之间积极互赖

积极的相互依赖不会自然而然形成，需要教师思考和落实建立相互依赖关系的方法。

(1)以共同目标和共同奖励来促进学生之间的互赖

在学生进行合作学习时，教师可以在小组中设置一个或若干个共同目标。面对合作性目标，教师要鼓励小组所有成员共同承担责任，使他们为了共同目标去贡献自己的智慧和力量。此外，教师还可运用个人奖励与小组奖励相结合的方法来促进学生之间积极互赖。

(2)在设计合作学习时要运用多种互赖形式

第一，教师可以将学习任务分解成几个部分，并下发到每个学习小组。学习小组再将每一部分细分成几个小部分，由组内学生分别承担起小组任务中的特定任务。第二，教师在提供学习资源时，可以采用只为每个小组提供一套学习资源、用具或每个成员只能得到一部分学习资源的方法，这样他们只能和自己的合作伙伴分

---

① 郑淑贞、盛群力：《社会互赖理论对合作学习设计的启示》，载《教育学报》，2010(6)。

享学习资源。第三，教师还要让每个学生在合作学习小组中担任某一个特定的角色，以实现小组成员学习角色的互赖，增强合作的有效性。

2. 落实个人责任，激发学生的学习动机

在对案例的研究中发现，学生在合作学习中的学习目标往往指向的是班级目标，而非小组目标和个人目标；单个学生所要完成的学习任务，也是班级中所有学生都要完成的无差别的任务，而非小组任务或个人任务。这就无法激发起学生在小组内进行合作学习的动机，也无法顾及每个学生的个体差异。因此，教师不仅要让学生知道在一堂课上自己的学习任务是什么，还要让学生了解自己的特长和不足，让学生知道自己在小组合作学习时担任什么角色最利于自己以及小组学习目标的达成。

在合作学习中，每个学生都要为自己的学习负责，小组合作学习的成效要与每个人都完成学习任务直接联系在一起。为了增强学生的责任感，教师在学生进行小组学习时，要经常深入学习小组，针对学生学习的情况，可以让在理解知识与原理上有困难的学生把对学习内容的理解讲给其他小组成员听；可以让小组中的检查员发挥其对小组成员学习进行监督的作用；还可以要求小组成员轮流面向教师或班级，对其所在小组的学习情况进行口头汇报，而不只是让那些学习好的学生来汇报。

3. 依托互动促进学生的认知发展

学习科学的研究表明，互动交流是学习中最容易发生的环节。学生在合作学习中，对学习内容进行了精细加工和组织，因而学习是有效的。[1] 互动机制是通过交往互动使学习得以发生的学习活动过程机制。互动机制是一个复杂的机制，它包括群体学习中的相互启发、合作探究、评价反馈等。相互启发是学习中的普遍现象，也是深度学习的必然要求。互动机制反映了学习的社会建构、自我反思、分布式认知以及认知负荷减轻等重要学习原理。[2]

有研究认为，儿童认知发展和社会性发展是通过与同伴相互作用得以实现的，因此，在组建合作学习小组时，教师就要综合考虑每个学生的情况，根据学生的性别、学业成绩、个性特点、家庭社会经济背景、守纪状况等方面的合理差异，采用"组内异质、组间同质"的分组结构，充分调动学生合作的积极性，形成组内各成

---

① 孙智昌：《学习科学视阈的深度学习》，载《课程·教材·教法》，2018(1)。
② 孙智昌：《学习科学视阈的深度学习》，载《课程·教材·教法》，2018(1)。

员之间的差异性和互补性以及小组之间合理竞争的公平性。①

（1）组建合作学习小组

在进行合作学习分组时，教师首先要考虑到小组的规模，每个小组的成员最好为2~4人。马扎诺的研究表明，分组的规模十分重要，4个人的小组的效应量有所增长，但是当每组人数达到5人或5人以上时，效应量将会出现负增长。② 小组成员越少，每个人的责任就越大。一般而言，当小组规模变大时，成员就会变得不太容易看到自己的独特贡献，小组成员间的交流就会减少，导致小组决策的信息共享量受到影响且造成信息容易失真。有研究也发现当小组规模从5人变为4人时，小组成员的学习行为反而更有效。因为小组规模缩小后，小组成员都会感觉自己比以前更重要了。③ 教师在运用合作学习的不同阶段可以尝试不同的小组规模。最初进行合作学习时，以两人或三人小组为宜，因为组越小，每个成员讲话的机会就越多，沉默的机会就越小。人数少的组需要的管理方法较少并通常可以较快做出决定。随着学生对合作学习方式逐渐熟悉，教师定的组员人数可多些。人数多一些的组的好处在于可以有更多的人共同完成一项大任务，增加组内成员在方法、性格、背景方面的多样性，并减少教师监控的组数。

（2）设计小组成员的学习座位

罗伯特·迪尔茨在《从教练到唤醒者》一书中指出："心理空间位置是指空间位置的安排和相互关系对人们心理活动及关系所造成的影响。'心理空间位置'表明：小组成员之间的空间位置对小组进程及相互关系具有至关重要的非语言影响。人们所在的位置和方向会对小组成员的生理和心理产生某种象征意义的影响，它在人们之间创建了一个关系的'系统'，从而决定了相互关系的种类和质量。"④

假设两个学生坐前后桌，前边的学生面对教师，后边的学生面对的是前边学生的后背和教师，那么这样的课堂是以教师为中心的，学生进入课堂的心理暗示就是接受学习。假设两个学生并肩而坐或者面对面坐，那么他们进入课堂的心理暗示就

① 郑淑贞、盛群力：《社会互赖理论对合作学习设计的启示》，载《教育学报》，2010(6)。

② ［美］唐娜·沃克·泰勒斯通：《提升教学能力的10项策略：运用脑科学和学习科学促进学生学习》，李海英译，61页，北京，教育科学出版社，2017。

③ 郑淑贞、盛群力：《社会互赖理论对合作学习设计的启示》，载《教育学报》，2010(6)。

④ ［美］罗伯特·迪尔茨：《从教练到唤醒者》，21页，郑州，河南人民出版社，2009。

是他们两个人是伙伴或者团队中的队友，他们是为了共同的目标或者任务走到一起的。因此，教师对于小组合作学习中的学生座位的设置需要有更多思考。

从心理学的视角来看，教师要在课堂中做学生学习的陪伴者，要为学生创设安全的易于合作交流的心理空间。当教师认识到这其中的作用时，小组合作学习的座位摆放就不再是形式上的问题了。

关于课桌椅的排列，教师可以将长期以来的以年龄编班的"秧田式"的空间结构，改为"T型""马蹄型""田字型"等，这样不仅可以缩短学生的空间距离，还有利于学生交流。更重要的是，这是一种合作学习空间，是一种开放式学习群体空间。小组合作学习，强调了在个体学习目标基础上的小组群体目标，强调群体内的互助与合作，同时尽可能地为每个学生提供表现自我、展示个性的机会，满足学生个体发展的需求。①

（3）分配合作学习中的学生角色

不同的小组规模下，组员角色一般不同。在合作学习中，较为常见的角色有四种，即组长、主持人、记录员、检查员。如果根据需要小组人数多达六人，则小组中可增加读题者、汇报者等角色。如果小组人数为三人，则可将四种角色中的两种进行合并，如将组长、主持人合二为一，也可把记录员的职责整合进检查员的任务范围内。在两人组的合作学习小组中，角色就简单地分为组长和检查者，如"你说我听"这一典型的策略。教师在合作学习中，不仅要进行角色分配，让人人都在小组合作中承担一定的角色，而且还要保证角色定期轮换，这样有利于学生体验不同的角色，使他们在小组活动时能处处为他人着想，从而保证生生互动的顺利进行。②

4. 指导学生恰当运用合作技能

（1）学生在合作学习中的有效互动，离不开对合作技能的掌握

在合作学习中，学生将合作技能掌握得越好，越能取得良好的学习效果。有效合作的技能主要体现在以下三个方面：第一，在组建小组时，通过自我介绍环节熟悉小组成员，要做到亲切礼貌、愉快合作、友好告别。第二，在小组活动时，需要表达感谢、赞扬鼓励、耐心等待、真诚道歉、艺术提问、自觉应答、指令得当。第三，在交

---

① 裴娣娜：《合作学习的教学策略——发展性教学实验室研究报告之二》，载《学科教育》，2000（2）。

② 郑淑贞、盛群力：《社会互赖理论对合作学习设计的启示》，载《教育学报》，2010（6）。

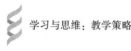

流思想时，需要制订计划，在仔细聆听的同时，要注重清晰阐述、以理服人；若遇到不同意见，适当沟通；注重寻求反馈、表达支持；若有需要，要学会委婉拒绝。

对于刚组建的合作学习小组，学生的状态比较松散，合作意识较差，所以教师不能急于要求小组完成合作式的学习任务，而是要帮助学生相互信任和相互悦纳，让学生逐渐熟悉彼此从而愉快合作，使学生在小组中感受到归属感和安全感，形成良好的合作氛围。当小组合作逐渐走向成熟时，教师要引导小组成员逐步掌握开展小组活动和进行思想交流的方法与技能。例如，进行任务分工、澄清看法、提供反馈等，让学生在合作学习中，深化对问题解决的理解。

（2）教师要循序渐进地教授学生合作技能

教师可以通过以下五个步骤，让学生学习合作技能。

①教师要向学生说明掌握社会交往技能的必要性及意义。

②学生必须理解这些技能是什么，以及应在什么时候使用。

③学生需反复练习，可在同桌之间用角色扮演的方式练习。

④学生要经常描述、讨论和思考他们运用社交技能的情况和表现。

⑤学生必须坚持练习，以达到自动化的程度。

学生在进入合作学习情境时所具有的合作意愿和合作技能，对合作学习能否取得成功有直接的和持续的影响。

5. 让所有学生都有机会反思小组合作中的学习

有研究发现，进行反思的合作学习小组要比无反思的小组或单干个体更能高效地解决问题，其小组成员也具有更高的成就动机水平。还有研究表明，师生共同进行反思的小组比单纯只有教师反思或学生反思的小组更能高效地解决问题。合作学习小组进行反思是检验合作学习教学质量并使之不断提升的重要环节。①

教师在进行合作学习小组反思设计时，需从学生的参与态度、合作意识、学习任务的完成情况以及在小组合作学习方面存在的问题等方面进行及时的总结与反馈，以鼓励学生良好的合作行为为主，促进他们有效互动，激发他们持续合作学习。

教师在合作学习的教学设计中，可以灵活运用不同的反思手段，如教师反思、学生自我反思、学生互评、小组互评、分数评价、等级评价、评语评价等多种方

① 郑淑贞、盛群力：《社会互赖理论对合作学习设计的启示》，载《教育学报》，2010(6)。

式，有效地保证学生个体与学习小组成员的共同发展。

教师可以利用合作学习专家开发的小组过程反思图表，让学生定期填写这些图表，了解合作学习实施动态及出现的问题，及时采取有效的措施。教师可以通过组内成员自评表、小组自评表、组内成员互评表、组间互评表等图表的运用，帮助小组成员反思其互动情况，使小组活动更有效。

尽管大量研究证实了合作学习具有成效，但教师在教学设计中要精心考虑上述五大要素，这是促使合作学习取得实效的关键。

(二)合作学习的主要模式

比较常见的合作学习模式，主要有以下几种。

1. 学习小组成绩分工法

学习小组成绩分工法是合作学习模式中最简单的一种。它由美国约翰斯·霍普金斯大学的斯莱文教授于 1978 年创设，是一种任务分担、团体计分的合作式学习方式。该模式的教学程序是教师先授课，然后学生在他们各自的小组中学习，最后所有的学生都要参加个人测验，教师根据学生达到或超过他们自己先前成绩的程度来记分，然后将小组成员的分数相加构成小组分数，达到一定标准的小组可以获得认可或得到其他形式的奖励。①

学习小组成绩分工法的组成部分主要有 5 个。第一，组成小组：学生 4~5 人组成小组，要求成员在成绩水平、性别等方面具有异质性。第二，内容呈现：教师授课。第三，小组练习：小组内进行互助性合作学习，使小组所有成员都掌握教学内容。第四，评价和记分：进行个人测验，不允许互相帮助；得分与以往进行比较，根据进步情况记分。第五，公众认可：小组成员成绩相加得到小组分数，达标的小组可以获得认可或奖励。

2. 共同学习法

共同学习法是由美国明尼苏达大学"合作式学习中心"的戴卫·约翰逊和荣格·约翰逊及其同事们设计的一种合作式学习方法，在国外的教学实践中得到了广泛

---

① 李宝敏、宫玲玲：《合作学习对学生学习成效的影响研究——基于国内外 54 项实验研究和准实验研究的元分析》，载《教育发展研究》，2019(24)。

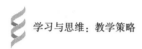

应用。共同学习法强调学生共同学习前的小组组建活动和对小组内部成员活动情况的定期讨论。该模式要求：学生在 4 人或 5 人的异质小组中学习指定的作业单；小组学习和讨论后，共交一份作业单；教师依据小组的成绩给予表扬和奖励。①

3. 小组调查法

小组调查法的教学策略由以色列特拉维夫大学的沙伦教授及其夫人创建，其基本模式是在教学中将具有共同兴趣的学生组成合作式学习小组，由小组成员共同设计研究课题、分工调查，最后再由小组对其成员的研究成果进行综合与总结，并呈现出来。

小组调查法的基本过程是：第一，学生按照对某一论题的共同兴趣组成小组；第二，小组所有成员都积极参与讨论如何研究他们的问题；第三，任务分工，每一个小组成员都承担一部分调查任务；第四，小组总结，向全班展示或汇报研究结果。

4. 切块拼接法

切块拼接法的基本操作过程如下。第一，材料切分：将教学内容分成若干片段任务，让小组里的每个成员都领取一个片段任务。第二，"专家"交流：领取同一片段任务的学生组成"专家组"进行学习讨论，直至掌握了片段任务。第三，知识拼接："专家"返回各自小组（每个组员都是不同内容方面的专家）。第四，公众认可：参加测验，依据学习小组成绩分工法的计分方法计算小组得分，达到预定标准的小组获得认可和奖励。

切块拼接法是一种小组成员互帮互教的方法，具体做法是：将学生分成 4～6 人一组，每个学生都负责掌握其中的一个片段任务，但是所有学生都要了解学习的总任务。随后，把分在不同小组中学习同一任务的学生集中在一起，组成一个"专家组"共同学习和研究他们所承担的任务直至熟练掌握。然后，"专家"回到自己所属的小组中，将自己掌握的那部分内容教给同组其他同学。学生想要掌握其他的学习内容，唯一的途径就是认真倾听小组其他成员的讲解。因而他们都具有相互支持的学习动机，并表现出对彼此作业的极大兴趣和关注，同时也提高了小组内部成员的独立性。

---

① 李宝敏、宫玲玲：《合作学习对学生学习成效的影响研究——基于国内外 54 项实验研究和准实验研究的元分析》，载《教育发展研究》，2019(24)。

5. 小组活动竞赛法

小组活动竞赛法是约翰斯·霍普金斯大学所创设的合作式学习方式，是学习小组成绩分工法的变式和发展。小组活动竞赛法采用了与学习小组成绩分工法一样的教师讲授和小组活动环节，不同的是它以每周一次的竞赛代替了测验。在竞赛中，学生同来自其他小组的成员进行竞争，以便为他们自己的小组赢得分数。[①]

小组活动竞赛法与学习小组成绩分工法的不同之处在于：小组活动竞赛法通过与其他小组的成员竞争，为自己的小组赢得分数；竞赛对手是成绩和自己相似的同学；根据得分不断更换对手，分数接近的组进行竞赛。小组活动竞赛法让学习速度慢的学生与其他学习速度慢的学生进行竞争，让学习速度快的学生与其他学习速度快的学生进行竞争，从而使全体学生都具有均等的成功机会。

6. 团体促进法

团体促进法主要是指由教师选取一个特定的论题，然后将学生分组，让各组学生自主从主论题中找出一个子论题并展开研究的方法。小组成员经过一段时间的研究，再聚在一起，将各自所学知识传达给其他各组的同学，最终达到全班同学均能对特定主题有深入了解的目的。

第二节　探究学习

在 20 世纪 50 年代的教育现代化运动中，美国芝加哥大学生物学家施瓦布指出了探究学习的含义，即儿童自主地参与获得知识的过程，掌握研究自然所必需的探究能力，同时形成认识自然基础的科学概念，进而培养对未来世界的积极态度。其中"自主地参与获得知识的过程"的学习方式被施瓦布重点提出。[②]

探究学习是指在教师指导下，学生自主发现问题、分析问题和解决问题等一系

---

① 李宝敏、宫玲玲：《合作学习对学生学习成效的影响研究——基于国内外 54 项实验研究和准实验研究的元分析》，载《教育发展研究》，2019(24)。

② 李鑫：《"有意义接受学习"和"探究学习"整合下的有效教学策略研究》，硕士学位论文，上海师范大学，2010。

列的活动，以实现知识、方法、技能、情感、态度的发展，特别是实现创新精神和实践能力的发展的一种学习方式。①

一、理论基础

（一）现代认知学习理论

美国教育心理学家布鲁纳倡导发现学习。发现学习主要有以下四个特征。第一，强调学习过程。在教学过程中，学生是一个积极的探索者，教师的作用是要建构一种学生能够独立探究的情境，而不是提供现成的知识。第二，强调直觉思维。教师在教学中与其指示学生如何做，不如让学生自己试着做，让学生边做边想。教师在学生的探究活动中要帮助学生形成丰富的想象空间，不要过早给出结论。第三，强调内在动机。教师要引导学生向自己的能力发起挑战，要强调内在动机。与其让学生把同学之间的竞争作为主要动机，还不如让学生向自己的能力发起挑战，形成学生的能力动机，使学生有一种求得才能的内驱力。教师的作用在于适时给予学生矫正性反馈，即要适时地让学生知道学习的结果。如果学生错了，要让学生知道错在何处和如何纠正。第四，强调信息提取。信息提取的关键在于懂得如何组织信息，知道信息储存在哪里，以及怎样才能提取信息。②

布鲁纳的发现学习理论作为认知学习理论的代表，不仅为探究式教学提供了心理学理论支撑，也为探究式教学的实施提供了方法指导。

（二）建构主义学习理论

瑞士心理学家皮亚杰提出了建构主义观点。皮亚杰认为，人类对数学、逻辑、物理等的认识，都是不断建构的产物。建构主义认为，知识不是通过教师传授得到的，而是学习者在一定的情境下，借助学习过程中其他人包括教师和学习伙伴的帮助，利

---

① 李鑫：《"有意义接受学习"和"探究学习"整合下的有效教学策略研究》，硕士学位论文，上海师范大学，2010。

② 李鑫：《"有意义接受学习"和"探究学习"整合下的有效教学策略研究》，硕士学位论文，上海师范大学，2010。

用必要的学习资料，通过意义建构的方式获得的。其中，情境、协作、交流和意义建构是建构主义理论的四大要素。情境、协作和交流强调学习的条件和过程，而意义建构则是整个学习过程的最终目标。皮亚杰从认识的发生和发展角度对儿童心理进行了系统、深入的研究，提出了认识是一种以主体已有的知识和经验为基础的主动建构，而这正是建构主义观点的核心所在。[①]

（三）人本主义学习理论

从人本主义的立场和观点出发，美国心理学家罗杰斯提出了"意义学习"的假说。所谓"意义学习"就是"以人的自主学习潜能的发挥为基础，以学会自由和自我实现为目的，以自主选择的自认为有生活和实践意义的知识经验为内容，以'自我——主动学习'为特征，以毫无外界压力为条件的完全自主的、自由的学习"。罗杰斯认为，人天生有一种寻求真理、知识以及探索未知的好奇心和欲望。人在这种欲望的驱使下，不断产生新的想法，并通过探究寻求理智上的验证，以及思想、情感上的认同和共鸣。为了让学生自由学习，罗杰斯提出了"探究训练"等办法。在"探究训练"中，学生不仅获取了知识还得到了探究的方法，使自身的自主性、创造性和探究精神得到了发展。人本主义学习理论强调教师在教学过程中，不仅要创设自由的学习气氛，还要提供丰富的学习资料，以利于学生自由地发挥自身的潜能，从而促进学生的"意义学习"。较之前的行为主义的刺激—反应强化学习理论以及认知发展理论，罗杰斯的"意义学习"学习理论是一大进步。以人为本是时代的诉求，罗杰斯的学习观为探究教学提供了理论基础。[②]

二、基本原则

（一）体现学生自主性的原则

探究学习改变了学生被动地接受知识的状况。在探究学习中，学生要针对探究

---

① 李鑫：《"有意义接受学习"和"探究学习"整合下的有效教学策略研究》，硕士学位论文，上海师范大学，2010。

② 李鑫：《"有意义接受学习"和"探究学习"整合下的有效教学策略研究》，硕士学位论文，上海师范大学，2010。

问题，自主或协作开展探究活动，在探究的过程中获取知识和技能，达成学习目标。自主性强调的是学生自己探究问题、解决问题，从而获取知识。因此，教师在进行教学设计时，要根据学生的特点，结合学生的学习生活经验来设计问题，使探究的问题能够引发学生的学习兴趣。在学生进行自主探究时，教师还要把握好教学的进度，发挥主导作用，协调教学活动的开展，从而体现以学生为主体的原则。

判断某一种学习方式是不是探究学习，关键要看学生的学习是不是自主进行的；判断学生在学习过程中探究性的强弱，关键要看学生自主学习在整个教学中所占的比例有多大和学生学习难度的高低。在开展探究学习时，教师应当尽量避免将现成的活动方案或结论性知识传递给学生，而应使学生学习的自主性得以充分的发挥。探究学习与接受学习最大的区别在于接受学习是让学生被动地接受教师传递的知识，而探究学习则是让学生主动地获取知识，所以自主性是探究学习最根本的标志。[1]

(二)符合学生的最近发展区的原则

学生的探究活动要符合学生的最近发展区，让学生有能力完成学习任务，这样才能使学生不断产生满足感和自豪感，增强学生的自信心，激发学生持续学习的欲望。[2] 在教学中教师要及时为学生提供帮助，及时反馈和指导，让学生感受到一种良好的学习氛围，而不至于使学生迷失在盲目的探究学习中。教师要有效控制探究的难度，使其与学生的学习能力相适应。探究的难度过低，会使学生失去探究的兴趣；探究的难度过高，会使学生产生畏难情绪，不利于学生的学习。

(三)灵活运用探究模式的原则

对于探究学习，我们往往想到的是问题、假设、验证、结论、交流等环节。探究学习的程序和教学模式揭示了探究学习的基本要素和特征，能够为教师设计教学过程提供一般的指南。实际上，探究学习具有多样化的设计模式。在实施探究学习时，教师既要能走进模式，又要能从模式中走出来，不能把教学模式看成是一成不

---

① 郑青岳：《论探究式学习的四条原则》，载《物理教师》，2003(12)。
② 江毅：《探究式教学策略与教学效果研究》，硕士学位论文，南昌大学，2017。

变的，或把其作为一切探究学习的规范模式。教师应该针对不同的教学内容和教学对象，选用适当的探究学习模式。

三、实施策略

探究学习强调通过综合运用知识，在解决问题的过程中培养学生的创新精神和实践能力，突出学生的主动探究，强调理性质疑、实事求是的科学态度和精神。探究学习不仅要培养学生思维的概括性、严谨性、流畅性，而且要培养思维的独特性、批判性。探究学习要遵循学生的认知规律，以学生主动参与为前提，以自主学习为途径，以合作讨论为形式，以培养学生的创新精神和实践能力为重点。具体操作程序，可分为以下六步。

（一）创设探究情境与提出问题

学习科学对迷思概念的揭示，使探究学习有了真正的生长点。所谓迷思概念，就是学生前概念中与科学知识相冲突的概念。它既是学生的问题生发点，也是学生自己真实的问题。在这样的问题驱动下，学生构思假设、设计方案、收集证据、形成结论、评价反思都将成为扎实有效的过程。①

教师要从学生的兴趣爱好、生活经验、现有的问题等方面出发创设问题情境，使情境能够吸引学生的注意力、激发学生的学习积极性，让学生通过感官经验或亲身经历去体验知识，加深对事物的性质、规律等的理解，实现知识的意义建构。

教师要在教学活动中有意识地鼓励学生大胆提出问题。如果学生提不出问题，探究就很难进行下去。为了让学生能提出问题，即使学生提出的问题是幼稚的甚至是错误的，教师也要对学生积极提出问题的态度给予肯定和表扬，切忌讽刺、挖苦学生。

面对受年龄和知识面所限的学生，教师还可以为学生提供必要的背景知识，积极引导、鼓励学生提出问题。教学过程是复杂多变的，不仅需要教师精心创设问题情境，还需要教师指导学生提出高质量问题。

---

① 孙智昌：《学习科学视阈的深度学习》，载《课程·教材·教法》，2018(1)。

(二)依据探究的问题引导学生猜想

学生探究的问题可以来自教学内容，也可以源于实际生活，要以能聚焦问题的解决、能调动学生的学习积极性、能增强学生学习的动力和兴趣为目标。有了探究问题的引导，学生在探究时就不会漫无边际地思考。教师要让学生对探究的问题进行充分猜想，并要求他们说出那样猜想的理由，以防学生胡乱猜想或思维模式化；要让学生知道猜想不能是无目的、无根据的，必须要有科学依据。有些内容学生比较熟悉，很容易猜出，但有些内容学生知道得很少，这时就需要教师的积极引导。

(三)制订计划与设计方案

教师要让学生制订好计划，做好相关准备。这一过程一方面要体现探究的思想和方法，另一方面要让学生明确目的并带着问题去探究。如果学生提出的设计方案能得到教师和同学的认可，学生就会充满深入探究问题的自信心。反之，如果设计方案没能得到认可，学生就会失去探究问题的自信心。因此，教师指导学生设计方案的过程，也是探究中很重要的一个环节，它直接影响探究的结果。教师应先放手让学生大胆去设计，并让小组成员之间、组与组之间讨论方案的可行性，从而评选出哪种方案设计得好。对确实在设计方面有困难的个人或小组，教师要积极引导与帮助。

(四)合作探究，建构知识

学习科学研究认为，教师、教材是不能把知识传递给学习者的；相反，学习者通过与周围的世界、环境交互，观察现象，产生新想法，与他人讨论，从而积极建构知识，即学习者只有在根据自己的经验与外界交互并积极建构意义的时候，深层理解才会发生。[①] 越来越多的方法和工具被用于支持有意义的学习，如小组学习、类比策略、概念图工具等。

在探究学习中，从分组制订计划到分组观测和调查，都需要学生与同伴互动交流、讨论、争论。合作探究能使学生看到问题的不同侧面，帮助学生对自己和他人

① ［美］R. 基思·索耶：《剑桥学习科学手册》，徐晓东等译，370 页，北京，教育科学出版社，2010。

的观点进行反思或批判，从而使学生建构起新的和更深层次的知识，实现对知识的理解与对技能的掌握。

在学生合作探究时，教师要做好指导工作，不断点拨和强化学生的合作探究，促进学生的思想情感交流，培养学生的团结协作精神，构建民主和谐的气氛，培养良好的个性品质。

(五)分析和论证

在探究学习中，学生从教师、教学材料、网络、与同学的合作探究或其他途径中获得了很多解决问题的实证资料。学生收集实证资料的过程很重要，但能够根据实证资料对现象进行解释与分析从而得出结论更重要。学生自己只有对实验和证据进行分析和论证后才能获取知识、发现科学规律，这是从动手实践上升到建立理论的思维过程。教师应注重培养学生分析处理实验数据的能力，以及如何从许多看似无联系的数据中找出变化、总结出规律性的内容的能力。

(六)激励评价，延伸探究

在探究学习中，学生是否能提出问题，是否能理解概念，是否能设计并实施探究计划，是否能分析处理所收集的证据，是否能灵活地运用知识解决问题，是否能判断证据是支持还是反对自己提出的假设的，都要通过形成性评价和学生的自我评价来检测。

在这一环节中，教师既要总结探究活动的基本收获，对学生积极主动参与探究的态度给予充分肯定，又要得出结论，为学生今后解决类似或相关问题导向指路。这是探究学习中延伸探究的重要环节，其作用在于进一步让学生牢记探究的方法，养成探究的习惯，把学习探究变成自己学习的乐趣。

第三节 项目学习

学习科学运用认知科学及其他一些相关概念，揭示了学习者理解深层概念的认知结构，发现了管理学习的原则。学习科学家利用这项研究来开发新课程，以使学生能够积极参与学习并实现对重要概念的更深层次的理解。学习科学家在基于项目的学习的研究中，认为学生通过实际操作，能够加深对学习材料的理解。学生通过应用知识、操作实验的方式来学习知识。学生参与真实而有意义的问题探讨时，其学习方法类似于科学家、作家、历史学家的学习方法。项目学习的课堂允许学生探究问题、提出假设、做出说明、讨论思想、彼此质询、实验新思想。研究表明，在项目学习的课堂上，学生比传统课堂的学生学习成绩更好。①

　　项目学习(项目式学习)是一种基于建构主义理论的情境化学习方式，是以学生为中心的教学方式。它主张学生通过一定时间的小组合作方式，解决一个真实世界中复杂、非常规且具有挑战性的问题，或完成一项源自真实世界且需要深入思考的任务，进而逐步习得包括知识、可迁移技能、思维方式、价值观等在内的 21 世纪核心素养。

一、理论基础

　　学习科学的代表性著作《剑桥学习科学手册》提出：基于项目的学习是管理学科中的项目在教学领域的延伸、发展和具体运用。源于管理学的项目学习，是指在特定时间内，学习者为了实现与现实相关联的特定目标，把需要解决的问题分解为一系列的相互联系的任务，以便群体间可以相互合作，并有效组织和利用相关资源，从而创造出特定产品或提供服务。

　　随着项目这个概念逐渐被引用到教育学中，教育学中产生了基于项目的学习或者项目式学习。项目式学习被定义为一种"教"与"学"的模式，关注的是学科的核心概念和原理，要求学生从事的是问题解决，同时要求学生主动学习并通过制作最终作品的形式自主完成知识意义的建构，以学生生成知识和培养能力为目标。②

　　基于以上项目式学习的概念，项目式学习的理论基础主要包含以下四个方面：一是建构主义理论。建构主义理论强调学生并不是一张白纸，而是带着原有的经验

---

　　① ［美］R. 基思·索耶：《剑桥学习科学手册》，徐晓东等译，369 页，北京，教育科学出版社，2010。

　　② 胡佳怡：《项目式学习中"教"与"学"的本质》，载《基础教育参考》，2019(2)。

走进教室的，因此新知识的获得是在原有知识的基础上产生的，是对原有知识的加工与重构。在项目式学习中，学生原有的经验知识在解决实际问题和完成任务中得到应用，更重要的是在应用中得到重组和改造，形成新知识。二是多元智能理论。加德纳的多元智能理论强调学生的个体差异性，并推崇发挥学生突出的智能。在项目式学习中，学生有空间发挥自己的专长，通过利用自己的优势来完成各自承担的任务，因此个性得到极大发挥。三是实用主义理论。杜威的实用主义理论强调教育中的儿童、经验与活动三大因素。学习发生在具体的活动当中，儿童是学习的核心，儿童通过活动对经验进行加工，儿童主动建构自己的新知识。这些内容在项目式学习中都得到了体现。四是终身学习理论。该理论认为，人的一生都在学习。在项目式学习中，学生在解决实际问题中形成学习能力，将有益于终身学习。①

二、基本原则

（一）在真实情境中发生的学习最有效

学习科学研究表明，在真实情境中发生的学习最有效。情境学习能够使学生了解学习活动的价值和意义，还可以帮助学生把学习到的经验运用到更多的情境中。学生在真实情境下开展学习和探究活动，解决开放式问题，不仅可以学以致用，还能发挥更大的主动性。

从学习科学研究的视角来看，学习者建构的知识不仅包括观点（内容），也包括获得知识的情境信息。从情境中抽象出来的规则和规律（如数学公式）对大多数学习者都没有意义。新的学习的发生是指在新情境中使新旧知识发生关联并产生能重新应用的知识。认识——建构正在被纳入学习的社会和文化情境之中。有关学习的研究将更多地关注人的社会互动性，关注人解决真实、复杂问题的动机与能力，以及个体认知与集体智力认知的有效互动。②

---

① 胡佳怡：《项目式学习中"教"与"学"的本质》，载《基础教育参考》，2019（2）。
② 邓大一、王恒昌：《共同学习：社会协商本质下的学习认知过程——平江中学"导生制"的哲学意蕴》，载《华人时刊（校长）》，2018（11）。

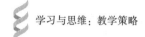

（二）核心知识是项目式学习的基础

项目式学习是对以学科核心概念与原理为核心的知识进行理解性和创新性学习的有效学习过程。项目设计要以学生原有的知识经验为基础，让学生在项目式学习推进的过程中，不断有新的发现、新的思考，从而在原有知识的基础上，习得新的知识，解决真实问题，培育核心素养。①

（三）学习过程以学生为中心

学习科学研究已经证明由信息技术支持的、真实的、情境化的、基于问题解决的教学活动是能够更深入、更有效地促进学习的。教师在项目式学习过程中要以学生为中心，要让学生积极参与到项目中管理和安排自己的学习活动，并与其他同学协作学习。教师在学生的项目式学习中只为学生学习提出一些建议，搭建支持学习的脚手架，监控学生学习的进度，当学生遇到问题求助教师时帮助学生解决问题。未来的学习环境将大大不同于今天的课堂，因此，教师只有以科学严谨的态度设计出能更深入、更有效促进学习的丰富多彩的学习环境，促进课堂教学彻底变革，才能培养出适应和引领未来发展的人。②

（四）项目式学习应体现跨学科性与综合性

相较于传统教学方式，项目式学习的优势之一在于项目目标具有跨学科性，可以帮助学生获取多学科的知识。项目式学习获取知识的完整性，是传统教学不能比的。项目式学习涉及的知识不应该是零碎分散的，而应该是完整的、系统的。学生在参与项目研究中需要联系课本上的相关概念与知识，并且综合运用学科交叉知识。在项目式学习的设计中，很多教师开始难以摆脱传统思维教学。随着对项目式学习的认识，他们才开始逐步认识到学习与应用综合的多学科知识，以及充分发挥不同学生的不同智能、特长的重要性③，才对以重要概念为核心的知识进行理解性

① 李林、邹子韬、苏晓虎、潘慧明：《指向核心素养的项目式学习课程建设与实施》，载《现代教育》，2019(3)。

② 孙智昌：《学习科学视阈的深度学习》，载《课程·教材·教法》，2018(1)。

③ 庞孝瑾：《以项目学习重构语文教学的实践》，载《教学管理与教育研究》，2018(12)。

和创新性学习，以及促进知识的融通与应用有了真正的认识。

三、实施策略

针对项目学习应该如何开展这一问题，不同的学者提出了不同的教学策略。虽然这些策略有差异，但是总体上都包含着几个共同的环节，呈现出一定的共性。项目学习的实施过程一般可以分为项目学习活动前的准备、项目学习过程中的指导与管理、项目学习实施后的评价与反思。项目学习的教学策略与实施流程主要包含以下六个环节：选择项目、制订计划、活动探究、制作作品、交流成果和活动评价。①

（一）选择项目，提出驱动问题

在基于项目的学习过程中，项目的选择是有效学习的关键，项目小组的合理构成是顺利完成项目的基础。教师在引导学生选择项目时，可以通过导入高度精练的驱动问题来激发学生兴趣，引导学生对真实且重要的专题进行深入探究。设计项目学习的教学问题时应当考虑到学生原有的知识基础，选择没有固定答案的真实情境中的问题，鼓励学生合作学习、终身学习、自主学习。一个好的驱动问题有 5 个特点。可行性：学生能够设计方案、执行调查、回答问题。价值性：问题应包含丰富的科学内容，符合国家及地方课程标准的要求，符合科学家的研究方式。情境性：要有真实而有重要价值的情境。意义性：要探究对学生有用且有趣的题目。道德性：项目学习不能够对个人、集体及环境造成危害。②

（二）制订计划，明确项目分工

小组合作学习是项目学习的核心，所以通常在实施项目课程之前，教师要先建立学习小组。教师要指导小组成员自主选择自己感兴趣的项目，建立基本的活动规则，营造有利于合作学习的氛围，明确项目分工。在计划拟订阶段，小组成员首先要对选定的项目进行讨论，对如何获得信息与资料、项目涉及哪些方面的问题、小

---

① 邬彤：《基于项目的学习在信息技术教学中的应用》，载《中国电化教育》，2009(6)。
② [美]R. 基思·索耶：《剑桥学习科学手册》，徐晓东等译，374 页，北京，教育科学出版社，2010。

组可以利用哪些资源与条件等可以被列入项目计划的问题有一个初步的认识与规划。项目计划规定了需要做什么、谁来做、需要花多长时间。周全合理的计划，是成功完成项目的基本保证。项目小组的所有成员都要参与计划的制订，每个成员都要了解项目的总体规划和项目的每一个细节，知道自己要完成的任务，同时了解需要配合他人的地方，这样他们才会对项目的执行更加有责任感。贯穿各阶段始终的是学生的交流与合作。在项目的实施阶段，小组成员需要在项目各重要工作的时间节点上，针对他们在项目计划中遇到的问题等进行沟通交流，及时检查实施过程并修正项目方案。

（三）活动探究，促进知识的理解与创新学习

在项目学习的实施阶段，活动探究是核心环节，学生大部分知识内容和技能技巧的掌握都是在此过程中完成的。这一环节包括两步，第一步是提出有效的问题解决方案，第二步是优化问题解决的实施方案。实施方案通常是由小组成员合作完成的。在这个过程中，学生需要随时收集反馈信息，经常进行反思。对问题解决方案做必要的修正或调整。在学生实施方案的过程中，教师的主要任务是为学生提供自主探究工具、问题解决工具和协作交流工具等支持，同时给予学生有关问题解决方法与协作学习策略等方面的指导。[1]

（四）制作作品，体现掌握的知识、技能

将学习的成果制作成作品展示出来是项目学习的主要特征。学生要利用在学习过程中获得的知识与技能着手进行作品制作。这种作品的形式不是固定的，而是多样化的，如研究报告、实物模型、图片、录音片段、录像片段、幻灯片、网页和戏剧表演等。学生可以通过挑选视频、选择音乐、撰写脚本等多样化的方式制作作品。通过作品展示，学生将在项目学习过程中学习到的知识及掌握的技能系统地、完整地、精炼地表达出来，这是对整个项目学习活动的完整概括与总结，是学生学到的知识和掌握的技能的较好体现，是对整个项目学习活动的提升。[2]

---

① 何克抗、吴娟：《信息技术与课程整合的教学模式研究之四——"研究性学习"教学模式》，载《现代教育技术》，2008(10)。

② 邬彤：《基于项目的学习在信息技术教学中的应用》，载《中国电化教育》，2009(6)。

（五）交流成果，体会团队合作的力量

作品制作完成之后，组织各小组间的成果交流也是很重要的一个步骤。成果展示可以进行多次。在展示成果的时候，各个小组可以自由选择多种方式进行交流，且参与成果交流的人员是多元的。

从成果完成程度上看，可进行阶段性成果展示和项目结束时的展示。阶段性成果展示不仅能有效帮助小组反思前一阶段的工作情况，为下一阶段的工作做好准备，为各小组提供展示团队精神的平台，也能为每个人提供锻炼讲演能力的机会。[①]通过项目设计和实施的各环节，学生亲历了项目的全过程，从中发现了自己的兴趣、潜能，体会到了团队合作的力量和成功的喜悦。在项目学习结束时，小组成员共同合作完成项目报告，然后接受同学、教师、社会等各方面的评估。

展示形式可以让学生自主选择，如通过展览会、报告会、演讲、小型比赛等形式展示。在小组展示前，小组可以提前将成果上传至班级信息共享平台。从展示的具体内容来看，在小组展示中，学生不仅需要汇报最终作品，还需要汇报制作的过程、问题及解决策略，尤其是解决问题时使用的创新性方法与技巧。通过交流，学生不仅可以分享项目实施过程中的经验与体会、完成项目成果的喜悦与快乐，也可以通过与其他同学观点的碰撞，从其他角度重新反思与理解自己的作品，从而修正论据展开新的研究，得出更成熟、更深入的结论。

教师在这一阶段的任务有三个：一是组织各项目小组汇报项目成果；二是参加小组汇报与交流，协调小组交流进程，如在小组分享交流时引入关键性问题，引导学生进一步思索；三是在小组交流展示后可以对小组做出进一步点评与指导。

（六）活动评价，提高学生反思的能力

组间互评是项目学习明显的特征，它能够促进协作。教师可以使用这些评价信息完善下一个项目的工作流程，并让学生对他们的工作负责。教师和学生完成的评估结果往往有差异。有的研究忽视了正在接受评估的学生表现的特征。评估结果的

[①] 吴青青、陈涛：《基于项目的学习在教育培训项目设计与开发课程中的应用研究》，载《科教导刊（中旬刊）》，2013（16）。

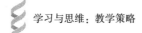

差异可能与评估者不同的观点有关。学生可以评估同龄人表现的不同方面，因为他们有不同的优势来衡量其他同学的工作。小组之间应有对项目作品的互评，其成绩折合成一定的比例计入小组项目成果的总成绩。除此之外，也应有组内互评和自评，以衡量成员的本人贡献、工作质量、时间管理、解决问题、态度、集中精力、准备、个人努力、小组效率、合作能力 10 个维度的内容，最后，得分 = 组内互评平均得分×0.7+自评得分×0.3。①

项目学习采用基于表现的评价方法。所有的学习任务都应该以激发学生学习兴趣和学习动机为目的。教师需要经常对教学效果和学生的进步情况做出评价，运用过程性评价改进教与学，了解学生在一段时间内的学习情况，还可以从学生的参与程度、成果水平、学习和沟通能力等几个方面进行评价。同时，项目学习也为学生展示自己的想法提供了丰富多样的机会。在展示学习成果时，学生语言表达形式的选择，知识的运用与融合，以及真实情境下小组成员之间的合作、沟通能力，组员的公平参与等，都可以作为评价的指标。学生展示并点评同伴的作品时，参照这些指标，可以让不同小组的作品更具可比性，以促进学习。小组在互相点评时，也能互相启发、获得灵感。学生在这种体验中不断成长，不断提高评价与反思的能力。②

通过基于真实项目的学习，学生在实践中掌握了获取、分析、加工信息以及交流和创新等技能，形成了自己的知识体系，完成了知识建构，同时培养了自主学习、合作学习和问题解决能力，有助于达到全面提高综合素养的目标。

本章对合作学习的分析，有利于教师正确认识和把握合作学习。只有抓住合作学习的内在含义，才能有效促进学生的合作学习，使学生学会合作。开展不同形式的合作学习时所需要的基本要素主要有积极互赖、责任到人、促进性互动、运用合作技能和小组反思③，这五个共同的要素构成了合作学习最本质的内涵。教师应在教学中合理运用这些要素来进行教学设计，使合作学习适用于不同的学生和不同的学科领域。为了有效促进学生有目的地开展合作学习，教师需按照一定的合作学习模式设置相应的合作环节。目前常见的合作学习模式有学习小组成绩分工法、共同

① 陈长园：《基于项目的学习促进学生有效合作的个案研究》，硕士学位论文，华中师范大学，2014。
② 庞孝瑾：《以项目学习重构语文教学的实践》，载《教学管理与教育研究》，2018(12)。
③ 郑淑贞、盛群力：《社会互赖理论对合作学习设计的启示》，载《教育学报》，2010(6)。

学习法、小组调查法、切块拼接法、小组活动竞赛法、团体促进法，它们在转变传统的教学方式和更好地促进学生发展上发挥了重要作用。根据学科特性选择合适的合作学习模式是保证合作学习取得成效的前提。在大部分知识授导性课程中，教师可选择学习小组成绩分工法等模式。其教学过程简单，易于开展，将合作目标和任务与个人责任相结合。小组活动竞赛法则更适用于活动类课程，如体育课；切块拼接法作为一种高度结构化的合作学习形式，关注每个成员对小组的贡献，适用于数学任务中的问题解决和物理概念的理解等情境。因此，教师在教学中应根据学科特性与实践需要选择合作学习模式，并根据具体情境对合作学习模式进行适当调整与再加工，切忌模式固化。①

　　探究学习是学生自下而上进行知识建构的过程。学生首先从他们接触到的课程学习内容或他们熟悉的生活中提出问题、猜想预测，然后设法获得实证数据，进而从数据出发，联系已有的知识基础，进行类比、归纳、推理，抽象出与客观规律有关的科学概念。这个过程类似于科学家进行科学研究的过程。学习科学的研究结果已经证明，这种自下而上的知识建构过程，有利于调动学生的学习主动性，提高学习的效率；有利于让学生真正理解概念与原理；有利于培养学生的社会情感和语言交流能力。同时，学生主动参与教学，改变了课堂教学机械、沉闷的现状，让课堂充满生机，让学生的学习真实发生。

　　项目学习的实施主要包括选择项目、制订计划、活动探究、制作作品、交流成果和活动评价等流程。② 项目学习强调学习要以问题为起点、以学生为中心，激发学生对项目的探究兴趣。项目学习通过小组合作及学生自主探究的方式，能够提高学生解决问题的能力，并最终使学生获得包括知识、可迁移技能、思维方式、价值观等在内的 21 世纪核心素养。

---

① 李宝敏、宫玲玲：《合作学习对学生学习成效的影响研究——基于国内外 54 项实验研究和准实验研究的元分析》，载《教育发展研究》，2019(24)。
② 邬彤：《基于项目的学习在信息技术教学中的应用》，载《中国电化教育》，2009(6)。

第五章
思维教学的实践模式

 **本章概述**

　　本章在温寒江先生创造性思维理论、学习的迁移理论等五大学习理论的基础上，提出了五大教学原则，在课堂教学的实践中提出了三大教学策略，建立了思维创新能力、问题解决能力等五大能力评价体系，从而构建起了以创造性思维为主要特色的思维教学模式。该模式较好地解决了课堂教学的规范性与学生思维发展的创造性之间的矛盾，是一个来自课堂教学实践的思维教学模式。

第一节 理论基础与教学原则

思维是人脑对客观事物的反映，是基于客观事物和主观经验对事物进行认知的过程。创造性思维要求打破固有的思维模式，从新的角度、以新的方式去思考，进而得出具有创造性的结论。在现代脑科学理论和温寒江《学习学》教学理论的基础上，我们依据学生的心理特点和认知规律，尝试从理论基础、教学原则、教学策略、教学评价等方面构建起一种有利于创造性思维发展的课堂教学模式。

一、理论基础

(一)创造性思维理论

温寒江先生认为，创造性思维是创造过程中两种思维(抽象思维和形象思维)新颖的、灵活的、有机的结合。基本观点如下①：

创造性思维包括两种思维。创造性思维从思维的基本类型来说，属于两种思维(抽象思维和形象思维)的辩证统一，是更高层次的思维。

创造性思维是新颖、灵活的。创造性思维方法，包括一般思维方法和特殊思维方法。新颖、灵活就是指思维方法的特殊性、独特性。灵活性是思维新颖性的基础，没有灵活性就没有思维的创新。灵活性的特点表现为思维的多角度、多方向以及变通性、发散性和跳跃性。

创造性思维有其指向性和目标。新颖性是思维的指向性和结果。人们通过创造性思维活动，产生新成果、新产品、新作品、新理论、新方案、新工艺、新方法。对学校而言，新颖性是指学生在解答问题和进行实验或科技制作时，不完全根据教师讲的和书本上说的，而是自己独立思考得到一种新方法、新方案、新结果的

---

① 温寒江、陈爱苾：《学习学》(上卷)，67~71 页，北京，教育科学出版社，2016。

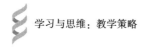

特点。

依据该理论，在课堂教学过程中，教师应当凸显课堂教学的新颖性和灵活性，加强实验教学和直观教学，加强联想和想象分析教学，做到抽象思维和形象思维的有机结合，着力培养学生思维的独特性，大力发展教学创新性。

(二)学习的迁移理论

温寒江先生认为，两种思维的学习迁移是指先前的学习经验(知识、技能、能力等)对以后的学习产生影响和作用，主要是通过思维活动实现的。主要内涵如下[①]：

在学习活动中，迁移是普遍存在的，迁移是人的认知活动、创造活动的基础。

前后两种知识经验，若有共同的思维要素(思维材料、思维方法)，就能够产生迁移；共同的思维要素越多，则迁移程度越大。

前后两种同类技能、能力，若有共同的思维方法，就能产生迁移；共同的思维方法越多，就越容易产生迁移。

与学习活动相伴随的兴趣、情感、信心也能够产生迁移。

迁移根据其作用可分为正迁移、负迁移和零迁移。

依据该理论，在课堂教学过程中，教师应当充分了解新旧知识的内在联系，不断寻找新旧知识共同的思维要素。

(三)能力发展的多元性和多层次性理论

温寒江先生认为，学习与发展是指在学习与实践基础上人的身心发展的过程，其核心内容是人的全面发展，基本方法是发展能力。[②]

发展能力是实现高质量学习和工作的正确途径。

能力的发展从横向来说，是多元的、多侧面的，其中基本的能力有七种，即观察能力、语言能力、运算推理能力、动手能力、图像能力、身体运动能力、音乐能力。

---

① 温寒江：《学习学》(下卷)，30页，北京，教育科学出版社，2016。
② 温寒江：《学习学》(下卷)，167页，北京，教育科学出版社，2016。

能力的发展从纵向来说是多层次的。同一类能力分为技能、能力、创新能力三种不同水平。技能、能力、创新能力三者之间既有联系又有区别，而思维是其内在联系的基础。

能力的提升是可操作的，是可以通过思维实现的。技能通过思维训练和高水平的综合发展成为能力，能力通过思维训练发展成为创新能力。

依据该理论，在课堂教学过程中，教师应当坚持面向全体，促进学生全面发展和个性发展。

(四)学习的主体性理论

温寒江先生认为，在学习过程中，学生是学习的主体，学习的对象——知识是学习的客体。学习的主体性是指学生主体在学习中对客体的作用。[①]

学生的学习过程是在教师指导下获取和运用知识、促进身心发展的过程，是一个特殊的认识过程。

学习的主体性是发挥学习认识中两次能动的作用的特性，即从客观(客体)到主观(主体)和从主观(主体)到客观(客体)的特性。具体而言，学习的主体性，是主体在学习过程中表现出来的能动性、自主性和自觉性(自为性)。

依据该理论，在课堂教学过程中，教师应当重视学生的自主学习，充分调动学生的学习积极性和主观能动性。

(五)学习的可持续发展理论

温寒江先生认为，在学习过程中，根据各学科的特点，在思维全面性和知识与技能协调发展的基础上，若新旧知识、技能具有必要而且足够的思维共同要素，通过有序的步骤和具体的方式，把新旧知识、技能联系起来进行思维加工，学生就能获得新知识，并能通过多次练习形成新技能，使学习得以可持续发展。[②]

依据该理论，在课堂教学过程中，教师应当重视学情分析，认真了解新旧知识的内在联系，全面了解学生的理解能力和思维方式。

---

① 温寒江：《学习学》(下卷)，201 页，北京，教育科学出版社，2016。
② 温寒江：《学习学》(下卷)，184 页，北京，教育科学出版社，2016。

二、教学原则

教学原则依据教学目的，遵循教学规律，反映教师对教学活动本质性特点和内在规律的认识，是指导教学工作有效进行的指导性原理和行为准则。

教学原则通常是在教学实践经验的基础上制定出来的。由于教学目的和人们对教学规律认识的不同，人们所制定的教学原则不同。例如，公元前6世纪，孔子就提出了要经常复习和进行启发等要求。公元前5世纪，希腊智者派普罗塔哥拉提出了练习和禀赋同样重要，以及学习要有相当的深度等观点。17世纪，捷克教育家夸美纽斯依据感觉主义的认识论和当时发展起来的一些自然科学知识，在《大教学论》中明确提出了37条教学原则。19世纪，德国教育家第斯多惠从学生、教材、教学条件和教师等方面提出了33条教学规则。苏联教育心理学家赞科夫从教学促进学生一般发展着眼，提出了高难度、高速度、理论知识起主导作用、使学生理解学习过程、使全班学生都得到发展的教学原则。布鲁纳依据认知学派的结构主义心理学，提出了动机原则、结构原则、程序原则、反馈原则等。

一般来说，教学活动越是符合教学原则，越容易成功；反之，教学活动越是脱离教学原则的要求，越可能失败。本模式遵循五大教学原则及28个基本方法和要求。

(一)课堂教学原则之一：学案导学，以学定教

学案导学以学案为载体，以导学为手段，引导学生自主完成学习任务。学案是教师依据学生的学习基础、知识经验、认知能力，为助力课堂教学而编制的学习方案。

以学定教是指教师依据学生的现有知识水平、认知特点、经验基础等方面的情况，科学确定教学起点，选择最优的教学方法，让每一个学生都得到最优化的发展。

1. 基本理论

(1)最近发展区理论

苏联心理学家维果茨基的最近发展区理论，认为学生的发展有两种水平：一种

是学生的现有水平，指学生独立活动时所能达到的解决问题的水平；另一种是学生可能达到的发展水平，也就是学生通过教学所获得的潜力。两者之间的区域就是最近发展区。教师应着眼于学生的最近发展区，为学生提供有难度的内容，调动学生的积极性，发挥其潜能，使其超越最近发展区而达到下一发展阶段的水平。

儿童的发展主要是通过与成人或更有经验的同伴的社会交往而获得的。维果茨基说，如果儿童在最近发展区接受新的学习，其发展会更有成果。在这个区域内，如能得到成人帮助，儿童就比较容易吸收那些单靠自己无法吸收的东西。在最近发展区内，成人或同伴的帮助形式是多样的，如模仿示范、列举实例、启发式提问、由成人监督，以及其他可以促进发展的积极活动。

最近发展区是教学发展的最佳期限，在最佳期限内进行的教学是能促进学生获得最佳发展的教学。

根据最近发展区理论，教师在教学之前必须了解学情，只有了解了学生的现有水平和潜在水平，才能正确处理教学中的难与易、快与慢、多与少的关系，使教学内容和进度符合学生的最近发展区；只有了解了优势特色，才能取得最佳的教学效果，促进学生充分发展。

（2）学生已有知识经验会影响其学习

美国心理学会、学校心理与教育联盟认为：当学生来到课堂的时候，他们的日常经验、社会交往、直觉以及他们以前所学的知识都会随之而来。先前的知识经验会对他们接纳新知识产生影响。因此，学习不仅包括在原有的知识基础上学习新的内容，即概念增长（Conceptual Growth），还包括转换或纠正已有的知识，即概念转换（Conceptual Change）。当学生已有的知识与新内容相一致时，概念增长就会发生；当学生已有的知识与新内容不一致，或者相对于正确信息而言是错误的时，概念转换就会发生。无论是学生还是成人，都会有许多常见的错误概念，所以在开始教授一个新的主题之前，教师可以通过对学生先前知识的初步评估，来了解学生当前对特定学习领域的理解情况，这可以被当作对学生知识的一种前测或摸底评估。

当摸底评估显示学生存在错误概念时，学生就需要进行概念转换，也就是说教师要对学生已有的知识进行转换或纠正。要实现学生的概念转换，教师所面临的挑战远远超过概念增长，因为错误概念往往是根深蒂固而且难以改变的。学生一般很不愿意改变他们原有的想法，因为这些想法对他们而言是比较熟悉的，因此，学生一般不会介意自己的概念是错误的，他们相信自己总是正确的。

2. 基本方法和要求

教师如何利用学生已有的经验帮助学生实现概念增长和概念转换？

当学生已有的知识和所要传输的概念一致时，教师可以让学生与新内容进行深入而有意义的互动，包括阅读、概括、总结、归纳、应用及实践等，从而促进概念增长。通常，只需简单地告诉学生他们需要转换思路或使用一般教学策略来促进概念增长，一般来说学生的思想不会发生实质性转变。当学生已有的知识和所要传输的概念不一致时，实现概念转换需要教师使用具体化的教学策略。这些策略能够促进学生意识到自己的错误观点，从而推动认知冲突或者说认知不协调的形成。

落实这一教学原则，需要遵循以下五个基本要求，即"五有"要求。

（1）课前有学案

学案有别于传统的教案。教案是为教师上课准备的，是以教师为中心的；学案是为学生自学准备的，是学的方案，不是教的方案，是建立在教案基础上针对学生学习而开发的一种学习方案。学案力图让学生提前了解学习目标、学习方法，预习新课相关知识。提前把握教学的重点、难点，是课堂教学重要的辅助环节。

要编制好学案，应坚持以下三条原则。

第一，坚持一课一学案。学案设计要做到分课时处理学习内容，防止将多个小专题的内容写成一个学案。

第二，坚持问题导向。教师应将新课学习的知识点转变为具有探索性的问题和能力点，通过对生活中的问题现象的质疑、释疑，培养学生的能力品质和创新素质。

第三，坚持让学生人人都参与。在学案设计中，教师首先应当考虑让学生积极参与学习过程，充分调动学生参与学习活动的热情，提高学生的思维品质，让学生学在其中、思在其中、行在其中、乐在其中。

（2）学案有特色

特色是一个事物或一种事物显著区别于其他事物的风格和形式，是由事物赖以产生和发展的特定的环境因素所决定的，是其所属事物独有的。学案的特色应该体现在学科特点、课型特点、学段特点、教师特点、学生特点等方面。

要编制特色学案，应该遵循以下三条原则。

第一，尊重学科特点。学案一定要从学科的实际出发，依据课程标准，综合反映学科素养。

第二，尊重学生已有的知识。学案应该注重新旧知识的关联内容及方法，注重对学生已有知识的迁移，尽可能全面整合一节课所需的教学资源，综合分析教材内容和学生已有知识的内在逻辑，帮助学生找到新旧知识之间的内在关联，将知识迁移原理引入学案，激发学生的求知欲。

第三，尊重学生主体性。学案设计应在了解学生学习状况、心智模式、认知规律的基础上，以学习内容为载体，以活动为平台，突出学生主体地位，着力培养学生的自主学习兴趣和学习能力。

（3）学法有指导

学法指导的科学性和有效性是评价学案的重要指标。好的学法指导应该是建立在解构关键知识的基础上的，应该包括对学习方法、理解方法、记忆方法以及活动方法、实验方法等的提示和指导。

要做好学法指导，应该遵循以下两条原则。

第一，指导学生自主发现问题。发现问题往往比解决问题更有价值。教师要着力引导学生自主发现问题，引导学生自主发现学习中的重点和难点，为课堂学习的合作探究奠定基础。

第二，指导学生自主解决问题。学案的根本任务是培养学生的自主学习能力和自主解决问题的能力。教师应当着力引导学生主动阅读、独立思考、学会查找和筛选资料，从而找到解决问题的方案。

（4）学情有分析

学情是和学生学习相关联的各种情况。分析学情的目的在于寻找学生内在特征、现实状况与学习内容的最佳联结。分析内容主要包括学生已有的知识经验、学习习惯、思维品质、认知倾向、兴趣爱好、性格特点等。教师在分析学情的基础上，根据最近发展区理论确定教学目标和教学起点。有效的学情分析是保证有效课堂的前提和基础。

要做好学情分析，应该注意以下三个方面。

第一，重点分析学生原有的知识基础。学生进入课堂前已有的基础可称为前理解。海德格尔说"理解奠基于一种先行掌握之中"，这种"先行掌握"就是指前理解，即前理解是学生已有的假设与前提。当学生进入课堂学习新内容时，每个学生的前理解都是不同的，所以教师不能把自己的前理解强加在学生身上，教师有必要通过相关手段了解学生的前理解。这样教师就能够更好地帮助学生建立已有知识和文本之间的联系，实现教与学的精准匹配。

第二，重点分析学生的学习能力。学习能力是学生从事学习活动所需具备的心理特征，是学生顺利完成学习活动的各种能力的组合，包括感知能力、观察能力、记忆能力、阅读能力、解决问题能力等。学习能力通常可以分为一般学习能力和学科学习能力。

学习能力主要包括八种基本能力要素：感知力、注意力、记忆力、思维力、想象力、表达能力、操作能力、适应能力等。

学科学习能力可从认知能力、操作能力及学习策略三个维度去划分，不过学生的学习能力存在着个体差异。人各有所长，各有所短。文科好的同学理科不一定好，善于思考的同学不一定善于动手操作。教师应认真分析学生的能力特征，帮助学生扬长避短，从而提高课堂效率。在新高考改革的背景下，这对于帮助学生科学地确定选考科目有极其重要的意义。

第三，重点分析学生的思维品质。思维品质也可以称为智慧品质，是思维能力的特点及其表现，是由人们在思维活动过程中表现在不同方面的特点及其差异构成的，主要包括思维的逻辑性、思维的广阔性、思维的深刻性、思维的独立性、思维的灵活性、思维的敏捷性、思维的批判性、思维的确定性、思维的创造性和思维的预见性。学生的思维品质直接影响学生的学习效果。

（5）目标有针对性

课堂教学目标是教师在课堂教学活动中所期待的学生的学习结果。师生课堂教学活动始终围绕实现教学目标而进行。它通常是课堂教学过程中教与学的互动目标。新课改倡导的课堂教学目标有三个维度：知识与技能目标，过程与方法目标，情感、态度与价值观目标。在教学中要做到教学目标有针对性（指贴近度在90%以上），教师应注意以下三点要求。

第一，课堂教学目标是课程目标的分解，是在40分钟或45分钟之内可以达到的目标，而不是课程目标的全部。教学目标可以对应教学过程中的某一个教学环节，即一对一的关系，也可以对应教学过程的某几个教学环节，即一对多的关系。

第二，课堂教学应该重点关注育人目标。教书育人是教师的天职，育人目标应该是课堂教学目标的重要内容之一。例如，爱国主义、辩证唯物主义思想和唯物辩证法等，要求各学科教师在课堂教学过程中，时刻潜移默化地、细雨无声地传递给学生。

第三，科学、准确地把握教学难易度。如果教学难度超过了学生的实际接受程度，学生就不可能真正理解和掌握所学的知识，各种心理机能也不可能得到恰当的运用和提高；如果教学难度低于学生的实际接受程度，学生就会因为缺少必要的注意而难以对所学知识留下深刻印象，而且会由于无法进行有价值的学习活动使各方面的发展错失机会。教师应当根据心理学揭示的普遍规律和对学生的具体研究，自己把握教学难度，这是教师劳动创造性的体现，是需要教师不断思考、不断解决的问题。

（二）课堂教学原则之二：先学后教，学生主体

先学后教是指课堂教学从学生自学开始。学是学生带着教师布置的任务的有既定目标的自学。学生的自学是课堂的起点，是对学生自我学习能力进行培养的有效方法。

学生主体是指让学生自主管理自己的学习，尽可能地给学生多一些思考的时间、多一些活动的余地、多一些表现自我的机会、多一份尝试成功的愉悦，让学生参与到知识形成的全过程中，将"一言堂"变成"群言堂"，让学生自己去尝试、讨论、合作，让学生自己去领会、理解知识，让学生真正成为学习的主人。

1. 基本理论

（1）学生良好的自我管理能力可以促进学习，并且这种能力可以培养

自我管理能力，包括注意力、组织能力、自控能力、筹划能力、记忆力，可以促进学生对学习内容的掌握。这些能力可以通过教来培养和提高。

（2）当学生的内在动机强于外在动机的时候，他们往往更加乐于学习并且学得更好[1]

内在动机是指活动本身具有吸引力。拥有内在动机的人往往在活动中有一种胜

---

[1]　美国心理学会、学校心理与教育联盟：《基础教育教学和学习中最重要的 20 项心理学原理》，衣新发、郭家俊等译，13 页，2019。

任感和自主性。具有内在动机的学生往往能在自己所做的任务当中找到愉悦感。内在动机驱动下的任务参与，不仅令人愉悦，而且它与学生更持久的学习、成就以及知觉到的胜任感呈正相关，与焦虑呈负相关。

2. 基本方法和要求

教师可以使用一些教学策略来帮助学生提高注意力、组织能力、自控能力、筹划能力以及记忆力，以此来促进学习。此外，布置课堂环境本身也是加强学生自我管理能力的有效途径。以下六个方法较好地体现了这一原理。

①教师可以把课程任务和目标清晰地传达给学生。

②教师可以把一个大的学习任务分解成多个有意义的小任务，同时非常清晰地列出成功完成任务所要达到的要求。

③教师要给学生提供时间和机会，使其能够参与到实操练习中。某些过程性活动对学生的长时记忆学习来说是很有必要的。

④教师可以帮助学生判断和评估他们自己所做的决策，以及从短期和长期来看可能会得到的结果，以此来帮助他们规划未来。

⑤当传授一个新的概念或知识点的时候，教师可以通过给一些提示来让学生意识到教师接下来将会呈现重要的信息，以此来提高学生的注意力。

⑥教师可以通过将上课的时间分配为小组交流时间和个人学习时间等方式，让学生在交流的时候能聚精会神，在个人学习时间也能全神贯注。

要落实这一教学原则，需要遵循以下六个基本要求，即"六要"。

（1）课前预习要反馈

课前预习是指在上课之前让学生自主学习，通过自学准备收到更好的学习效果。

反馈是系统与环境相互作用的一种形式。在系统与环境相互作用的过程中，系统的输出成为输入的部分，反过来作用于系统本身，从而影响系统的输出。利用反馈，教师可以将学生的自学效果及时提供给学生，以增强反馈效果。

要做好预习反馈，应该注意以下几个方面。

第一，引导学生带着问题预习，边思考边分析。

第二，做好预习笔记。预习笔记有两种，一种是直接记在课本上的，另一种是记在笔记本上的。学生应根据不同学科选择不同的预习方法，根据不同的学科特点抓住预习的重点。

第三，注重发挥负反馈作用。反馈原为控制论的基本概念，指将系统的输出返回到输入端并以某种方式改变输入。输出和输入之间存在因果关系的回路，进而影响系统功能。反馈可分为负反馈和正反馈。前者使输出起到与输入相反的作用，使系统输出与系统目标的误差变小，使系统趋于稳定；后者使输出起到与输入相似的作用，适成系统偏差不断增大，造成系统振荡，可以放大控制作用。

（2）合作探究要深入

合作探究是解决疑难问题、完成重要任务的常用方法。根据各层次学生的不同特点，通常有两种合作探究方法供学生选择。

第一，引导性探究。针对有一定基础但进行自主性探究存在一定难度的学生，教师可以使用引导性探究。或者面对难度较大的探究性问题，学生可以根据教师已经预先设定的完成某一项任务的路径，或通过教师制定的递推式图表的引导来完成对该任务的探究。

第二，自主性探究。这种方法适合有基础、有自主探究能力和创新能力的学生。在这种探究活动中，教师只是帮助学生确定探究方向，并不具体干涉各项任务，整个活动均由学生自主完成。

（3）互动交流要有效

互动交流是指学生彼此联系、相互作用，通常指个人与个人之间、群体与群体之间等通过语言或其他手段而发生的相互依赖的过程。有效的互动交流需要满足以下三个条件。

第一，组内互动交流需要学生之间有大体相当的知识基础和认知能力。同质分组有利于学生之间互动交流。

第二，互动交流需要有相互依赖的必要性，即学生之间有讨论的需要，且讨论的问题要有一定的深度。

第三，学生之间应该具有共同的或者相类似的合作分享的学习观，至少不能是相互对立的学习观。

（4）知识建构要主动

主动建构理论强调学习者的主动性，认为学习是学习者基于原有的知识经验生成意义、建构理解的过程。

教师要成为学生主动建构的帮助者，这就要求教师在教学过程中从以下几个方面发挥指导作用。

第一，激发学生的学习兴趣，帮助学生形成学习动机。

第二，通过创设符合教学内容要求的情境和提供新旧知识之间联系的线索，帮助学生建构当前所学知识的意义。

第三，为了使学生的自主建构更有效，教师应当进行科学引导。在对学习方法进行引导时，首先要提出适当的问题以引起学生思考和讨论。其次，在讨论中设法把问题一步一步引向深入，以加深学生对所学内容的理解。最后，要启发诱导学生自己去主动发现规律，去纠正错误的或片面的认识。

（5）讲授时间要限制

讲授法是一种以讲为主的授课方式，是相对于实验法、练习法的课堂教学方法。讲授是课堂教学最基本的形式。

教师要想真正做到精讲多练，应该注意以下三个方面。

第一，教师要真正了解课程标准的本质要求，真正做到化繁为简。

第二，教师要真正转变教育观念。教师讲过的，学生不一定会；要让学生学会，不一定要让教师讲；学生才是学习的真正主人。

第三，坚决禁止"满堂灌"。通常情况下教师讲述的时间不得超过整堂课时间的二分之一。

（6）个体展示要充分

"展"意为舒展、展开、阐明、叙述。"示"是指把事物拿出来或指出来使别人知道。展示通常是通过知觉感受实现预期效果的过程。

教师要想真正让学生在课堂上得以充分展示（指展示率大于90%），应当做到以下三个方面。

第一，引导学生做好充分的展示准备。

第二，学生展示后应该得到及时反馈、及时鼓励。

第三，在同学展示分享时，引导其他同学认真倾听、勇于质疑。

（三）课堂教学原则之三：面向全体，关注个体

面向全体就意味着教师要关心每一个学生，要给每一个学生提供同等的学习机会，让全班所有学生都能完成每节课的任务，使所有学生都能在原有基础上得到发展。学生在通往发展的路上一个都不能少。

关注个体就意味着教师要关注每一个学生的特质、潜能，尊重学生的个性差异，耐心帮助学习成绩较差甚至经常犯错误的学生。学生的背景不同，起点也不相同，这就决定了他们理解学习的方式和学习深度会有所不同。程度好的学生会理解得早一些，程度差的学生可能会理解得晚一些。教师要在充分尊重每一个学生发展权利的基础上，承认他们在发展方向、发展速率和最终发展程度上存在差别。

1. 基本理论

（1）以人为本，不让一个学生掉队

温寒江认为，以人为本是历史唯物主义的一个基本原则。历史唯物主义认为，历史的主体是现实的人，人民群众是历史的创造者和推动社会前进的决定力量。以人为本就是把人民的根本利益作为一切工作的出发点和落脚点。每一个学生都是他们家庭的未来，所以我们应当坚持以人为本，尊重学生的人格，信任学生，关爱每一个学生，不让一个学生掉队。①

（2）因材施教原则

因材施教原则是指在教学活动中，教师应从学生的实际出发，因为每个学生的需要、兴趣、性格、能力、学习方式等都有各自的特点。教师要针对不同的教学对象采取不同的方式和方法，进行差异教育，使每个学生都能在各自原有的基础上得到充分发展。

2. 基本方法和要求

"面向全体，关注个体"这一原则是指在教学过程中，教师除了关注全体学生，全程关注学生，同时还应重点关注学生的个体差异，做到因材施教，有针对性地采取最有效、最合理的方式促进每个学生的发展。教师在教学过程中应该遵循以下六个要求。

（1）教学要面向全体

促进每一个学生的全面发展是教师的神圣职责。在教学过程中，教师必须面向每个学生，使每个学生都能达到基本的教学目标。教师必须一视同仁地对待每一个

---

① 温寒江：《学习学》（下卷），215 页，北京，教育科学出版社，2016。

学生。

凯洛夫认为，真正的社会主义、人道主义的崇高理想，要求无论在教养还是在发展方面，都能使所有人，而不是挑出来的一部分人得到最大程度的发展。这就是凯洛夫使全体学生都得到发展的教育原则。

教师要想真正做到面向全体，应当做到以下三个方面。

第一，教学目标要关注每一个学生的发展。教学目标应该针对不同学习基础、学习能力、学习品质的学生设计。

第二，教师在教学过程中要确保每一个学生都有平等的学习和展示机会，在同一堂课上不能多次提问同一个学生，应调动每一个学生的学习积极性。

第三，教师的关爱要让每一个学生都能够感受到。在课堂教学过程中，教师充满希望的目光不能只停留在某些优秀学生的身上，而要覆盖每一个学生。

（2）课堂要全程关注

教师要全程关注学生的学习状态、精神状态和心理状态，要关注学生的听课状态、自主学习状态和交流研讨状态。

教师要想真正做到全程关注，应当做到以下三个方面。

第一，教师要目中有人。严禁教师上课时只看教案不看学生。例如，有的教师上课时望着天花板津津乐道，学生却在下面呼呼大睡。

第二，教师要适时变换教学方式。注意力的高度集中是进行高级思维活动的前提条件，而注意力的稳定性是随年龄的增长而发展的。适时转换教学方式可以使学生的注意力更加集中、更加持久。

第三，教师要走到学生中间。在课堂教学过程中，为了更深入地了解学生真实的学习效果，更好地调动学生的情绪状态，教师不能只站在讲台上讲，而应当适时走下讲台，走到学生身边。只有走下去，师生的心才能更加贴近，教师的教学方法才能够更接地气。

（3）学生参与要积极

学生参与度是指课堂教学中学生在知、情、意、行等方面所达到的程度。它是师生通过教学活动的相互作用所表现出来的，不仅反映了学生在课堂上的外部表现，也反映了学生对课堂教学内容的认知程度、思维、情感及价值观。

教师要想使学生积极参与课堂教学活动，应当做到以下三个方面。

第一，精心设计课堂教学活动。教师要对学生参与的内容、形式进行科学的设计，让每一个学生都能够积极参与到课堂教学活动中。

第二，认真组织课堂交流的每一个环节。小组合作、同桌交流、全体朗读、自主练习等都是引导学生积极参与课堂教学活动的有效环节。

第三，努力调动学生参与课堂的积极性。教师可以通过学分竞赛、课堂参与标兵评选以及激励性评价等方式充分调动学生的课堂参与积极性。

(4) 教师要因材施教

教师在教学活动中要尽量照顾到学生的差异，针对学生的差异采用不同的教学方法。同班学生虽然年龄相仿，但学生的成长环境、遗传因素、成长经历都不一样，学习基础、学习方法、学习态度、学习能力等方面也有很大的差异。面对不同个性的学生，教师应当采用不同的方法，尽可能满足每个学生的不同需要。孔子曰："求也退，故进之；由也兼人，故退之。"这句话的意思是"冉求老是退缩，因此我要鼓励他上前；仲由呢，他胆子大，敢作敢为，因此我要压压他"。所以，后人称孔子的教学方法为"夫子教人，各因其材"。

教师要想做到因材施教，应注意以下两个方面。

第一，充分了解学生。在共同的年龄特征的基础上，每个学生都存在差异。因材施教的前提是充分了解每一个学生。在了解学生的学习成绩以外，教师还要充分了解学生的各个方面，比如家庭背景、生活环境、性格特征等。

第二，尊重学生的个性差异。学生差异是客观存在的，同时也是合理的。教师要善于发现差异、承认差异、尊重差异。教师应该针对每一个学生的具体条件给予学生最好的帮助，在课堂教学中不能够一味增加深度和广度。现代教育的目的是培养大批个性充分发展的人，而不是千人一面的"规范化学生"。正如杜威所说，"如果从个人身上舍去社会的因素，我们便只剩下一个抽象的东西；如果我们从社会方面舍去个人的因素，我们便只剩下一个死板的、没有生命力的集体"。

(5) 作业要差异分层

作业分层是分层教学的一个重要内容。在教学过程中，教师应该将具有相似认知水平及兴趣爱好的同学视为同一个水平的，依据实际情况将课后作业分为三个层次，为不同水平的学生设置不同的教学任务，使各个层次的学生均得到最充分的发

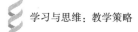

展。做好作业差异分层，必须坚持以下两个原则。

第一，坚持自愿选择原则。教师可以依据课程标准，结合学科的难易程度，把作业分成 A，B，C 三层——A 层为基础级，B 层为提高级，C 层为创新级，让学生自愿选择。

第二，坚持动态管理原则。所有学生均有权利选择不同层次的作业。作业层级选定后不是一成不变的，学生可以根据自己对本节课学习内容掌握的情况自行调整作业层级。教师应及时鼓励学生由 A 级向 B 级，由 B 级向 C 级提升。灵活的作业分层能够较好地满足各层学生的需求，能够让不同层次的学生都能享受到成功的喜悦，从而调动全体同学的积极性。

（6）培优补差要常态化

所谓培优，一是指将原来就很优秀的学生培养得更优秀；二是指把原来普通的、一般的学生变成优秀的学生。补差就是将原来成绩较差的学生培养成比较优秀或优秀的学生。

如何做好培优补差常态化？

第一，落实责任——建立培优补差制度。由学科主任牵头，建立培优补差制度，做到"六定"：定教师、定时间、定内容、定目标、定措施、定评价标准。

第二，明确目标——制订培优补差计划。任课教师在学期初要制订本学科的培优补差计划。学校要鼓励各任课教师加强对学生的个别辅导，缩短学生间的个体差异。

第三，跟踪效果——建立培优补差档案。由年级主任牵头，各班主任对本班的优秀生及学困生进行梳理，制作培优补差档案，同时为同学科教师制订针对每个学生的辅导计划，定期对培优补差的效果进行定量评价。

（四）课堂教学原则之四：问题感知，直观教学

感知是人的意识对内外界信息的感觉、注意、知觉的一系列过程。感知包括对内部的感觉过程和对外界的知觉过程。

问题就是指在感觉过程中被感觉的信息，主要指外部问题以及与问题存在关系的信息。感觉过程不仅受信息的影响，也受心理作用的影响。知觉问题的过程，是对感觉信息进行有组织的处理及对事物存在形式进行认识的过程。

直观教学即用教具作为感官传递物，通过一定的方式、方法向学生展示教学内容，以达到提高学习的效率或效果的一种教学方式。

1. 基本理论

学习是基于情境的，所以将已学的知识、技能迁移到新的情境中并不是学生自发的，而是需要培养的。①

该原理告诉我们：学习产生于情境中。具体情境包括学科领域、具体问题、社会互动以及实物设施，如直观教学设施、博物馆、实验室。因此，为了能使学习效果更为显著，学生需要到新的环境和情境当中去感知。学生对知识和技能的迁移和泛化并不是自发的或者自动的；当新情境与最初的学习情境之间存在的差异很大时，迁移将变得更加困难。值得注意的是，学生对知识的迁移和泛化是可以通过培养来实现的。

2. 基本方法和要求

直观教学要求教师帮助学生将他们的知识和技能迁移到不同的情境中，将学生现有的知识和课堂教学目标联系起来，让学生在已有的优势的基础上学习新的知识，通过提升学生的理解能力来促进学习。教师可以给学生提供不同的场景和情境，以此来帮助学生应用知识，使学生将课业知识和生活结合起来，从而实现知识的迁移和应用。

要落实这一教学原则，教师可以采用以下六种方法。

（1）采用启发式教学

孔子认为"不愤不启，不悱不发"，即任何学习活动都要建立在学生自觉需要的基础上，应当充分调动学生的主动性和积极性。启发式教学原则要求，"启而能发，发而能导，导而能活，活而不乱"。在教学过程中，学生是教学活动的主体，教师的主导作用首先表现在激发学生的学习兴趣和强烈的求知欲上。在课堂教学中，教师有效实施启发式教学，应注意以下三个方面。

第一，激发学生积极思考。教师的启发作用应当能够激起学生的有效智力活动，从而促进学生思维能力的提升。启发式的问题，应当具有一定难度，能引起学

---

① 美国心理学会、学校心理与教育联盟：《基础教育教学和学习中最重要的 20 项心理学原理》，衣新发、郭家俊等译，8 页，2019。

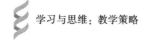

生较为复杂的思维活动，要做到"不愤不启，不悱不发"。

第二，坚持学生的主体地位。学生是学习的主人，所以只有尊重学生的主体地位，真正了解学生的需要，教师的启发才可能真正有效。

第三，构建民主的课堂氛围。在现代课堂教学中，教师不能够凌驾于学生之上，而要和学生构建平等的师生关系。在"一言堂"的课堂中，学生很难感受到教师与自己在人格上是平等的。和谐平等的课堂氛围才是启迪智慧的温床。

（2）采用多元直观教学

根据课堂教学需要，教师应让学生直接感知学习对象。因为学生的认知总是从感性上升到理性、从具体到抽象的。学生如果没有感性认识作基础，就很难真正掌握抽象理论知识。学生通常会在学习中遇到各种各样的困难，而多元直观教学能有效克服这些困难，为学生呈现丰富的直接经验，或者帮助学生回忆已有的经验，有利于学生突破教学中的重点和难点。多元直观教学通常采用以下三种形式：实物直观、模象直观、语言直观。

实物直观是指通过实物展示，将对象直接呈现给学生。课堂上，实物直观可以有效地帮助学生掌握所学习的感性知识。

模象直观是运用各种手段对实物进行模拟，包括利用模型、图片、录像、图表、视频等，是现代信息化技术在课堂教学中的应用。在人工智能时代，虚拟现实和增强现实已成为模象直观的新宠。

语言直观是指教师在课堂教学中，恰当运用生动的语言进行形象化的描述，唤醒学生的感性认识，取得直观教学效果。语言直观的实际效果主要取决于教师的语言风格和个性特征。

在课堂教学中，教师要想有效实施多元直观教学，应注意以下三个方面。

第一，科学选择直观手段。不同学科、不同学段、不同课型、不同学生、不同教学目的、不同教师风格所需要的直观手段不尽相同。

第二，多元直观教学是重要的教学手段而不是教学目的。不能为直观而直观，只有当学生理解和掌握抽象知识时遇到困难时，教师才需要采用多元直观教学，否则可能会导致教学效率下降。

第三，多元直观教学的目的是提高学生的认知能力。多元直观教学给予学生的是感性经验，其教学目的在于让学生发展思维能力。教师可以通过提问鼓励学生主动思考、主动观察，通过实物直观和模象直观引导学生深入思考事物的现象和本质等。

（3）理论联系生活

理论联系生活是指教学活动必须坚持理论与实际生活相统一，用理论分析实际生活，用实际生活验证理论，使学生能够从理论和实际生活的结合中深刻理解和掌握知识，并在实际生活中学会运用知识。

教学活动要把理论知识与生活和社会实践结合起来。学生主要是在相对封闭的学校和课堂里通过教师的讲授和书本学习理论知识的。这常常导致学生所获得的理论知识与实际生活脱节，容易让学生产生所学无用的思想。因此，在课堂教学中，教师必须通过各种方式让理论和学生实际生活建立联系，引导学生深切感知理论对实践的指导意义，从而使学生尊重知识、敬畏真理。

在教学活动中，要做到理论联系实际，教师应该注意以下两个方面。

第一，教育学生尊重理论。理论是行动的先导，没有理论，学生只能在较低水平上发展。

第二，注重培养实践能力。在教学活动中，教师要敢于放手，要为学生搭建更多的实践平台，鼓励学生进行实践探索，因为实践才能出真知。

（4）采用激励性评价

激励性评价是以激发学生内在的需要和动机、鼓励学生主动提高自身全面素质为目的的一种价值判断活动。

要做好激励性评价，教师应该注意以下几个方面。

第一，尊重差异，评价标准应多元。尊重学生的个体差异，采用综合评价标准，充分运用个体内差异标准，对不同的评价对象采用不同的绝对标准。

第二，实事求是，肯定学生的点滴进步。从学生实际出发，允许异步达标，不看绝对成绩，重点关注学生的进步。

第三，形成性评价本质上属于激励性评价，主要服务于学习目标的完成，服务于学生的发展。评价的主体是多元的，可以是自我评价，也可以是同伴评价、教师评价。

（5）利用智慧激发兴趣

兴趣是个体力求接近、探索某种事物和从事某种活动的态度和倾向，亦称"爱好"，是个性倾向性的一种表现形式。兴趣在人的心理行为中具有重要作用。一个人对某事物感兴趣时，便会特别注意它，对该事物观察敏锐、记忆牢固、情感深厚。美国心理学家拉扎勒斯（A. L. Lazarus）的研究表明，具有浓厚学习兴趣的学生，其学习成绩与智力高的学生的学习成绩相比，明显更占优势。也就是说，在学习过程中，兴趣与智力相比，在某种程度上兴趣更为重要。学习兴趣能使学生努力求知、勤奋钻研、乐而不倦。优秀教师的教学智慧很大程度上体现为能够激发学生的学习兴趣。

要充分激发学生的学习兴趣，应该注意以下两个方面。

第一，充分考虑学生的年龄特征。不同年龄阶段的学生在学习兴趣的形成和表现上有很大的差异。小学生的学习兴趣不稳定，比较笼统、模糊，易对学习的形式感兴趣，并从中获得满足，所以新颖的、形象的、具体的事物会引起他们极大的兴趣。因此，低年级课堂教学应更注意教学方式的灵活多样、教学内容的生动活泼以及教具的新颖具体。中学生的学习兴趣开始明显分化并趋向稳定，范围也不断扩大，表现为对课外阅读和课外活动的兴趣增强，开始注重学习内容。他们对复杂的疑难问题和难度较高的智力活动很感兴趣。

第二，挖掘深度，创设问题情境。教师应当使学生处于积极开动脑筋的智力活跃状态，在对某一门学科感兴趣的基础上培养起对其他学科的兴趣。教师应以此为契机，指导学生在他们感兴趣的领域涉猎更广泛的知识，从而培养学生以此为自己的志趣甚至把它作为一生的事业。

（6）利用激情激发热情

激情是一种强烈的、激动的、爆发性的情绪状态。这种情绪状态具有很强的感染性，通常能够对周围其他人产生重要的影响。教师的情绪影响学生的情绪体验，而学生的情绪又会影响学生的学习和表现，以及学生的成长。

热情是一个人参与活动或对待别人所表现出来的热烈、积极、主动、友好的情感，是一个人态度和兴趣的表现。学生高昂的情绪状态对学习和自身发展有重要的影响。

要激发学生的学习热情，应该注意以下三个方面。

第一，利用体态语言激活课堂氛围。语言是人类最重要的交际工具，是一个符号系统。语言可分为言语符号系统和非言语符号系统。体态语言属于非言语符号系统，它对言语符号系统起重要辅助作用。体态语言常常通过眼神、手势、面部表情、身体动作、穿着打扮、彼此距离等传递非言语符号信息，有时甚至还可以表达出言语难以表达的思想情感。课堂上，教师的体态语言对学生学习积极性的调动起着极其重要的作用。

第二，不断提高语言表达技巧。教师在课堂上不能一味地平铺直叙，流水账式地讲课，这样的课堂氛围会很平淡。长此以往，学生学习的积极性和学习的兴趣也会慢慢消磨。教师激情洋溢的讲解，能充分调动学生的学习兴趣。

第三，设计创新性互动环节。教师应当根据所讲述的内容，创新安排一些学生与学生之间、学生与教师之间的互动环节。课堂不仅仅是教师讲课、学生听讲的场所，也是师生互动的平台。具有创新性的互动环节往往是激发学生学习积极性的重要手段。

(五)课堂教学原则之五：目标达成，思维创新

思维是人类所具有的高级认识活动。按照信息论的观点，思维是对新输入的信息与脑内储存的知识经验进行一系列复杂的心智操作的过程。教育教学的一个重要目标就是培养学生的创造性思维。

1. "双基"有保证

1952 年，教育部颁发的《中学暂行规程(草案)》明确提出，中学的教育目标之一是使学生获得"现代化科学的基础知识和技能"，首次明确提出"双基"概念。之后，基础知识和基本技能就成为普通中小学教学内容的核心，即为"双基论"。

基础知识是人类总结与提升的系统的认识，是人类认识客观世界的成果，包括事实和在教育实践中获得的基本信息。知识有广义与狭义之分。广义的知识可以分为两类，即陈述性知识、程序性知识。

基本技能是指学生通过练习获得的能够完成一定任务的动作系统。基本技能包括学生进一步掌握新知识、新的专业技术的基础能力，比如阅读、写作、计算、工具书使用等能力。

在教学中真正落实"双基"，对教师有两个基本要求。

第一，教学要紧扣学科核心素养。在教学过程中，学科教师应当依据各自的学科核心素养和核心知识，不断夯实学生的基本知识和基本技能。

第二，课堂教学要以课标为导向。要夯实学生的基础知识，教师必须认真研究课标，全面梳理并准确把握课标所规定的基本知识点和关键技能，发挥好教师在课堂教学中的主导作用。

2. 思维有创新

思维是人用头脑进行逻辑推导的属性、能力和过程。它以感知为基础，又超越感知的界限。它探索与发现事物的内部本质联系和规律，是认识过程的高级阶段。创造性思维是创造过程中的思维活动，它主要是抽象思维和形象思维这两种思维新颖的、灵活的、有机的结合。

要培养学生的创造性思维，教师应该注意以下三个方面。

第一，培养学生的发散性思维。创造性思维的本质就是发散性思维。教师应当尽可能引导学生沿着不同的方向思考，对各种信息和记忆系统中的信息进行组合，从而产生一些独特的新方法、新观点。发散性思维是一种打破常规，寻求多样化、多角度搜索答案的一种思维形式，具有流畅性、变通性和独创性等特点。

第二，培养学生的批判性思维。批判性思维是指对所学东西的真实性、精确性、性质与价值进行个人的判断，从而对做什么和相信什么做出合理决策的思维。批判性思维包括识别中心问题，比较异同点，确定信息的相关性，进行适当的质疑，区别事实、观点和合理性判断，检查一致性，识别套话，识别偏见、情感因素、宣传意图及语言倾向性，识别不同的价值体系和意识形态，识别材料的适当性，预测可能的后果等基本技能。

第三，创新过程一般都必须经过准备期、酝酿期、明朗期、验证期这四个阶段。教师在课堂教学过程中要遵循创新过程的一般规律。创造性思维有其指向性和目标。在课堂教学中，教师应当通过各学科教学进行创造性思维训练，结合学科特点，抓住创造性思维的培养方法。

3. 情感有升华

情感是人对客观事物是否满足自己的需要而产生的态度体验。情感包括道德感和价值感两个方面。情感是人对现实的一种比较固定的态度，表现在与人的个性、道德经验等有关的各种体验之中，包括热爱、憎恨、幸福、快乐、喜欢、厌恶、美感等。情感升华要有思想境界的提高、艺术水平的提升等。

要培养学生的情感，教师应该注意以下三个方面。

第一，学会自我调控情感。在课堂上教师应当展现积极向上的乐观的情绪状态，抛弃烦恼和忧愁。教师要不断提升自己的道德修养，丰富自身的情感生活，更新教育教学观念，言传身教，潜移默化地影响学生。

第二，要认真挖掘教材中的情感态度与价值观的内容。在课堂教学过程中，教师要打破应试教育的束缚。教育最终是为每一个学生的终身幸福奠基的。高尚的情感是幸福人生的重要保障。

第三，上课要保持亲切的教态和饱满的情绪。教师的情绪在教学中起着非常关键的作用。

4. 效果有呈现

赞科夫的发展性教学理论告诉我们，要以最好的教学效果促进学生的一般发展。这里的一般发展是指个性方面的发展，一般发展不仅是智力发展，而且指学生的情感、意志、品质、性格和集体主义思想的发展。课堂教学效果不仅显现在学习成绩上，还包括学生整个身心的全面和谐发展。

要提高教学效果，教师应该注意以下三个方面。

第一，坚持以一定难度进行教学。教学不应该停留在现有的发展水平上，而应该使教学任务落到学生的最近发展区上，走在学生发展的前头，推动和促进学生发展。教师要把握好分寸，给学生提供的教材一定以学生能够理解为前提。

第二，坚持以一定速度进行教学。在课堂教学中，只要学生懂了教师就可以往下讲，不要原地踏步。教师要引导学生在学习中探究规律、发现规律，把知识系统化，从而保证教学的速度。但是课堂教学绝不能赶速度、开快车，要确保学生真正理解教学内容。

第三，坚持让学生真正理解教学过程。在课堂教学过程中，教师必须让学生把注意力集中到教学过程本身上，让学生理解教学活动内容的结构和进程，让学生学会探讨和总结适合自己的学习方法，培养自学能力。①

5. 教学目标有落实

要想较好地落实教学目标，教师要在教学中使学生认真掌握所学知识，认真把

---

① 顾明远、孟繁华：《国际教育新理念》，226 页，海口，海南出版社，2001。

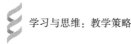

握新旧知识的内在联系，融会贯通，学以致用。

要使教学目标落到实处，教师应该注意以下三点。

第一，教学目标要科学。教学目标要符合学生的认知规律和学生的实际情况，从而调动起学生的学习兴趣，使学生产生目标驱动。教学目标是多样的，有知识目标、能力目标、情感态度与价值观目标，以及思维能力目标。

第二，明确指出学生要达到的目标。在课堂教学过程中，教师要在新知识学习之前明确告知学生本节课上应该实现的各种目标，并使学生能够对目标产生认同感，从而让学生产生目标驱动。

第三，采用学生乐于接受的教学方式。教师要想使教学目标真正落到实处，最重要的方式是激发学生的学习兴趣，只有不断提升教学艺术，提供最适合的教学方式，才能够激发学生的学习积极性。

第二节 教学环节及教学策略

一、"5+X"教学环节

在实践中，教师可将课堂教学分为基本环节和特色环节。基本环节是对课堂教学的基本规范和要求，而特色环节是对每节课的创新要求。

（一）基本环节

在具体的课堂教学中，教师可以设置以下五个基本环节：①情境创设，引发动机；②问题感知，形象思维；③自我认知，主动迁移；④合作探究，融合思维；⑤效果反馈，创新思维（见图5-1）。

图 5-1 课堂教学的五个基本环节

(二)特色环节

学科特色：主要体现在语文学科、数学学科、英语学科、历史学科、地理学科、政治学科、化学学科、物理学科、生物学科、体育学科、美术学科、通用技术学科、信息学科、音乐学科等学科上。

学段特色：主要包括高中阶段特色、初中阶段特色和小学阶段特色。

教师特色：主要体现在年龄、教龄和性格等方面。根据教师特色的不同，可将教师划分为新任教师、中年教师和老教师，也可以将教师划分为幽默风趣型教师、传统思辨型教师。

学生特色：主要体现为学生学习基础的好坏、学生学习力的高低、学生的认知特点等。

课型特色：主要体现为教学任务不同的课型，即新授课、复习课、活动课、练习课、讲评课、实验课等。

课堂教学的特色环节举例如下：

表 5-1 课堂教学的特色环节举例

学科	学科特色	学段特色		教师特色		学生特色		课型特色		
		低年级	高年级	新教师	老教师	基础差	基础好	新授课	复习课	活动课
语文	语言应用 审美鉴赏 文化传承	语言应用 阅读体验 文化理解	情感体验 合作分享 文化自觉	情境创设 示范引领 文化传承	专题探究 思维发展 传承创新	角色扮演 语言建构 兴趣激发	自主学习 审美鉴赏 思维发生	情境创设 示范引领 文化传承	专题探究 成果展示 系统构建	语言应用 审美情趣 思维提升
数学	数学抽象 逻辑推理 数据运算	基础运算 直观想象 数据分析	数形结合 划归转化 数学建模	数学意识 信息运算 抽象思维	因材施教 逻辑推理 形象思维	信息融合 模式建构 直观想象	自主建构 数学抽象 分析建模	概念推理 数学建模 数学运算	思维导图 情境升化 知识系统	运算能力 思品品质 问题解决
英语	语言能力 文化品格 学习能力	拼读规则 语言表达 学习兴趣	词汇拓展 语言能力 学习能力	兴趣培养 规范表达 交流展示	综合表达 语言交流 文化品格	情感培养 分层施教 学习能力	自主阅读 口语写作 思维品质	情境营造 语言辨析 典型句型	典型梳理 综合概括 多元结合	角色扮演 能力提示 语言思维
历史	时空观念 历史理解 史论结合	事件讲述 现象分析 家国情怀	问题引领 史料证实 时空观念	媒体融合 论从史出 历史解释	问题引领 时空联系 历史价值	历史事件 历史分析 价值判断	独立思考 问题研讨 唯物史观	事件描述 历史分析 问题引领	思维导图 知识梳理 体系建构	唯物史观 历史判断 情感升华

续表

学科	学科特色	学段特色		教师特色		学生特色		课型特色		
		低年级	高年级	新教师	老教师	基础差	基础好	新授课	复习课	活动课
地理	人地协调 区域认知 地理实践	识图用图 直观教学 区域认知	现象分析 综合思维 区域认知	基本概念 要素分析 活动模拟	核心概念 人地协调 实践能力	基础知识 基本概念 模拟实验	人地协调 综合思维 区域分析	基础知识 人地关系 地理思维	现象分析 体系建构 综合思维	客观实践 地理实践 思维品质
政治	政治认同 理性精神 法治意识	现象描述 现实问题 法治精神	政治认同 理性精神 社会参与	课程标准 信息融合 公共参与	时事分析 案例分析 法治意识	基本概念 联想教学 合作学习	理性思维 价值判断 自主建构	理性精神 法治意识 道德情感	思维导图 知识建构 系统分析	文化自信 政治认同 思维提升
化学	变化平衡 模型推理 实验探究	宏观辨识 模型认知 生活教学	微观探析 分析推理 科学精神	前沿知识 信息融合 实验探究	探究意识 模拟推理 解决问题	基础知识 问题探究 创新意识	自主学习 科学精神 创新能力	基础知识 基本原理 实验探究	思维导图 综合概括 演绎推理	化学能力 小组合作 活动反思
物理	物理观念 科学思维 创新能力	物理观念 科学态度 概念规律	现象分析 实验探究 问题解决	前沿知识 媒体融合 实验探索	物理观念 创新能力 科学思维	基础知识 生活教学 合作探究	科学探索 科学本质 科学思维	现象分析 问题教学 探究实验	专题学习 问题解决 物理观念	科学推理 创新能力 思维品质
生物	生命观念 理性思维 科学探索	生物常识 结构认知 理性思维	生命观念 科学探究 科学精神	学科前沿 资源整合 信息融合	问题探究 经典案例 理性思维	生命现象 环境意识 生物兴趣	自主学习 问题解决 科学探究	现象分析 知识运用 生态观念	问题解决 知识体系 演绎推理	科学探究 自我发展 理性思维
体育	运动能力 健康行为 体育品德	运动意识 健康习惯 规则意识	运动技能 锻炼习惯 竞技能力	示范展示 健康习惯 竞争意识	心理能力 科学锻炼 运动品格	基本技能 基本方法 运动品格	运动能力 运动技巧 竞赛规则	运动意识 规范动作 体育精神	健康心智 自主练习 运动习惯	技能展示 强健身心 体育品格
美术	艺术表现 审美判断 创意实践	图像识别 抽象认知 审美感知	创意实践 文化理解 审美判断	图像识别 艺术表现 审美实践	文化理解 创意构想 创新实践	基本知识 作品欣赏 绘画技法	自主建构 文化理解 美术创作	美术观念 审美情趣 美术实践	自主练习 个性指导 总结规律	审美情趣 创意实践 美术创作
通用技术	技术意识 工程思维 创新设计	问题感知 兴趣激发 图样表达	自主探究 技术实验 工程思维	技术意识 示范引领 自主练习	技术文化 启发创新 人技协同	扎实基础 示范引导 图样表达	创新设计 物化能力 思维转换	技术意识 互动交流 实践操作	自主实践 综合概括 综合创新	自主设计 创新设计 创造能力
信息	信息意识 计算思维 数字创新	信息价值 信息理念 问题分析	探究实践 思维迁移 结构模型	信息意识 示范展示 规范展示	激发兴趣 信息安全 创新实践	基础知识 示范引导 实践操作	问题解决 社会责任 创新创造	概念解析 自主实践 工具用法	自主实践 假设推理 总结规律	创新思维 创新实践 创新能力
音乐	审美能力 音乐表达 音乐情感	音乐感悟 音乐认知 音乐情感	音乐欣赏 音乐表达 音乐理解	信息整合 示范展示 音乐创作	音乐情感 规范标准 情感体验	基础训练 音乐体验 文化理解	音乐审美 音乐体验 音乐创作	乐理介绍 技法指导 音乐文化	自主练习 展示交流 感悟美德	审美能力 陶冶情操 音乐创作

二、"思维训练+"教学策略

该教学策略具有系统性、开放性和灵活性三大特点。通常情况下，一堂课依次经过创设情境、问题感知、自我认知、合作探究、效果反馈五个基本环节，可以在第一个至最后一个环节的任意环节中间，适时加入一个或几个特色思维训练环节。

教学流程图如下：

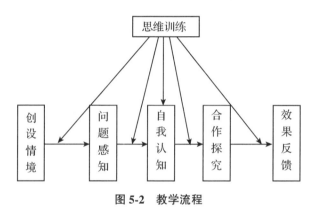

图 5-2 教学流程

(一)创设情境，引发动机

通过学案或提问等形式的课前导学，教师认真分析学情，掌握学情，明确学习目标，设定学习方法，做好新旧知识衔接和新课预习，为新知探究做好目标导学。

(二)问题感知，形象思维

在了解学情的基础上，教师对照课标，整合教材，结合学生实际，引入若干问题，从学生已知生活经验中，创设学习情境，吸引学生兴趣，培养学生的形象思维能力。

(三)自我认知，主动迁移

教师在整体把握课标的基础上，将知识点转化成问题点、思维点。学生根据教师提出的富于挑战性的问题独立思考、自主学习、自主实验，获得最多的感性认识，形成抽象思维能力，以达到主动迁移知识的目的。

(四)合作探究，融合思维

在自主学习的基础上，学生带着自己的理解和疑问进行交流研讨。师生各自提出自己的看法，听取他人的意见；小组达成共识，进行全班交流。如果意见不一，学生可听取其他小组的意见或寻求教师指导。师生就学生在学习过程中暴露出的典型思维问题，进行交流探讨，实现思维融合。

(五)效果反馈，创新思维

在课堂教学结束前，通过课堂检测和巩固练习、教师提问、学生自我总结等形式进行效果测评。教师要将测评结果及时反馈给学生，指出需要改进的地方，对学生的成绩给予及时的鼓励。教师可以在以上各个基本环节之间适时插入思维训练。

三、"五性"融合实施策略

在教学模式的建构和实施过程中，教师应始终坚持创新性、问题性、自主性、探究性和高效性"五性"并举。

(一)创新性：重视基本环节，强调多元特色

我们在强调课堂教学模式的同时，也应充分认识固定模式的局限性。我们构建课堂教学模式是为了推进课堂教学，所以只要有利于推进课堂教学就不必固守一种死板的课堂教学模式。查有梁教授在《课堂模式论》中指出："教学有模，但无定模；无模之模，乃为至模。"①可见，没有固定不变的模式。创造性思维教学模式是一种具有多元特色的不定的模式，既让教师"入模"，又鼓励教师"出模"，这一创新性是该模式的最大特色。

(二)问题性：重视思维培训，强调问题教学

以问题为中心的教学，能创设良好的课堂氛围，让学生在充满问题的氛围中培

---

① 查有梁：《课堂模式论》，14 页，桂林，广西师范大学出版社，2001。

养创新型思维，有助于张扬每一个学生的思维个性。教师应通过问题探究，有效培养学生对实际问题的解决能力。

(三)自主性：重视学生主体，强调自主生成

自主学习的最大特点就是学生对自己的学习负有重要的责任，学生的主动性被唤醒，学生不再被动地接受指令，学习积极性大大提高，思维的活跃程度大大提升。

(四)探究性：重视合作探究，强调思维融合

合作有利于发展学生的思维能力和动手技能，促进学生的沟通能力的发展，让学生更加懂得彼此包容的重要性，培养学生的团队精神，促进形象思维和抽象思维的有机融合，从而培养学生的探究性思维。

(五)高效性：重视课堂生成，强调效果反馈

基于学生主体的自主学习、合作探究，重视学生知识的主动建构，可大大调动学生的学习积极性。通过及时反馈，师生不断调整教学方法和学习方法，不断优化教学环节，确保取得良好的学习效果。

第三节　课堂教学评价及策略

一、课堂教学"三性"评价理念

学校的基本办学理念是"为每一位学生的终身幸福奠基"。我们在课堂教学评价过程中应坚持"三性"。

（一）坚持"发展性"评价

在课堂教学评价过程中，我们应该坚持教学评价的目的不是甄别教师教学水平的高低，也不是区分学生学得好坏，而是帮助师生进行课堂教学改进，服务于教师的专业发展，旨在提升学生的学习能力和思维的创新力。

（二）坚持"创新性"评价

在课堂教学评价过程中，评价主体既要对教师的教学方法进行创新性评价，也要对学生的学法进行创新性评价，更要对学生思维的创新性进行评价，大力倡导课堂教学的独创性、新颖性、灵活性，激励教师在教学方法上大胆创新。

（三）坚持"多元性"评价

教学评价的主体是多元的：有学科专家评价，有教学领导评价，有学科同行评价，有班级学生评价，也有教师自我评价。教学评价的内容是多元的：有教学目标评价，也有教学方式评价；有教学资源评价，也有教学设计评价；有知识、技能评价，更有思维品质提升评价。教学评价的形式是多元的：将定量评价和定性评价相结合，将同行评价和自我评价相结合，将学生评价和专家评价相结合。

二、课堂教学"四级"评价机制

为确保高效课堂教学的有效实施，教师可以构建课堂教学"四级"评价机制（如图 5-3 所示）。

第一级：校级评价中心。以教学处为主，由教学处联合教学质量督导组，依据"四级"教学质量监控评价办法，共同负责检查各年级、各学科及教师的课堂教学情况。

第二级：学科组综合评价、年级组跨学科评价。学科组综合评价：由该学科的学科主任和各年级集体备课组组长组成评价主体，采用学科主任负责制，重点检查本学科组教师课堂教学的知识性、科学性、实效性和目标达成度。年级组跨学科评价：由年级委员组成评价主体，采用年级主任负责制，主要评价对象是学生。年级组通过对学生学习习惯、学习态度的观察以及学生问卷调查、典型访谈等方法，重点检查本年级组教师课堂组织情况、课堂教学效果、教学目标的落实情况。

第三级：集体备课组同伴互评、班级学生课堂评价。集体备课组同伴互评：由该集体备课组的市、区骨干教师参加，采用集体备课组组长负责制，同伴互评，共同进步。班级学生课堂评价：主要评价主体是学生，每学期组织全体学生参与两次以上教学反馈，定期和学生座谈或建立教学日志，倾听学生心声，及时帮助教师改进教育教学。

第四级：任课教师自我反思、自我评价。为了促进教师的自我发展，学校要求任课教师通过自我反思、自我评价，实现自我认知、自我提升。

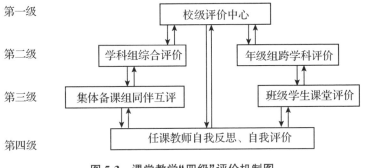

图 5-3   课堂教学"四级"评价机制图

三、课堂教学评价"五大"能力导向

需要什么样的课堂，我们就用什么样的评价标准去评价。在课堂教学过程中，我们着力倡导以下五种能力的评价导向。

第一，思维创新能力。重点评价教师是否能正确引导学生适时讨论、积极探索，是否能及时鼓励学生发现问题、解决问题，是否能有效促进学生创新思维的发展。

第二，问题解决能力。课堂教学评价坚持以问题解决为中心，通过现实问题引发学生深度思考，让学生在充满问题的氛围中发挥想象力。教师提出的问题是否在学生中产生共鸣，全体学生能否顺利解决问题，这是课堂教学评价的重要内容。

　　第三，自主发展能力。课堂教学能否高度重视学生自主学习，能否有效地培养学生的自主学习能力、提升学生的自主发展能力，是评价一堂课的关键。

　　第四，合作探究能力。在课堂教学评价过程中，评价主体要重点关注教师是否给学生提供了有效的交流合作的平台。能有效地组织和指导学生合作探究，是教师课堂驾驭能力和教学基本素质的重要体现。

　　第五，特色发展能力。课堂教学模式的运用，不是为了限制教师的教和学生的学，而是为了鼓励教师有特色地教和学生有效地学。一堂没有特色的课，只能是合格课或良好课，绝不是优秀课；没有特色的教师，通常只能称为合格教师，而绝不是一个真正的优秀教师。

　　思维教学实践模式是基于温寒江先生的创造性思维理论、学习的迁移理论、能力发展的多元性和多层次性理论、学习的主体性理论、学习的可持续发展理论五大学习理论，在课堂教学实践的基础上逐步建立并不断完善的实践性教学模式。

第六章
学习评估及应用

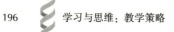

 **本章概述**

　　评估（assessment）是促进和监测学生学习的关键工具，旨在了解学生通过学习知道了什么、学到了什么。评估与学习、教学密不可分：评估既能清晰地呈现学生学到了什么，又能指导教学。教师需要通过评估信息，了解和比较自己学生的优势和不足，并为未来的教学制订计划，提高课堂教学水平和教育教学质量。

　　本章对评估的内涵、类型、基于核心素养的评估进行了具体阐述。在形成性评估和终结性评估等分类的基础上，重点呈现了"促进学习的评估"（Assessment for Learning）的特征与实施过程。基于布卢姆的认知目标分类理论、马扎诺的新目标分类理论、SOLO分类评价法等相关理论，本章以国际学生评估项目（PISA）关于阅读素养、数学素养、科学素养、协作解决问题能力等领域的测评等为例，探讨了基于核心素养的评估的基本架构，并关注了当前教育评价改革背景下的档案袋评估、创建学生日志、表现性评估等替代性的多元评估方法，探讨了技术支持的评估方法。

第一节　学习评估的内涵

一、评估的内涵

(一)评估的内涵

OECD 对评估(assessment)和评价(evaluation)进行了区分：评估用于判断单个学生的进步和学习目标的实现，它涵盖了基于课堂的测评以及大规模的校外测评和考试。评价用于判断学校、学校系统、政策和项目的有效性。[①]

评估涉及确定学习者学到了什么、学习者的学习方式，以及与学习相关的学习者的个性特征。实施评估时，评估主体要描述学习结果、学习过程或学习特征。最常见的评估要素是学习者的知识，也就是学习者学到了什么。

评价是指为了确认被评价者的价值与特点，将被评价者的现状与标准做比较，据此判定被评价者的价值、品质、成效或重要性。因此，评价涵盖了具体标准的鉴定、澄清和应用。[②]概言之，评价是一种价值判断的专业活动。评价主体根据评价标准与目标，客观公正地搜集被评价者的相关数据，以进行绩效价值判断与评析。评价结果可以帮助被评价者解决问题、改善不足。

评估和评价在确定学校系统的表现和提供反馈意见方面发挥着日益重要的作用，其最终目标都是帮助学生实现更大进步。我国教育领域中的相关政策文本主要采用评价一词。本章对评估与评价两者的含义并未做严格区分，均指教师对学生学习结果进行的评估。

---

① OECD, *Synergies for Better Learning：An International Perspective on Evaluation and Assessment*, Paris, OECD Publishing, 2013.

② Worthen, B. R., Sanders, J. R. & Fitzpatrick, J. L., *Program evaluation：Alternative approaches and practical guidelines*, New York, Longman, 1997.

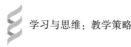

（二）学习、教学与评估

评估关注学习者学到了什么。评估与学习、教学密不可分：评估既能清晰地呈现学生学到了什么，又能指导教学。

认知过程和教学设计领域的专家、美国加州大学圣巴巴拉分校心理学教授理查德·E. 梅耶在《应用学习科学——心理学大师给教师的建议》中阐述了学习、教学和评估三个要素的关系：学习是整个教育过程中的核心部分。教育的目的是促进学习者发生预期的变化，这种变化就是学习。教学的目的是引发学习。教育工作者的重要任务是通过使用各种有效的教学方法，促进学习者发生变化。评估说明了学习者学到了什么知识，以及学习时产生了什么样的认知加工。如果没有一定形式的评估，就很难判断学习是否发生。为了理解如何促进学习者学习，我们必须了解学习、教学和评估三者之间的密切关系。三者各有其价值：学习可以促使我们获得生存所需的知识；教学可以促进学习；评估可以指导教学过程。①

总体而言，评估有助于使教育工作者的焦点集中在每个学生的进步情况和学习成果上。学习评估可以通过改进学习和教学来丰富学生的学习成果。对于教育利益相关者来说，学习评估至关重要。学生需要知道自己要学什么，还需要知道哪些指标和标准适合用来评估学习进步，并影响未来的学习。教师需要通过评估信息，了解和比较自己学生的优势和不足，并为未来的教学制订计划，提高课堂教学水平和成效。

二、我国教育改革背景下的评价改革

近年来，我国的教育改革对基础教育的评价问题予以了高度关注。2018 年，习近平在全国教育大会上指出："要深化教育体制改革，健全立德树人落实机制，扭转不科学的教育评价导向，坚决克服唯分数、唯升学、唯文凭、唯论文、唯帽子

---

① ［美］理查德·E. 梅耶：《应用学习科学——心理学大师给教师的建议》，盛群力等译，2～5 页，北京，中国轻工业出版社，2016。

的顽瘴痼疾，从根本上解决教育评价指挥棒问题。"①为解决"唯分数"问题，我国基础教育进行了考试与评价改革，采取形成性和终结性相结合的评价。本部分主要以北京市为例，探讨初中和高中学生综合素质评价改革。

（一）以素质教育为导向的评价体系

新时代，我国基础教育迈入质量提升和综合改革的新阶段。新的招生考试制度逐步推开，新的育人方式逐渐建立，新的教育和学习环境正在铺陈，新的教育质量标准体系正在酝酿。

2014 年，国务院《关于深化考试招生制度改革的实施意见》出台，确立了分类考试、综合评价、多元录取的考试招生模式。同年，新高考制度率先在上海、浙江实行。

2016 年，教育部发布了《关于进一步推进高中阶段学校考试招生制度改革的指导意见》，之后大部分省市先后公布了适合本地区的中考改革实施方案。以发展素质教育为导向的科学评价体系逐步建立，倒逼基础教育加快改革步伐。②

2019 年 6 月 19 日，国务院办公厅《关于新时代推进普通高中育人方式改革的指导意见》发布，提出："完善综合素质评价。把综合素质评价作为发展素质教育、转变育人方式的重要制度，强化其对促进学生全面发展的重要导向作用。强化对学生爱国情怀、遵纪守法、创新思维、体质达标、审美能力、劳动实践等方面的评价。要从城乡学校实际出发，完善综合素质评价实施办法。"③

2019 年 7 月 8 日，中共中央、国务院《关于深化教育教学改革全面提高义务教育质量的意见》出台，提出："健全质量评价监测体系。建立以发展素质教育为导向的科学评价体系，国家制定县域义务教育质量、学校办学质量和学生发展质量评价标准……学生发展质量评价突出考查学生品德发展、学业发展、身心健康、兴趣特长和劳动实践等。坚持和完善国家义务教育质量监测制度，强化过程性和发展性

---

① 习近平：《坚持中国特色社会主义教育发展道路 培养德智体美劳全面发展的社会主义建设者和接班人》，载《人民日报》，2018-09-11。

② 王家源：《夯实千秋基业 聚力学有所教——新中国 70 年基础教育改革发展历程》，载《中国教育报》，2019-10-23。

③ 国务院办公厅：《关于新时代推进普通高中育人方式改革的指导意见》，2019-06-19。

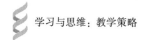

评价，建立监测平台，定期发布监测报告。"①

面向未来，《中国教育现代化 2035》指出："完善教育质量标准体系，制定覆盖全学段、体现世界先进水平、符合不同层次类型教育特点的教育质量标准，明确学生发展核心素养要求。"②

从上述国家政策来看，随着我国基础教育课程改革的全面深化，伴随着课程与教学的创新发展，我国对学生的评估发生了变革，正在突破以分数为中心的评估，进而转向以学习为本的教学、以学习为中心的评估。践行国家关于教育教学评价改革的要求，将有利于通过评估培养学生的综合素质，促进学生学习与终身发展。

（二）初中学生综合素质评价改革

根据北京市深化基础教育综合改革的总体部署，按照教育部《关于加强和改进普通高中学生综合素质评价的意见》和《关于推进中小学教育质量综合评价改革的意见》的精神，北京市教委于 2016 年研究制定了《关于加强和改进初中学生综合素质评价工作的实施意见（试行）》。

为落实北京市深化考试招生制度改革的要求，在《北京市初中学生综合素质评价指标体系》（2012 年修订）的基础上，北京市形成了《北京市初中学生综合素质评价指标框架（试行）》，确定了思想道德、学业水平、身心健康、艺术素养、社会实践和个性发展 6 个方面的评价内容③，既关注共同基础，又关注个性差异。

北京市初中学生综合素质评价改革的要求，注重了评价方式和评价主体的多元化。初中学生综合素质评价依托学生综合素质评价管理服务平台进行管理、记录和评价，以客观记录和反映学生综合素质的代表性、关键性事实为主要方式，鼓励学生本人、其他同学、班主任、任课教师、家长、资源单位等多主体参与评价，最终由学校确认评价结果。

北京市初中学生综合素质评价改革也注重评价结果的应用性。北京市教委《关于加强和改进初中学生综合素质评价工作的实施意见（试行）》规定，初中学生综合

① 中共中央、国务院：《关于深化教育教学改革全面提高义务教育质量的意见》，2019-07-08。
② 中共中央、国务院：《中国教育现代化 2035》，2019-02-23。
③ 北京市教委：《关于加强和改进初中学生综合素质评价工作的实施意见（试行）》，2016-07-13。

素质评价结果以《北京市初中学生综合素质评价报告册(试行)》的形式呈现。评价结果主要应用在三个方面：一是改进教育教学，为学校、教师、家长有针对性地进行教育引导和学生自我改进提供依据；二是明确发展目标，为学生拟订初步生涯规划、确立长远发展目标提供参考；三是纳入中考评价，即初中学生综合素质评价结果将作为升学的重要参考和依据。

(三)高中学生综合素质评价改革

1. 改革内容

2007 年秋季，北京市开始在高中阶段全面实施课程改革。随着课程改革的推进，探索全面反映高中学生发展状况的综合素质评价成为学生评价改革的核心内容，也是新一轮基础教育课程改革的重点之一。《北京市普通高中学生综合素质评价方案(试行)》随着《北京市普通高中课程改革实验工作方案(试行)》的推行而正式出台，2010 年又发布了修订稿，其主要目的是通过评价指标导向和评价信息反馈，引导学生进行自我认识、自我教育，明确发展方向，促进学生在原有基础上全面而有个性地发展。北京市还研发了普通高中学生综合素质评价电子平台，其中包括新学期伊始的我、学期结束时的我、思想道德、学业成就、综合实践活动、合作与交流、运动与健康、审美与表现以及个性发展九个方面的内容，从而使学生综合素质评价的方式从纸质走向了电子化。

高中课程改革进行一轮之后，北京市又对相关方案进行了修订并颁布实施。2017 年，北京市教委发布了《北京市普通高中学生综合素质评价实施办法(试行)》。该文件强调：高中学校要基于学生发展的年龄特征，结合教育教学实际，科学确定学生综合素质评价的具体内容和要求。关于高中学生综合素质的评价内容，文件提出了明确的要求，包括思想品德、学业成就、身心健康、艺术素养和社会实践。其中，学业成就主要考查学生的知识与技能、学习能力、学业情感等方面的情况；艺术素养主要考查学生在审美情趣和人文修养等方面的发展情况；社会实践主要考查学生在社会生活中的动手操作、体验经历等情况。①

---

① 北京市教委：《北京市普通高中学生综合素质评价实施办法(试行)》，2017-07-06。

2. 改革特点

（1）构建评价体系，创造性地开展高中学生综合素质评价工作

第一，确立评价特点，开展有针对性的培训。关于评价主体，《北京市普通高中学生综合素质评价方案（试行）》明确指出："为更好地发挥不同评价主体的作用，在普通高中学生综合素质评价实施过程中，要根据评价主体对评价对象的了解程度，科学、合理地设计不同评价主体的评价内容，以体现评价主体的多元性，保证评价结果的有效性，学生本人、教师、同学和家长都是普通高中学生综合素质评价的主体。"因此，对班主任、任课教师、学生、家长等不同评价主体的培训也成为学校的一项重要工作。《北京市普通高中学生综合素质评价实施办法（试行）》强调要完善学校保障，学校要结合办学目标和学生身心发展特点，细化关键指标内容，注重发挥班主任、任课教师、学生成长导师等对学生的指导作用，充分发挥学校党团、学生组织的作用，提高学生评价的针对性和实效性，共同促进学生全面发展和健康成长。

第二，拓宽评价手段，创立年级、班级电子成长记录。高中学生综合素质评价要求在电子平台上对学生进行多元评价，但网络承载的内容毕竟有限，于是针对如何把学生形成性评价中的相关资料记载下来，各学校也进行了探索。

第三，以活动为载体，丰富评价内容。评价是对事实描述进行价值判断的过程，但事实描述不是凭空产生的，它有一定的根据。评价内容除了包含传统意义上的思想品德和学业成就之外，尤其强调身心健康、艺术素养和社会实践，强调学生成长的基础是健康的身体和心理。另外，评价内容拓展到了社会活动的范围。

（2）做到评育结合，将高中学生综合素质评价融入学校日常管理

综合素质评价的真实性体现在对学生学习过程进行客观的记录上。在学生成长过程中，教师要指导学生在北京市普通高中学生综合素质评价电子平台上及时、客观地记录反映自身综合素质主要方面的具体活动，收集相关事实材料。这是教师管理学生和班级的重要手段。学校指导学生做好成长记录和自我评价，培养学生自我反思、自我管理的良好习惯，发挥学生的主动性，引导学生及时发现和正视自身的优缺点，做好生涯规划。学校要结合学校实际制订评价方案，依据学生成长过程中的真实记录和日常表现，对学生的成长过程进行科学分析，改进教育教学，提高教育教学的针对性和实效性。

（3）强调学以致用，培养适应社会的人才

评价内容强调社会实践，主要考查学生在社会生活中的动手操作、体验经历等情况，重点记录学生参加技术课程实习，游学，到社会大课堂实践基地、高校科研院所、博物馆、科技馆、企业、社区等社会场所参与实践活动的内容、次数、持续时间及收获等。学校可以通过调研考察等活动提高学生的适应社会的能力，让学生学以致用。

（4）破除"一考定终身"，重视过程性评价

本次改革将学生综合素质档案提供给高校作为招生依据。相关高校根据自身办学特色和人才培养方向，制定科学规范的综合素质评价体系和办法并提前向社会公布。从 2020 年起，北京市属高校探索建立了综合素质评价招生改革试点，然后在总结试点经验的基础上，逐步扩大试点范围。

（四）新时代教育评价改革总体方案

中国特色社会主义进入新时代，要求我们从建设与社会主义现代化强国相适应的教育体系的高度，统筹考虑深化考试招生和教育评价制度改革，缓解中高考竞争压力，为发展素质教育铺平道路，让学生全面发展、健康成长、多样化成才。

2020 年 6 月 30 日，中央全面深化改革委员会第十四次会议审议通过了《深化新时代教育评价改革总体方案》。会议指出："教育评价事关教育发展方向，要全面贯彻党的教育方针，坚持社会主义办学方向，落实立德树人根本任务，遵循教育规律，针对不同主体和不同学段、不同类型教育特点，改进结果评价，强化过程评价，探索增值评价，健全综合评价，着力破除唯分数、唯升学、唯文凭、唯论文、唯帽子的顽瘴痼疾，建立科学的、符合时代要求的教育评价制度和机制。"[1]《深化新时代教育评价改革总体方案》是对全国教育大会提出的任务的落实，也是未来一段时间指导教育评价革新的纲要性文件。

教育部教育发展研究中心专家、综合研究部主任王烽研究员指出："实施学生发展跟踪诊断，为改进教育教学提供操作性依据。通过简单而有效的评价手段，跟踪诊断每个孩子的成长发展情况，为有针对性的教育教学提供指导，是新时代提高

---

[1] 中央全面深化改革委员会：《深化新时代教育评价改革总体方案》，2020-07-01。

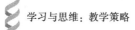

教育质量的重要突破口，可以从根本上改变学校教学片面注重知识传授、片面追求考试成绩的导向。学生发展跟踪评价诊断的根本目的是为教育教学服务，基本内容是适龄儿童在综合素养、关键能力方面的发展，实施评价主体是以班主任为首的教师团队，评价结果仅作为教师有针对性地实施个性化教学的依据或与家长沟通的素材，对学生本人保密、评价结果不与升学直接挂钩，保证低利害性和低竞争性。学生发展评价应当成为每一位教师特别是班主任应掌握的基本技能。建议国家层面制定推进中小学生发展跟踪诊断的政策，开发设计小学生、初中生发展诊断手册，从班主任开始开展培训。"[①]在深化教育教学改革的新形势下，为了发挥教学评价的导向作用，实现育人目标，提高人才培养质量，我们必须进一步转变评价观念，建立新的评价范式。

三、学生学习目标与学习评估

（一）学生学习目标

评估和测评框架越来越注重改善学生的学习成果和实现学生的学习目标。[②]在学生学习目标层面，各国以各种形式（课程、学习计划、教育标准或学习进度等）规定了学生的预期学习成果。

近年来，许多国家的教育系统都对国家课程进行了改革，希望发展学生的复合型能力，而不是片面地强调掌握孤立的知识和技能。不少国家的中小学课程大纲都列出了试图在所有学科和年级中培养的学生的核心能力的清单。虽然各国对学生的核心能力的定义不尽相同，但大致的愿景较为一致：摆脱侧重知识传播和基本技能获取的传统教育方法，形成复合程度更高的学习模式，以成功地完成现实情境下的任务。学生需要学习的核心能力，或称"21 世纪技能"，通常包括批判性思维、创造、

---

① 王烽：《从缓解中高考竞争压力入手 进一步深化新时代教育评价改革》，载《光明日报》，2020-07-07。

② 经济合作与发展组织：《为了更好的学习：教育评价的国际新视野》，窦卫霖等译，81 页，上海，上海教育出版社，2019。

问题解决、沟通、信息通信技术及团队合作、社会和公民素养等方面的能力。①

　　例如，欧盟制定了由 8 种核心能力组成的框架，包括沟通、数学、科学技术、学会学习、社交、公民等各方面的能力和主动性，以及企业家精神、文化意识和表达能力，这些能力被认为是对个人发展、社会参与、社会包容和就业而言必不可少的。②美国已经有 16 个州把"21 世纪技能"纳入了教育系统。澳大利亚墨尔本大学的"21 世纪技能的评估与教学"(Assessment and Teaching of 21st Century Skills)已投入核心能力教学与测评的研发。③

　　综上所述，在当前社会经济和信息技术高速发展的背景下，世界各国的教育均强调培养学生的核心能力，认为学生需要学会学习，为未来的生活和工作做好准备，且需要终身学习。研究者和实践者更强调培养学生在现实情境中综合、转化和应用知识的能力。尽管语言、计算和科学素养等仍然是教育的重要组成部分，但一些更加通用的能力，如批判思维能力、创造能力、团队协作能力、高效沟通能力和适应快速变化的环境的能力等，正在变得日益重要。④学生学习目标的变化影响了学习评估的方式。

（二）学习评估

　　由于学生学习目标、学生应该学习和获得成长的领域发生了变化，因此，学习评估的方法也需要有新的突破。

　　学习评估给学生提供的有效反馈能够促进学生学习。如果评估和测评框架不能改善课堂实践和学生学习，那么该框架就没有价值。⑤学习评估所提供的信息，能够帮助教育者、管理者、政策制定者、家长和研究者准确判断学生学习的状况，并就其影响做出决策。

---

① 经济合作与发展组织：《为了更好的学习：教育评价的国际新视野》，窦卫霖等译，110 页，上海，上海教育出版社，2019。

② European Commission, Assessment of Key Competences in Initial Education and Training, 2012.

③ 经济合作与发展组织：《为了更好的学习：教育评价的国际新视野》，窦卫霖等译，109 ~ 111 页，上海，上海教育出版社，2019。

④ European Commission, Assessment of Key Competences in Initial Education and Training, 2012.

⑤ 经济合作与发展组织：《为了更好的学习：教育评价的国际新视野》，窦卫霖等译，70 页，上海，上海教育出版社，2019。

　　基于学生学习目标发生的变化，学习评估也有所创新。若要使学习评估真正对学习有促进作用，它就需要与学生学习的内容和领域相一致。例如，针对事实性知识的测验适用于评估学生基于知识传授和记忆的传统教学方法所取得的学业成绩，但对学生综合能力的评估则不太适用。

　　学习评估涉及不同的评估形式、不同的评估目的、不同的评估场景、不同的评估机构等。评估是从证据中进行推理的过程，旨在观察学生的行为和他们产生的数据等。学习科学领域的研究者已分别从设计、测量、分析和评估等方面，对如何促进学习者的学习进行了分析和探讨。

　　随着技术的进步与社会的发展，各国对高技能人才的需求更为强烈，因此，教育需要向学习者提供应对未来挑战所需的个人技能。以培养能力为导向的教育理念要求人们重新考虑评估，即评估要创新方法、技术和规范，以测量学习者能力的建构情况。

　　在当前的教育改革背景下，核心素养不是狭隘的能力，而是一种使个体能够成功应对个人或社会要求的能力，包括知识与技能、情感态度与价值观、动机等。素养导向的评估，必须多元化方能达成目标。在多元化评估的设计与实施方面，评价主体应根据情境综合使用纸笔评估及各种替代性评估，如表现性评估、档案评估等，以达成基础教育课程改革目标。

　　评估是测量能力的必要手段。学习评估采用测试、观察、访谈、调查等方法，按照一定的标准对学生的学习进展情况或学习成就做出客观的描述及定性判断，旨在为改善教与学反馈信息。评估结果对发展课程、设计教学等起着重要作用。

第二节　评估类型与"促进学习的评估"

　　在深化教育教学改革的新形势下，"促进学习的评估"既关注学习结果，也关注学习过程，从而促进学生学习的成功，对于实现基础教育课程改革育人目标有重要的借鉴意义。借鉴"促进学习的评估"的基本理念和原则，可以帮助广大教师树立科学的教学评价观，不断提高教学评价素养。

一、评估类型

美国心理学会、学校心理与教育联盟将心理科学应用于基础教育，提出了基础教育教学和学习中最重要的 20 项心理学原理。此 20 项心理学原理分为 5 个领域，评估是其中一个领域，探讨了教师如何有效评估学生的进步，关涉的原理主要有 3 个：第一，形成性评估（Formative Assessment）和终结性评估（Summative Assessment）都很重要、很有价值，但二者有着不同的内涵和方法；第二，要实现对学生的知识、技能和能力的良好评估，就应遵循特定的关于评估过程的要求，该过程应根植于心理科学，并在质量和公平方面具有明确的标准；第三，对评估数据的理解应建立在清晰、适当和公正的解释基础之上。[①]

形成性评估和终结性评估这两种评估方式的目的不同，二者收集信息的方式也会有所不同。评估工具可以由教师编制，也可以由校外机构编制，例如，由政府授权的专业测评公司编制评估工具。形成性评估的工具一般由教师编制，而大规模的、高利害的测试则更可能由校外机构编制。总之，上述两种类型的评估在根本上目标是一致的，即提供有效、公正、有价值和可信赖的信息。

（一）形成性评估

形成性评估一般用来直接引导和塑造班级教学活动。形成性评估可以在教学之前或在教学过程当中进行，可以"边教边评"，并且可以把改善当前的学习活动作为明确的目标。形成性评估主要服务于学习目标的完成，所以它更有可能包含讨论、合作、自我评估和同伴评估，还可能包括描述性反馈。

为了使形成性评估对学生的学习产生重要的作用，教师应当：向学生明确传达每堂课的目标；利用上课和其他的课堂活动收集学生关于学习的信息；利用这些信息了解学生的所知所想，并在需要的时候及时引导学生。

为了提升形成性评估的有效性，教师可以：为学生设定系统的目标；评估学生

---

① American Psychological Association, Coalition for Psychology in Schools and Education, *Top 20 principles from psychology for preK-12 teaching and learning*, 2015.

是否达到了这些目标；考虑将来如何改进教学；尽量缩短每次形成性评估和随后干预的间隔时间。这样做有利于使学生的学习效果达到最优化。①

在过去以知识学习为主的学习评估中，形成性评估是指学习过程中的小考或平时考试，终结性评估则是阶段考试或期末考试。在基于学生发展核心素养教学的学习评估中，形成性评估指的是教师通过学生在学习过程中的各种表现对其学习进行的评估，而终结性评估则在于评量学生的学习表现是否达到了预期的目标。

形成性评估的目的在于关心与了解学生学习的进展情况，协助学生克服困难或引导其进一步学习。因此，教师在观察学生表现或批阅学生作业时，除了给予正向反馈与鼓励外，更要关注学生可能有的不同想法，包括创见、迷思概念和价值观等。

(二)终结性评估

终结性评估或总结性评估是对学生的学习进度或者学校教育的有效性做出的总体判断。终结性评估是在某个节点进行的，比如在一个单元、一个学期或者一个学年结束后进行，这种评估方法对当前学习产生的影响往往是很有限的。

终结性评估是基于标准对学习结果做出的评估，所以它更有可能是高利害的、标准化的和大规模的评估。用这种方法来评估个体，一般得到的是一个总体评分或者某种能力水平的等级。

终结性评估的目的在于评判学生的学习成效，需要对应学习目标。在教学实践中，教师应掌握学生达成表现目标的情况，并据此修正或调整教学活动，或是更改学习目标，并进行相应的终结性评估活动。

在教学过程中，学生的知识、能力不断累加，态度也有可能发生变化。教师需要以学习评估为工具，时时关注学生学习的情形并给予适切的反馈，同时省思与调整自己的教学。

基于核心素养的评估活动与学生的各种学习活动相呼应，因此，教师可采用多元的评估工具，诸如行为或技能检核表、情感或态度评量表、教室观察记录、参观

---

① American Psychological Association, Coalition for Psychology in Schools and Education, *Top 20 principles from psychology for preK-12 teaching and learning*, 2015.

报告、图文日记以及各种表演活动，或采用档案进行评量等。

二、"促进学习的评估"

(一)"促进学习的评估"的内涵

"促进学习的评估"是 20 世纪 90 年代在西方基础教育改革中出现的一种评估理念和方法。英国评估改革小组(Assessment Reform Group)是"促进学习的评估"的先行者。英国评估改革小组布莱克和威廉的《黑匣子之内》(*Inside the Black Box*)和后续研究著作《促进学习的评估：超越黑匣子》(*Assessment for Learning：Beyond the Black Box*)是"促进学习的评估"理念和方法的代表著作。[1]剑桥教育(Cambridge Education)曾经为英国政府的"促进学习的评估"项目提供服务，并在培训的基础上出版了面向中小学教师的丛书。国外有教育学者将评估分为三类："促进学习的评估"(Assessment for Learning)、"评估即学习"(Assessment as Learning)，以及"学习结果的评估"(Assessment of Learning)。[2]

"促进学习的评估"21 世纪初开始在我国受到越来越多的关注。一些学者和学校对此进行了比较系统的研究和实践。"促进学习的评估"是指评估活动能促进学生的学习，其主要目的在于帮助教师获得教学的反馈，以进一步调整教学，帮助学生学习。如果在教学过程中，教师或者学生自身试图寻求、诠释某些资料或获得证据，以知道学生现在的学习状况、离学习目标有多远，以及有何更好的方法可以达到学习目标，那么这样的评估就是"促进学习的评估"。[3]

促进学生学习的反馈信息，除了来自教师，也可以来自学生自己及其同学。另一种注重学习过程的评估是"评估即学习"，通常发生在教师提供机会让学生反思自己的学习时，例如，通过回答问题让学生说明他是怎么思考的，或是让学生通过

①　Assessment Reform Group, *Assessment for Learning：Beyond the Black Box*, Cambridge, Cambridge University Press, 1999.

②　Earl, L., *Assessment as learning：Using classroom to maximize student learning*, Thousand Oaks, Corwin Press, 2003.

③　Stiggins. R., "Assessment crisis：The absence of assessment for learning," *Phi Delta Kappan*, 2002, 83(10).

同伴评估去比较自己的学习表现，然后有所省思。

（二）"促进学习的评估"的特征

"促进学习的评估"反映了教学评价在基础教育不同发展阶段的变化及其不同的评价观念和价值取向。"促进学习的评估"既关注学习结果，也关注学习过程，目的在于促进学生学习的成功。与形成性评估相比较，"促进学习的评估"更加突出强调促进和加强学习，更加强调学生的主动参与，而不仅仅是检查学习。

布莱克和威廉在研究的基础上，提出了"促进学习的评估"的 10 项原则。第一，评估是有效教学计划的一部分。第二，评估要关注学生如何学习。第三，评估是课堂实践的中心。第四，评估是教师关键的专业技能。第五，评估具有敏感性和建设性。第六，评估要激发学习动机。第七，评估要促进学生对目标和标准的理解。第八，评估要帮助学生了解如何改进学习。第九，评估要发展学生的自我评价能力。第十，评估承认所有学生的所有学习成就，要让所有学生都取得最好的成绩，并且让他们的努力得到承认。①

从上述特征来看，"促进学习的评估"有以下六个方面明显的特征。

评估目标：评估的首要目的是帮助学生改进学习，使学生的学习效果最优化。学生需要知道改进什么、如何改进。教师要以恰当的方式向学生反馈他们的学习进步情况和改进建议，并为他们提供改进的机会。教师在进行教学设计时要给学生提供反思学习过程的机会。教师要设计课堂教学策略，以帮助学生更好地了解作为学习者的自己。

评估过程与时机：评估过程更集中于评估学生如何学习，强调评估和教学是一个紧密连接的过程。只要教师提问题或布置学生需要完成的学习任务时，评估就在发生。学生需要处于评估过程之内。教师要将评估整合到学习的整个过程之中，而不是仅在单元学习或学期结束时才进行评估。教学计划要包括一些策略，以保证学生理解学习目标以及用于评价学习的标准，要为教师和学生提供了解学习进步情况的机会。

评估主体：教师、学生、家长等相互合作，共同评估。"促进学习的评估"更

---

① Black P., Wiliam D., *Inside the Black Box*, London, School of Education of King's College, 1998.

加强调学生的主动参与，更注重学生对目标和标准的理解。为了使学习成就最大化，学生需要理解并能表达他们要达到的目标，并且有意愿达到这个目标。教师要通过学生的自我评价使学生成为反思学习的自我管理者。

评估内容：更注重学生能力方面的发展，强调教师要充分认识到评估对学生情感的影响，并使学生敏感和富有建设性地去对待这些影响。

评估方法：更加强调评估方法的多样性，强调教师要根据学习目标和评价内容选择多样化的方法。

评估反馈：对学生的反馈必须以情况的分析为基础，而不是以这个学生为基础。对学生的反馈要本着帮助所有学生学习、帮助他们感到有能力学习的原则进行。评估要鼓励学生，要使学生增强自信，要通过认可学生的进步和成就而不是通过关注学生的缺陷来实现激励的目的。

我国基础教育育人目标的变化，要求课堂教学方式发生深刻变革，以使学生的学习在课堂上真正发生。"促进学习的评估"的基本理念和原则对基于学科核心素养的教学改革具有重要的借鉴意义。

要使评估在课堂教学中发挥育人作用，关键在于教师。我们要借鉴"促进学习的评估"的基本理念和原则，帮助广大教师树立科学的教学评价观，不断提高教师的教学评价素养。首先，要帮助广大教师树立科学的教学评价观。学校和教师要肩负起促进学生学习的使命，聚焦学生学习，为学生学习创造良好的氛围，树立促进学生学习的评价观，不仅仅关注评价的结果，还要让评价为促进学生的学习服务。其次，要建立为学习而评估的机制。政府层面要发挥评价的正确导向作用，明确考试的权限和次数，努力提高考试命题的科学化水平，完善对学生进行综合素质评价的机制、方式和方法。学校要提高考试命题的科学化水平，加强形成性评估，将终结性评估和形成性评估有机结合起来，建立促进学生学习的评价体系。最后，广大教师要自觉提高教学评价素养。教师提高教学评价素养，除了学习和理解先进的教学评价理念、原则和操作方法以外，更重要的是在教学实践中运用。教师应自觉将评价纳入教学设计，自觉在课堂教学中运用评价，同时将教学评价纳入课题研究或教研活动之中。只有立足本土，通过大量的教学实践，教学评价素养才能内化于心、外化于行。

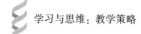

（三）"促进学习的评估"的实施过程

2017年，教育部出台了新的普通高中课程方案和各学科课程标准，明确提出着力发展学生的核心素养，同时，基于学科本质提炼出学科核心素养。课程目标和课程内容的变化要求教学评价的理念、标准、方式、方法等也要进行相应的变革。但是，当前的教学评估状况总体上还不能适应提升学生核心素养的要求。为了发挥教学评估的导向作用，实现育人目标，提高人才培养质量，我们必须进一步转变评估观念，建立新的评估范式。

评估是复杂和要求很高的工作。教师需要观察学习状况、分析和解读学习证据、提供反馈，并支持学生为自我评估制订计划，即教师需要像设计师和评审员那样思考。

有研究者认为，评估是三个阶段的循环，此三个阶段为探求证据、诠释证据和采取行动。①综合研究者们的观点，为了更好地获取信息并运用信息促进学习，评估需要经历以下完整的环节。

1. 收集信息

运用评估促进学生的学习时，教师要注重收集有关学生学习的资料。比如，多途径收集学生对新内容的掌握程度的信息，以提供有助于学生改进学习的反馈信息。

为了收集关于学生学习过程及学习结果的资料，教师要设计纸笔测试、表现式评估（如表演）、课堂提问、课后面谈等。教师要观察学生的表现，还要参与其中进行师生互动。信息要求客观、全面，以反映学生的实际表现。

2. 解读信息

通过学生的活动表现、书面作品确定学生的现状，并分析现状产生的原因。主要环节如下。

第一，判断表现。评定分数、等级，或给出定性判断，如说明长处与短处、是否达成目标、有什么问题。

---

① Wiliam, D., "Integrating formative and summative functions of assessment," *International Congress on Mathematical Education*, 2000.

第二，诊断原因。分析存在的问题或未达成目标的原因。

3. 善用信息

利用在评估过程中获得的信息改进教学，如根据反馈信息调整教学。反馈的主要内容是学生的学习表现及改进建议，以促进学生达成学习目标。

第一，给出分数与等级。概括地叙述学习结果，即客观判断学生的表现。

第二，陈述。对学生的学习表现做客观描述。

第三，批评。这是评价性反馈的表现之一，指对学生的不良表现给予负面的评论，如"表现得很差""不够努力"等。

第四，赞赏。这也是评价性反馈的表现之一，指对学生的良好表现给予正面的评论，指出学生付出的努力和取得的成就、进步。

第五，建设。在简单的评判之余，更要提出具体的改进建议，以促进学生的持续发展。

第六，提供实证依据并解释。提供实证依据，或做必要的解释，让学生明白如何改进学习。

第三节　基于核心素养的评估

我国当前的课程改革重在实施素质教育，强调学生的核心素养的养成。评估一方面考查学生的学习效果，另一方面旨在促进学生核心素养的形成与发展。

一、基于核心素养的评估

素养是指知识、技能和态度的整合，是个体在特定情境下可以有效率地行动的能力或潜力。[1] OECD 和欧盟将人视为一个复杂的系统，以人的整合发展去界定素

---

[1]　Oyao, S. G., Holbrook, J., Rannikmäe, M. & Pagunsan, M. M., "A competence-based science learning framework illustrated through the study of natural hazards and disaster risk reduction," *International Journal of Science Education*, 2015, 37(14).

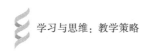

养的内涵。①素养培育无法通过片段知识或单一知识的积累来呈现，而是通过学生在特定情境下执行任务来形成的。②素养导向的学习评估无法只通过传统的注重知识考核的纸笔测验来进行。

素养是一个人的内在状态，必须通过"表现"才能被观察到。它是通过一次次的表现、反思和调整，逐步累加而养成的。素养是发展起来的，而不是直接灌输形成的。③在素养导向的课程中，学校的整体教育目标应与学生的素养培养相呼应。通过学校本位课程的规划与素养导向教学的实施，学生在学习成效上能展现出预期的素养或核心素养。

学校可以以各种表现评估(Performance Assessment)的形式，如通过作品、报告、档案、表演，以及纸笔式的表现评估等来检视学生的学习成效。例如，学校在学生毕业前以影片的制作为任务，让学生展现数据收集、阅读、沟通合作、规划组织、创新应用、问题解决等素养。

素养导向的课程与教学，一方面重视学生的学习过程，另一方面重视学生的学习成果，通过学生的学习表现来评估其学习的状况和成果。学习评估常在教学过程中实施，也会在教学告一段落时进行。教学和评估形成一种连续而累进的过程，使其关系变得很紧密。

关于如何进行素养导向的学习评估，教师必须先知道素养导向教学的特性，并从系统的角度，规划与掌握学习评估的工作。

在基于核心素养的教学模式中，学生的素养能不断地累加。教师以学习评估为工具，时时关注学生的学习情况，给予学生适切的反馈，同时省思与调整自己的教学。

教师如果能理解教育评价与学习评估的基本概念，就能更好地利用形成性评估

---

① Rychen, D. S. & Salganik, L. H., "A holistic model of competence," In D. S. Rychen & L. H. Salganik (Eds.), *Key competencies: For a successful life and a well-functioning society*, Göttingen, Germany, Hogrefe & Huber, 2003, pp. 41-62.

② Beckett, D., "Holistic competence: Putting judgments first," *Asia Pacific Education Review*, 2008, 9 (1).

③ Illeris, K., "Competence, learning and education: How can competences be learned, and how can they be developed in formal education?" In K. Illeris (ed.), *International perspectives on competence development: Developing skills and capabilities*, New York, Routledge, 2009, pp. 83-98.

和终结性评估。教师也可以利用评估数据来评估自己的教学，从而了解自己在达到教学目标方面的有效性。教师若想确保学习评估与总体学习目标是匹配的，可以通过设计不同的题目来评估学生的知识水平和能力水平。

二、学习评估相关理论及测评架构

教育部 2001 年颁布的《基础教育课程改革纲要（试行）》提出："改变课程实施过于强调接受学习、死记硬背、机械训练的现状，倡导学生主动参与、乐于探究、勤于动手，培养学生搜集和处理信息的能力、获取新知识的能力、分析和解决问题的能力，以及交流与合作的能力。"但是，如何通过知识教学来发展学生的能力？

在当前的教育改革背景下，我国日益强调培养 21 世纪学习者应具备的关键能力：学习与创新技能、数字素养及生活与工作能力。教学日益强调以学生为中心，强调通过让学生创作作品，培养学生的创造性思维、发散性思维、问题解决等方面的能力。随着教育改革的推进，实践者、研究者等均呼吁通过采用更佳的评估方法，对学习者的思维能力、问题解决能力等进行评估。因此，如何培养学生的创造性思维，如何对学生的高阶思维能力进行评估，是教师教学和评测必须应对的挑战。

（一）学习评估相关理论

高阶思维是指发生在较高认知水平层次上的心智活动。广义的高阶思维包含高阶思维能力和高阶思维倾向；狭义的高阶思维主要指高阶思维能力。高阶思维的构成包括：批判性思维（评价、判断、推理），创造性思维（提出问题、形成猜想、进行设计），元认知（监控、调节、评价、反思），问题解决（探究理解、表达构思、计划执行、评价反思），决策（理解、推理、分析、评价）。与之相关的理论主要包括布卢姆的认知目标分类理论、马扎诺的新目标分类理论、SOLO 分类评价法等。

1. 布卢姆的认知目标分类理论

在认知领域，课程与教学改革都是为了更好地处理传授知识与培养能力的关系。在《布卢姆教育目标分类学（完整版）：分类学视野下的学与教及其测评》一书中，布卢姆将认知过程分为记忆（remember）、理解（understand）、应用（apply）、分析（analyze）、评价（evaluate）和创新（create）六个层次，结合知识的四个维度（事实性知识、概念性知识、程序性知识、元认知知识），对教学目标、教学过程中的教学活动和教学评估按照 24 个目标单元进行分类，构成了 72 种分类结果。①下文以《小红帽》的故事为例，具体说明认知过程的六个层次。

（1）第一层：记忆

学生通过记忆可以复述书里的基本信息，可以回答一些关于书中人或者物的基本问题。以《小红帽》的故事为例，教师可以通过以下问题考查学生的记忆能力：小红帽要去见谁？小红帽手里提的篮子里有什么？她穿了什么样子的衣服？提问关键词可以是谁、什么、多少、什么时候、怎样等这些能够澄清信息内容的词。

（2）第二层：理解

学生理解了故事的含义、事情发生的先后顺序后，可以用自己的语言非常简单地陈述故事大意。以《小红帽》的故事为例，教师可以通过以下问题考查学生的理解能力：为什么小红帽需要走过森林？大灰狼为什么要穿上外婆的衣服？这个故事主要讲了什么？提问关键词可以是为什么、有什么区别等。学生不再只是复述表面意思，而是需要在理解的基础上回答问题。

（3）第三层：应用

在这一层，学生初步做到了融会贯通，也就是说可以把在其他场合学到的类似知识和把从书里学到的知识联系起来了。以《小红帽》的故事为例，教师可以通过以下问题考查学生的应用能力：如果小红帽是和朋友一起去看外婆的会发生什么？小红帽是走着穿过森林的，除此之外，她还能用什么方式到外婆家？提问关键词句是：如果……会发生……；还能用什么方式？这个层面的问题的精髓在于启发学生把在其他场合学到的知识运用到当下这个场景，从而达到举一反三的目的。

（4）第四层：分析

鼓励学生开动脑筋，充分收集各方面的证据来支撑自己的观点。以《小红帽》的故事为例，教师可以通过以下问题考查学生的分析能力：如果你是小红帽，你做的会和她有什么不同？为什么独自走过森林很危险？提问关键词句是：我的观点和他人的观点有什么不同或者相同之处？我自己可以从中发现什么？这个层面的提问

---

① ［美］洛林・W. 安德森等：《布卢姆教育目标分类学（完整版）：分类学视野下的学与教及其测评》，蒋小平、张琴美、罗晶晶译，北京，外语教学与研究出版社，2009。

给学生提供了不同的场景，鼓励学生跳出故事情节本身，对自己掌握的知识进行重新组合，挑选出重要的信息来得出自己的结论。此外，教师还可以通过辩论的方式考查学生的分析能力。

（5）第五层：评价

学生会对自己得出的结论进行评估，或者维护自己的观点。以《小红帽》的故事为例，教师可以通过以下问题考查学生的评价能力：你觉得大灰狼欺骗小红帽对吗？你会给小红帽提出哪些建议？提问关键词句是：你认为……是对的/错的？有没有更好的建议？当学生给出一个答案后，教师需要追问：为什么你觉得……是对的/错的。对于年级稍高的学生，教师可以进一步追问：你们觉得作者在描述这个故事时是否有什么错误？在整个故事展开的过程中，是否出现了前后矛盾的情况？

（6）第六层：创新

教师可以要求学生根据现有的信息创作一个新的结尾，或者改编整个故事情节，也可以鼓励学生根据这个故事创作一首小诗或者一首歌曲。教师需要尽力鼓励学生发挥创造力。

2. 马扎诺的新目标分类理论

马扎诺根据心理学研究的最新成果提出人的学习过程包括三个主要的系统，即自我系统、元认知系统和认知系统，外加知识这一因素。学生面对新的学习任务的时候，首先是由自我系统来判断任务的意义并决定投入的程度的，这是学习的动机问题。在解决了动机问题并决定投入学习之后，学生会依据自己已建立起来的元认知系统决定学习行为的目标、方式和策略，然后运用认知系统中存储的具体认知技能去经历认知过程并完成学习任务。这三个系统都基于学生已有的知识，包括信息、智力程序、心理意向三类不同的知识。在整个学习过程中，这三个系统与学生已有的知识不断地相互作用，使学生获得相应的学习结果，包括获取新知识、增强学习动机、更新元认知体系、发展认知技能等。①

基于上述假设，马扎诺提出了二维评价体系。第一个维度是知识，包含三个不同领域的六类知识：信息领域（事实、组织理念），智力程序领域（智力技能、智力

---

① ［美］罗伯特·J. 马扎诺、约翰·S. 肯德尔：《教育目标的新分类学》，高凌飚等译，北京，教育科学出版社，2012。

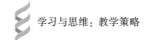

过程），心理意向领域（心理技能、心理过程）。第二个维度是过程运作，包括三个系统的六类运作。第一至第四类分别是回顾、理解、分析和知识运用，属于认知系统；第五类为元认知系统；第六类为自我系统。回顾涉及的是再认、再现和执行；理解涉及对知识的整合与符号化；分析涉及契合、分类、差错分析、概括和说明；知识运用涉及做出决定、解决问题、实验、调查等。元认知系统包括明确目标、过程监控。自我系统包括重要性检验、有效性检验、情感检验和整体动机检验。上述框架体系，基本涵盖了学校教学所要达到的目标。马扎诺的理论还认为，学习行为的水平不仅因学习内容本身或者认知操作的复杂程度而变，还因学习者对相关内容的熟悉程度而变。①

马扎诺的分类体系更好地区分了学习的目标类型，更好地厘清了目标间的相互联系，更好地反映了教学的实际情况，较好地考虑了理论和经验两个方面，对教学和评价有更好的导向作用。

3. SOLO 分类评价法

SOLO（Structure of the Observed Learning Outcome）是指可观察到的学习结果的结构。SOLO 分类评价法是澳大利亚教育心理学家约翰·B. 比格斯等人基于皮亚杰的认知发展阶段理论对不同学科进行实证研究得出的成果。该理论认为，一个人的总体认知结构是一个纯理论性的概念，是不可检测的，称为"假设的认知结构"（Hypothetical Cognitive Structure，HCS）；而一个人回答某个问题时所表现出来的思维结构却是可以检测的，称为可观察到的学习结果的结构。②

SOLO 分类评价法的基本理念源于皮亚杰的认知发展阶段理论。皮亚杰的认知发展阶段理论指出，儿童在成长的过程中其认知的发展是有阶段性的，不同阶段之间的认知水平有质的区别。比格斯及其同事发现，人的认知不仅在总体上具有阶段性的特点，在对具体知识的认知过程中，也具有阶段性的特征。人在学习新知识的过程中表现出来的思维阶段是可以被观察到的。学生在学习具体知识的过程中，都要经历一个从量变到质变的过程。每发生一次跃变，学生对知识的认

① ［美］罗伯特·J. 马扎诺、约翰·S. 肯德尔：《教育目标的新分类学》，高凌飚等译，北京，教育科学出版社，2012。

② ［澳］约翰·B. 彼格斯、凯文·F. 科利斯：《学习质量评价：SOLO 分类理论（可观察的学习成果结构）》，高凌飚、张洪岩主译，北京，人民教育出版社，2010。

知就进入更高级的阶段。教师可以根据学生在回答问题时的表现来判断他所处的思维发展阶段，进而给予合理的评分。因此，人们尽管很难根据皮亚杰的分类法认定学生处于哪一个发展阶段，但却可以判断学生在回答某一具体问题时其思维处于哪一层次。

SOLO 分类评价法将学生的学习结果由低到高分为五个不同的层次：前结构、单点结构、多点结构、关联结构、拓展抽象结构。这五种结构的基本含义如下。前结构：没有理解问题，回答问题时逻辑混乱，或同义反复。单点结构：回答问题时只能联系单一事件，找到一个线索就立即跳到结论上。多点结构：回答问题时能联系多个孤立事件，但未形成相关问题的知识网络。关联结构：回答问题时能够联想多个事件，并能将多个事件联系起来。拓展抽象结构：回答问题时能够进行抽象概括，得出的结论具有开放性，使得问题本身的意义得到拓展。①

SOLO 分类评价法是一种以评价学生高级思维能力为目标的评估方法。SOLO 分类评价法作为评价学生学习质量的新方式，能有效地评价学生真实的学习情况，体现了促进学生发展的基本理念，为建构科学的课程评价机制提供了一个崭新的突破口。目前，SOLO 分类理论在国际上已被广泛应用于诸如科学、数学、地理、历史和语言等的考评中。

(二)国际学生评估项目(PISA)架构

国际学生评估项目(Programme for International Student Assessment，PISA)是由 OECD 组织、策划的跨国研究。PISA 是一项定期进行的跨国研究，每三年进行一次，旨在了解 15 岁在校学生掌握社会所需知识与技能的掌握情况，并评估及比较他们参与国家和经济体系的教育成效。

PISA 主要考查与评估 15 岁在校学生适应未来社会的素养，如阅读、数学与科学领域的知识与技能情况，以及在多元的真实情境中有效解决问题的分析、推理及沟通能力。此外，PISA 还研究分析了教育成果是否均等，特别是学生的社会及经济状况、性别和移民身份等因素对成绩的影响。PISA 还研究分析了学生的自我认

---

① [澳]约翰·B. 彼格斯、凯文·F. 科利斯：《学习质量评价：SOLO 分类理论(可观察的学习成果结构)》，高凌飚、张洪岩主译，北京，人民教育出版社，2010。

知能力及参与科学活动的情况、家庭因素等。PISA 也收集了其他重要教育过程中的数据，包括教学策略及学校风气等。

PISA 虽然是以选择题为主的测试，但却能考查学生的批判性思维和问题解决能力，主要基于 SOLO 分类评价法，将学生各方面的素养分为不同的水平。PISA 的主要领域为阅读、数学和科学(三年一轮)，其他补充领域包括问题解决、协作解决问题、创新素养、财经素养等方面。

1. PISA 阅读素养测评

OECD 在《PISA 2018 测评与分析架构》中明确了阅读测评的架构(Reading Framework)。PISA 测评将阅读素养(Reading Literacy)定义为理解、运用、评价、反思文本，以达成个体目标、发展个体知识和潜能并形成有效参与社会事务的素养。①

PISA 阅读素养测评，旨在考查学生对文本进行理解、运用、评价、反思的一整套认知与语言能力。这些能力多种多样，不仅包括识字断句、检索信息等基本能力，还包括评价文本质量、审慎地运用阅读材料等高阶能力，以及运用适当的策略来处理文本的元认知能力。

PISA 2018 阅读素养测评领域包含情境、文本、能力三个维度。情境包含个体、公共、教育、职业等类型的情境。此维度表明阅读总是在某种场合、为了某种意图而发生的，学生总是在某一特定情境中进行阅读活动的。文本包含描述、叙述、说明、议论、交流等类型，分为连续和非连续文本。文本是阅读的载体。研究者通过界定文本类型，来保证最大限度地评价学生的阅读素养。在能力维度上，单一文本考查学生浏览和定位、理解与推断要点、评价质量与信度、反思等方面的能力，复杂文本则考查学生搜索和选择相关文体、推断理解、证实或处理冲突等方面的能力。学生在阅读过程中处理文本信息的行为和任务处于不同阶段。阅读层级任务实际上是学生在真实社会生活中进行阅读常常需要完成的由低级到高级的几类任务。

PISA 阅读素养测评涉及阅读策略，即如何阅读的问题，分为文本处理策略和任务管理策略(如图 6-1 所示)。学生需要管理阅读任务与情境，在阅读过程中设定目标，并监控整个阅读过程。

① OECD, *PISA* 2018 *Assessment and Analytical Framework*, Paris, OECD Publishing, 2019, p. 28.

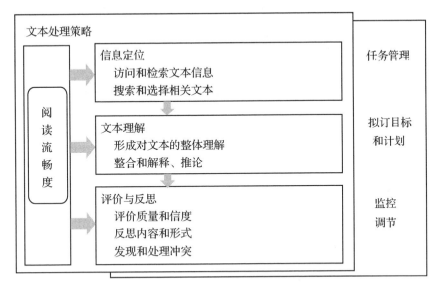

图 6-1　PISA 2018 阅读架构过程与策略

资料来源：PISA 2018 Reading Framework，p. 33.

和 2015 年的测评相比，PISA 2018 阅读素养测评中阅读任务的分布有所不同（如表 6-1 所示）。

表 6-1　PISA 阅读素养测评中阅读任务的分布对比：PISA 2015 与 PISA 2018

PISA 2015 测评框架	PISA 2018 测评框架	
	单文本（65%）	多文本（35%）
访问和检索（25%）	浏览和定位（15%）	搜索和选择相关文本（10%）
整合和解释（50%）	字面理解（15%） 深层理解（15%）	深层理解（15%）
反思和评价（25%）	评价质量和信度 反思内容和形式（20%）	发现和处理冲突（10%）

资料来源：PISA 2018 Reading Framework，p. 42.

PISA 阅读素养测评与传统语文考试有所区别。传统语文考试在出题时没有清晰的能力分层概念，多考查复述内容、理解重点和写作手法，多设标准答案。而 PISA 阅读素养测评则根据清楚划分的阅读能力出题，全面考查不同层次的阅读能力。学生在回答反思性题目时，有较大的发挥空间。

PISA 阅读素养测评强调阅读的目的不仅是增进知识，更是帮助学生为未来生活做准备。学生是否能在阅读中达成自身的目标并感到快乐，是否能通过阅读发现并挖掘自己的潜能，是否能利用阅读慢慢铺就走向社会的阶梯并形成阅读兴趣，均是教育者需要着重关注的问题。此外，PISA 阅读素养测评重视多重文本的跨文本阅读，着重强调在跨文本、多文本的阅读环境下做好自我导向。

2. PISA 数学素养测评

OECD 在《PISA 2018 测评与分析架构》中明确了数学测评的架构（Mathematical Framework）。PISA 将数学素养（Mathematical Literacy）界定为个体在各种背景下进行数学表述、数学运用和数学阐释的能力。它包括数学式的推理能力，以及使用数学的概念、步骤、事实和工具来描述、解释和预测现象的能力。它帮助个体认识数学在现实世界中所起的作用，帮助个体做出有根据的判断和决策，以使个体成为具有建设性、参与意识和反思能力的公民。①

PISA 数学素养测评分为三个维度：内容领域、数学过程、数学情境。内容领域主要包括变化和关系、空间和图形、数量、不确定性和数据等，旨在考查 15 岁在校学生已学习过的四方面数学内容。数学过程包含表达、运用和解释。作为积极的问题解决者，学生将经历数学思维的三个阶段。数学情境包含个人、职业、社会和科学四种情境。第一，个人情境是指个人、家庭生活或同伴群体情境。其中，个人情境包括饮食、购物、游戏、健康、出行、运动、旅游和财务等方面的内容。第二，职业情境指与工作相关的情境。这一情境类别中的题目包括建筑物的测量、耗材购买、记账、质量控制、日程单/清单、设计/建筑、和工作相关的决策等。尽管 PISA 的题目必须是 15 岁学生可能接触过的，但职业情境可能会与不同水平的工作相联系，从不需要技术的工作一直到高度专业化的工作。第三，社会情境指个体所生活的社群，可以是社区，也可以是国家或世界。这一情境类别可能包括投票机制、公共交通、政府、公共政策、人口、广告、国家统计和经济等。尽管个体以个人的方式参与到所有上述内容中，但社会情境类别问题的关注点是公共生活。第四，科学情境是指个体在自然和科学技术问题中运用数学的情境。典型的科学情境可能包括气候、生态、药物、太空、基因、测量和数学等领域。上述解决问题的四

---

① OECD, *PISA* 2018 *Assessment and Analytical Framework*, Paris, OECD Publishing, 2019, p. 73.

种情境，按其与个人生活的距离由近及远排列。个人情境最接近学生；科学情境最抽象，距离学生最远。

PISA 数学素养测评将学生的数学精熟度水平分为 6 个，其中，6 级水平为最高层级(详见表 6-2)。

表 6-2　PISA 2018：数学精熟度水平①

水平	学生一般能完成的任务
6	能够对通过基于复杂情境的调研和建模所得到的信息进行概括和应用；能联系不同的信息源和表征，并灵活转化与利用；具有高阶思维和推理能力；能运用洞察力和理解力，掌握符号化及其数学运算方法，并形成新的方法和策略，以解决非常规的问题；能构思并准确地与他人交流自己的做法，能反思自己的发现、观点、论点及其在实际情境中的适用性
5	能够识别问题的限定条件并做出假设，建立并运用解决复杂问题的模型；能选择、比较、评估问题解决策略；具有良好的思维和推理能力，能合理连接符号化和形式化的特征，能对策略进行描述，并能洞察现实问题；会进行自我反思、构建和交流，并能进行解释和推理
4	能够采用明确的问题模型应对复杂而具体的情境，而这些情境通常具有某些限制条件或需要做出假设；能选择并整合包括符号化在内的不同表征，直接与真实情境联系；能灵活运用推理能力解决问题，具有一定的洞察力；能基于理解、证据进行构思、交流、解释和推理
3	能够执行清晰的程序；能选择并运用简单的问题解决策略；能理解和使用基于不同信息源的表征，并进行直接推理；能进行基础的阐释和基本推理
2	能够理解和识别不需要推理的情境问题；能从单一来源中提取信息并运用单一的表征模式；能运用基本算法、公式和程序；能直接推理及解释结果的字面意思
1	能够回答信息清晰且明确的问题；能依据明确指令执行常规操作；能够完成指令明确的任务，并能基于给定的激励予以跟进
低于 1	能完成直接的数学任务，例如，从图表中找出与问题相匹配的信息，做直接推理即可

3. PISA 科学素养测评

OECD 在《P2SA 2018 测评与分析架构》中明确了科学测评的架构(Science Framework)。PISA 将科学素养(Scientific Literacy)界定为学生作为具有反思精神的

———————————

① OECD, *PISA* 2018 *Assessment and Analytical Framework*, Paris, OECD Publishing, 2019, p. 92.

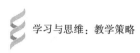

公民解决科学相关问题的能力和拥有的科学方面的理念。[①]

PISA 2018 科学素养测评分为情境、能力、知识、态度等四个维度。情境包含个人情境、社会情境和全球情境，旨在考查学生应用科学和技术处理个人、地区、国际、全球等情境中存在的现实和历史问题的能力。能力包含科学地解释现象、设计和评价科学研究、解释数据和证据的能力。知识包含内容性知识、程序性知识、认知性知识。学生需要理解以科学知识为基础的主要事实、概念，包括自然科学知识和科技产品(内容性知识)、科学观点产生的过程(程序性知识)、内容性知识形成的基本原理和应用理由(认知性知识)。态度包含学生对科学和技术的兴趣、环境意识、如何评价科学探究方法的价值等方面。

PISA 科学素养测评对情境的描述包含个人情境、社会情境和全球情境，涉及健康与疾病、自然资源、环境质量、灾害、科学与技术前沿等现实与历史问题(见表 6-3)。

表 6-3　PISA 2018 科学素养测评中的情境[②]

	个人	社会	全球
健康与疾病	保持健康，处理意外事故，注意营养	控制疾病的社会传播，食品的选择，社区健康	流行性传染病及其扩散
自然资源	个人对物质和能量的消耗	控制人口数量，保障基本生活条件，保障区域安全，保障食物的生产和分配，保障能源供应	可再生和不可再生的自然系统，人口增长，物种的可持续利用
环境质量	友好的环保行为，对设备和材料的使用与处理	人口分布，废物处理，环境影响	生物多样性，生态环境可持续性，控制污染，土地/生物量的损耗
灾害	对生活方式的风险评估	突发灾害(如地震、恶劣天气)，缓慢发生的灾害(如海岸线侵蚀)及风险评估	气候变化，现代沟通方式的影响
科学与技术前沿	科学方面的爱好，个人技术，音乐和体育运动	新材料，设备和流程，基因改造，健康技术，运输方式	物种灭亡，空间探索，宇宙的起源和结构

① OECD, *PISA 2018 Assessment and Analytical Framework*, Paris, OECD Publishing, 2019, p. 100.

② OECD, *PISA 2018 Assessment and Analytical Framework*, Paris, OECD Publishing, 2019, p. 103.

PISA 科学素养测评设计了科学素养能力标准和知识类型的认知需求框架，要求学生能科学地解释现象、设计和评价科学探究、解释数据和证据，注重科学知识的应用，注重对科学探究的理解，关注科学和技术的发展，关注公民参与科学相关议题的意愿。

4. PISA 协作解决问题能力测评

2017 年 11 月，OECD 发布了《PISA 2015 结果（第五卷）：协作解决问题》。该次测评是 PISA 首次评估学生的协作解决问题能力的测评。

PISA 对协作解决问题能力（Collaborative Problem-solving Competency）的定义如下：协作解决问题能力也称协作学习能力，是指当两人或多人试图通过统一想法和共同努力解决一个问题时，个人有效参与其中，并通过贡献知识、技能并付出努力使问题得以解决的能力。[1] PISA 2015 协作解决问题能力测评，着重考查学生在解决问题中的一般认知过程和能力，以及解决问题的个人意愿，强调通过在相互协作的问题解决中评估学生的协作能力。

PISA 2015 协作解决问题能力测评的思路是从协作和问题解决两个维度出发对学生进行评价，因此，协作解决问题能力测评架构由两个方面构成：一是协作精熟度，二是问题解决精熟度。PISA 2015 协作解决问题能力测评架构以问题解决过程为纬，以协作素养为经，交叉构成了包含 12 个具体技能指标的测评矩阵，这些指标均体现了协作素养与问题解决过程的动态交互过程（详见表 6-4）。

表 6-4　PISA 2015 协作解决问题能力测评架构[2]

		协作素养		
		（1）达成和保持共识	（2）共同采取适当行动以解决问题	（3）建立和维持团队组织
问题解决过程	（A）探索与理解	（A1）发现团队成员的想法与能力	（A2）发现解决问题与实现目标的合作活动的类型	（A3）理解解决问题的角色分工

---

① OECD, *PISA* 2015 *Results*（*Volume* Ⅴ）：*Collaborative Problem Solving*，Paris，OECD Publishing，2017，p. 2.

② OECD, *PISA* 2015 *Results*（*Volume* Ⅴ）：*Collaborative Problem Solving*，Paris，OECD Publishing，2017，p. 50.

续表

		协作素养		
		（1）达成和保持共识	（2）共同采取适当行动以解决问题	（3）建立和维持团队组织
问题解决过程	（B）表征与建构	（B1）建构一个共同的表征并协商问题的含义（共同点）	（B2）确定并描述待完成的任务	（B3）描述角色和团队组织（沟通协议/参与规则）
	（C）计划与执行	（C1）与团队成员共同交流要执行的计划	（C2）制订计划	（C3）遵守规则（如推动团队其他成员去执行自己的任务）
	（D）监测与反思	（D1）监控与修订共同的想法	（D2）监控行动的结果并评价解决问题方面的成功之处	（D3）监控和调整团队组织与角色分工并反馈

因此，PISA 2015 协作解决问题能力是协作素养与问题解决能力动态联系而形成的宏观二维能力。其中，协作素养占主导地位。

从结构来看，协作解决问题能力并非协作能力与问题解决能力的简单相加，而是在问题解决能力的基础上适切地融入了协作能力的核心要素和人机交互新技术的理解力。协作，意味着有两个或两个以上的成员参与互动，以共同解决问题。团队中的一个成员是参与测评的学生，其他成员是计算机虚拟人物。

从过程来看，协作解决问题需要学生在认知、行为、情感等多个维度上的高层级与高水平投入。

从目的来看，协作解决问题能力测评的核心，旨在强调解决当下问题的合作过程和行为，而不以提出正确的解决方案为根本目标。因此，PISA 更加关注学生在协作解决问题中达成共识、沟通交流、做出反馈、处理冲突、合理分工、组织管理、监控进程、评价成效等。

从性质来看，协作解决问题能力是高阶能力、综合能力，也是学科一般能力，即学生在各学科学习过程中表现出来的基本学科能力。它通常不是作为一种独立于特定内容领域的单一技能来教授的，而是整合在学校特定的学科课程学习中进行培养的。

从评价理念来看，PISA 对协作解决问题能力的测评必须发生在学生解决问题的过程中，通过收集学生的动态表现数据，融合过程性评价、表现性评价与发展性评价的理念。

　　PISA 2015 构建了协作解决问题能力水平量表，将学生按分数划分等级。协作解决问题能力的级别共分五级：第一级别至第四级别的学生能成功完成该水平所包含的项目；第四级别为最高能力级别；第一级别以下属最低能力级别，这一级别的学生被认为缺乏协作解决问题的能力。

　　在 PISA 2015 中，达到第四级别的前五个国家分别是新加坡（21.4%）、新西兰（15.8%）、加拿大（15.7%）、澳大利亚（15.3%）、芬兰（14.4%）。中国香港学生达到第四级水平的有 13%，高于 OECD 的平均百分比（7.9%），低于表现较佳的新加坡（21.4%）。在参与测评的 52 个国家和地区的学生中，新加坡学生的协作解决问题能力排名第一，超过 20% 的参评学生达到测评最高水平。中国内地学生（以北京、上海、广东、江苏的学生为代表）仅排在第 26 位。① 这显示我国课程改革在提高质量上面临的挑战之一是提升学生的协作解决问题能力。

　　OECD 表示，测评结果证明，学生协作解决问题的表现与他们在 PISA 核心科目（阅读、数学和科学）中的表现在一定程度上呈正相关。例如，核心科目表现优异的新加坡、澳大利亚、日本、韩国、新西兰和美国的学生在协作解决问题上同样表现得很好，他们的协作解决问题能力甚至比在阅读、数学和科学方面得分更高。以北京、上海、广东和江苏的学生为代表参与测评的中国内地学生，虽在阅读、数学和科学测评上显示出一定优势，但协作解决问题的表现平平。数据显示，女生比男生更善于协作解决问题。

　　PISA 还指出，各国或地区的学生总体上对协作持积极态度，而且在学校中培养积极的协作关系，有利于培养学生的协作解决问题能力，改善其对协作的态度。OECD 进而建议学校可通过组织体育活动和相关社会活动等方式，培养学生的社会技能和对协作的态度。

　　此外，OECD 将在 PISA 2021 中将学生的创造性思维作为测评的重要维度之一，并已在 2019 年 4 月发布测评框架草案。PISA 2021 指出，创造性思维是指中学生创造性地参与创意的产生、评价和改进的能力，这种能力可以形成新颖且有效的问题

　　① OECD, *PISA* 2015 *Results*（*Volume* Ⅴ）：*Collaborative Problem Solving*, Paris, OECD Publishing, 2017, p. 70.

解决方案，促进知识体系的完善和想象力的有效表达。根据界定，PISA 2021 主要针对"产生多样化创意""产生创造性创意""评价和改进创意"三个方面进行评价。①

概言之，PISA 注重考查学生在复杂情境下运用高阶思维解决与现实生活密切相关的问题的综合体现，且注重高阶思维的测评在主要测试领域的落地，其素养的测评框架、素养的水平划分、素养的测评方式等方面，对我国进一步完善学习评估具有重要的参考和借鉴价值。

三、多元的评估方法

随着促进学习相关理念的推行，教师需要根据评估时机、评估目的、学习内容，了解并采用多元的评估方法。教师在日常教学中，已采用了不少评估方法，如课堂提问等，但较少将其提升为理论进行思考。也有教师采用了较为新颖的评估方法，如表现性评估。教师在评估学习时，需要采用多种评估方法，并将其进行有效结合。

（一）纸笔测验

评估学生的学习表现，通常采用的方法是纸笔测验，即教师编制试题，要求学生书面答题，以评估学生的学习表现。

纸笔测验组织方便，适用于大规模评估，有较广泛的适用范围，但也有一定的局限。纸笔测验不适用于评估某些认知或非认知因素，如写作素材的积累、学习态度及习惯、口语表达能力、沟通协作能力、解决实际问题的能力等。以语文或英语学科为例，在评估时，除了采用传统的笔试之外，教师还需要采用观察、练习、提问、面谈、成长记录袋、双向或多向口语交流、作品展示、专题研习等多元的替代性评估方法。测验力图把复杂的教育、课程等简化为数量，这会导致测验脱离教学情境，使学生成为被动的信息提供者。相比较而言，标准化的成绩测验，往往考查低层次的事实性信息而非深层次的思维等方面的素养和能力。

现在的纸笔测验日益要求学生完成与现实生活相关的书面任务，以评定学生的能力。以语文或英语学科为例，教师可采用的主要测验方法如下：

---

① 李川：《PISA 2021 创造性思维的评价内容及其启示》，载《比较教育学报》，2020(3)。

简要回答。教师可设计开放性试题，例如，可以设计评论观点的试题。这类试题有多个正确答案，回答的形式包括填写图表等方式。

评论。教师要求学生用一两段文字分析、解释、评论观点。学生回答这类问题时，需要具备分析、综合和批判的能力。

写作。教师可以通过布置写创意作文、实用文等方式，让学生综合性、创造性地表达自己的思想观点。例如，让学生撰写传承中华优秀传统文化的方案，或者让学生针对网络游戏对儿童的影响撰写建议书等。

综合。教师可以让学生阅读系列读物或研习报告等。

（二）融入日常课堂教学的评估

为了促进学生的学习，教师可以在教学规划与计划、实际教学和教学总结中嵌入评估。学习评估是连续的评估，随时在教学过程中发生，是融于教学过程的"嵌入式评估"或随堂评估。教学与评估之间存在紧密联系。

对于教师而言，评估是他们每天在课堂教学中都会进行的工作。教师可以在做教学计划之前，对学生进行诊断性评估，通过前测了解学生已掌握的知识与技能，判断学生的学习困难。这类诊断性评估，可以通过对系列问题的集中检测，了解学生对某些概念或技能的掌握程度，以帮助教师在做教学计划时"对症下药"。教师可以先帮助学生掌握一些知识与技能，随后再进行正式教学。教师在做教学计划时，需设计好提问、课堂测验、课后面谈等评估环节，将它们作为有效教学计划的一部分。在实际的教学活动中，教师可以进行实时评估，了解学生是怎样学习的、有哪些学习困难等，进而及时为学生提供支持。在阶段性学习结束之时，教师可以通过单元测验或学期评估等方式，考查学生对学习内容的掌握程度，了解其长处与不足。

对学生而言，参与评估的过程，也是学习的过程。学生参与评估是其常规学习的一部分，能够巩固所学内容，使自己通过不断反思实现自我完善。

教师主要运用观察、练习、提问和课后面谈等方式开展评估。观察包括细心聆听学生谈论功课。练习要求学生应用特定技巧完成学习任务。提问作为广泛应用的教学手段和备受重视的一种评估方法，可以用于了解学生是否掌握了学习内容。教师要重视提出一些需要思考才能回答的问题，多进行开放性提问，鼓励学生进行深入探讨。对于学生的回答，教师要通过追问等方式，引导学生进行深入思考。同时，提问也能够增强学生之间的互动，促使学生更加投入地参与学习活动。教师有效提问的示范，可以提升学生的提问技巧，有助于学生成为更独立的学习者，以帮助学生自行克服难题，为自己的学习负责。课后面谈是教师与一个或一组学生的会谈。通过面谈，教师可以了解学生的学习情况，或是针对学生的学习情况，提供及时、具体的反馈，并引导学生思考。课后面谈的目的之一，是解决学生特定的学习问题，例如，教师批改作业时发现了学生常犯的错误，就可以约学生面谈。此外，教师与学生面谈还有更广泛的目的，例如，帮助学生从一份作业或某个科目的学习中，了解自己的强项和需要改进的地方，并考虑如何发挥特长。教师也可以在面谈中，了解学生的学习方式、学习兴趣或在学习中面临的困难，并分析困难产生的原因。面谈是双向对话，强调师生之间的沟通与互动。教师可以鼓励学生积极反馈。面谈时，教师要关注学生的感受，不仅要指出学生的错误，更要提出建议，这样才能帮助学生在学习过程中取得更大进步。

(三)替代性评估

替代性评估或另类评估(Alternative Assessment)是人们在反思经典测试的基础上发展起来的，以评估学生的学习过程、进步情况和能力发展情况。目前，已有不少替代性评估可以用来考查批判性思维，它们通过多种方式考查学生的问题解决、元认知等方面的能力。替代性评估或另类评估有不同的表述，如表现性评估、真实性评估等，其形式包含写作、口头演说、展示、实验等。替代性评估或另类评估的特点主要是：①要求学生演示、创造或动手做某事；②要求激发学生高水平的思维能力和解题技能；③将有意义的教学活动作为评估的任务；④唤起真实情境下的能力运用；⑤人工计分；⑥要求教师在教学和评估中担任新的角色。

1. 档案袋评估

学习档案袋又称成长记录袋，兴起于 20 世纪 90 年代的美国。学生有目的地搜集和记录供自己、教师或同伴进行评估的有关材料，以展示学习全貌，让教师、家长更具体地观察自己学习的足迹和成果。

教师已经广泛采用档案袋评估方式。档案袋是学生在一段时间内学习成果的集合。档案袋通常是教师和学生选择的作品的集合，不仅包括传统的作业、测验和考试，而且包含具有代表性的视听作品和美术作品等。对一般学生而言，相比依靠记忆的考试，这种作品的集合，可能会更全面和准确地呈现出学生的进步和对知识的理解。

档案袋是一种展示学生进步的强有力的工具，并且这种可见的进步能够充分激励学生和教师。档案袋评估还可以促进元认知的发展，允许学生自己设定学习目标，然后追踪其进展。即使是在考试和测验这样传统的评估中，学生也可以通过建立档案袋获得更深层的理解，回顾并写下他们在考试中答错的题目、为什么出现这样的错误，以及他们应该怎样为下次评估做准备。

2. 创建学生日志

学生日志是另一种评估工具和促进学生学习的强有力的工具。日志有多种形式，但教学环境中常见的有反思日志和学习日志。

学生创建反思日志的目的是思考他们所学到的内容，以一种相对自由的方式探索这些内容与其他内容的潜在联系，并将之应用到自己和周围人的生活中。反思日志的写作已经被证明能够促进元认知的发展，促进学生在学习任务中使用更复杂的认知策略。

学习日志代表了一种具有更高限制性和客观性的写作任务。学生创建学习日志时，他们的任务是清晰地叙述他们在学习后理解的重要知识点。学习日志对于教师跟踪学生在课堂中的学习进度也特别有效。

教师应综合考虑反思日志和学习日志对学生的帮助，以最适合学生群体的组合方式对它们加以运用。

3. 表现性评估

表现性评估是指通过观察学生在各种活动中的表现来考查学生运用知识的能力的方法。这些活动有实验、根据证据做出判断、评估来源、制订行动计划、发展多视角的观点，以及用艺术来展示对内容的理解。

教师可采用双向或多向口头交流的方式对学生学习进行评估。例如，在语文或英语学科中，通过口头演讲、戏剧表演、课文改编与角色扮演、小组讨论、演讲、讲故事、辩论、采访等方式，教师可以了解学生的口头表达能力和思维敏捷性。

通过作品展示的方式，学生向观众演示或表演自己的作品，这要求学生具备主动性和创造性。例如阅读作品后，学生可进行角色扮演。

在进行研究性学习或专题研习时，教师要求学生确定主题、提出假设、拟订计划、进行调查、撰写研究报告，以评估学生的主动探究能力。在专题研习中，学生需扮演多种能够解决实际问题的角色，如记者、研究员、作家等，通过查找资料、访谈、讨论、阅读写作等方式完成学习任务。

例如，在语文或英语学科中，教师可根据学校传统、学生特长等，采用多种多样的形式，如读写故事、读写童话、读写小说、读写演讲词、读写新闻报道等方式，对学生进行评估。

上述评估方法要求少背多用，重视评估过程与方法，较为灵活、生动，可以激发和保持学生的学习兴趣，增加学生实际运用语言的机会，在实践中发展学生的听说读写能力，并体现学生解决问题的能力。

总之，教师对学生学习的评估，要立足过程，促进发展。多样的评估活动是对传统纸笔测验有益的补充。学生可以发挥自己的创意，提升兴趣。对于学生而言，学习过程与学习成果同等重要。学习评估需要聚焦探究，注重发展学生在真实世界中解决问题的能力，引导学生在观察、思考和协作中实现成长。

概言之，当前的教育改革，需要教师开展基于素养的学习评估，以培育核心素养。为更好地应对教育发展和改革的要求，教师需要了解学习评估的相关理念与观点。教师做教学计划时，应该在把握素养目标后，规划教学与学习评估活动。多元评估应该在教师一系列的具有目标性的教学与学生的学习系统中规划与实施。学生在教师的教学活动中通过各种方式表现自我，而教师在创新教学的同时，也给予学生反馈。拥有系统的学习评估观点的教师，会以学生为主体，关注学生核心素养形成的过程与结果，区分形成性评估与终结性评估并善用评估方法，为学生提供其在学习过程中所需要的协助与支持。

此外，教师需要提升自己的专业评估能力。一方面，教师必须搜集学生在不同维度上的表现，来判断学生的整体学习质量，并且通过评估的实施、结果的诠释和成绩的运用等，增强学生的学习动机与学习成效；另一方面，教师要编制符合学生学习目标与学习表现且具有信度和效度的评估工具，运用标准评估的观点考查学生的学习成效，发展学生的学习品质。

四、技术支持的评估

相较于传统的以教师为中心的教育范式，技术在以学习者为中心的教育范式中将扮演更加重要的角色。技术能为学习评估带来新的工具和方法。

第一，技术可以为教师记录学生的学习表现提供支持。评价方式的转变需要技术高效、省时地完成对学生阶段性表现的记录，完成对学生的知识掌握程度、学习动机、认知能力等的追踪分析，及时帮助教师记录和存储信息，以作为评价学生的参考。

第二，利用技术，教师可以更加灵活、准确地为学生制订个性化的学习方案，包括长期和短期学习目标等。同时，教师通过对数据的采集和分析，可以不断调整学习方案，使其更适合学生的个性成长需求。

第三，技术通过在线学习平台等方式，能够为学生提供更具有针对性的学习辅助工具，成为教师指导的有益补充。

在瑞格鲁斯提出的"个性化综合教学系统"中，技术发挥了跟踪记录学习情况、学习计划、学习指导、学习评价四种功能。四者相互辅助和整合，形成了循环开放的系统(如图6-2所示)。跟踪记录学习情况为制订学习计划提供参考信息。学习评价融入教学过程，能够自动记录评价结果并反馈信息，形成一个学习过程环路。①

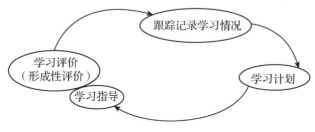

图6-2 技术的新角色

概言之，信息时代的技术不仅改变了教育和学习的方式，而且将推动整个社会走向终身学习的生态。通过技术整合教育资源，拓宽学校教育的范围，引导更加广泛的社会参与，使教和学可以无处不在。技术的发展，也将有力推动学习评估的开展。

---

① 刘妍、顾小清、顾晓莉、姚媛媛：《教育系统变革与以学习者为中心的教育范式——再访国际教学设计专家瑞格鲁斯教授》，载《现代远程教育研究》，2017(1)。

第七章
教学反思及应用

本章概述

　　教学反思是教师获得专业知识、提升专业能力、增强专业精神的重要途径，对教师成长和专业发展有着重要作用。本章系统梳理了教学反思的概念、特征和理论基础，明确了反思对教学活动的优化、实践性知识的生成、教师专业发展和改善教师的学习模式的重要作用，分析了教学反思是由内容、水平、过程和倾向构建的立体模型。教师应从系统和整体角度出发，通过参照反思内容、按照反思过程、考量反思水平、调动反思意向来全面开展教学反思。在实践中，教师可以采用发现问题、归结原因、设计方案、寻找依据、纳入实践、优化调节的反思策略，以及课例研究、叙事研究、行动研究等反思方法，持续、深入地开展教学反思。

第一节 教学反思的必要性

一、教学反思的概念与特征

什么是反思？我国古代思想家有"吾日三省吾身""见贤思齐焉，见不贤而内自省也"的论述，强调通过反省自己的行为来促进自身发展，认为"反思"等同于"内省"。西方对思维状态的思考可以追溯至柏拉图和亚里士多德时期，但最早谈及反思概念的是英国教育思想家洛克和荷兰哲学家斯宾诺莎。洛克认为，反思是对自身心灵状态的知觉或对心灵运作(思维活动)的注意，以思维活动为思维的对象。斯宾诺莎则认为反思是认识真理的比较高级的方式，把对作为认识结果的观念的再认识称为反思。真正将反思引入教育领域并进行系统阐述的是美国教育家杜威。在《我们怎样思维·经验与教育》一书中，他将反思定义为"对某个问题进行反复的、严肃的、持续不断的深思"①，并对反思过程进行了深入分析。进入 21 世纪之后，随着经济的快速发展，各国对高素质人才的需求不断增强，对教师专业发展情况高度关注，对教学反思的重视也达到了前所未有的高度。

什么是教学反思？"教师的教学反思是教师教育、教学认知活动的重要组成部分，它贯穿于教育、教学活动的始终。具体地说，教学反思指教师为了实现有效的教育、教学，在教师教学反思倾向的支持下，对已经发生或正在发生的教育、教学活动以及这些活动背后的理论、假设，进行积极、持续、周密、深入、自我调节性的思考，而且在思考过程中，能够发现、清晰表征所遇到的教育、教学问题，并积极寻求多种方法来解决问题的过程。教学反思是一个能动的、审慎的认知加工过程，也是一个与情感和认知都密切相关并相互作用的过程。在此过程中，不仅有智

---

① [美]约翰·杜威：《我们怎样思维·经验与教育》，姜文闵译，11 页，北京，人民教育出版社，2005。

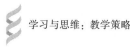

力加工，而且需要情感、态度等动力系统的支持。"①教学反思有如下一些特征。

（一）教学反思始于实践中的困惑和疑问

教学是一种复杂的认知活动，也是高度理性的活动。面对复杂的教学情境，在开展教学活动的过程中遇到困惑和问题，不能顺利完成教学任务时，教师就会思考和分析可能存在的问题，分析已有的计划、决策及结果，并以新的形式进行重构。如同杜威在《我们怎样思维·经验与教育》中所描述的，反思思维包括：引起思维的怀疑、踌躇、困惑和心智上的困难等状态；通过寻找、搜索和探究的活动，求得解决疑难、处理困惑的实际办法。②

（二）教学反思是系统省思与批判的过程

教学反思是聚焦实际问题的（不断询问"应该是什么"的道德问题），是行动取向的，是寻求多元视角和行动方案的，是需要考虑已经采取和即将采取的行动的可能或现实的后果的，是一个螺旋的而非线性的过程，是切合特殊背景需求的。③ 教学反思的各个部分前后相连、相辅相成，始于现实中的实际问题，是教师对教学诸要素的再认识、再研究的过程。整个反思过程具有连贯性和系统性。教师通过对课堂教学中已发生的教学现象进行反思，发现专业实践中的问题，寻求解决问题的新方法、新策略，加深对教学活动规律的认识，从而选择更合理的教学策略，提升教学实践的实效性。

（三）教学反思着眼于未来行动的改善

教学反思本质上是通过分析经验发展经验的活动，是从经验中学习的活动，可以从过去与未来（时间）、理论与实践（归属）两个维度进行。在时间维度上，教学反思虽然起始于过去的实践情境，但却着眼于未来的行动改善。在归属维度上，教

---

① 申继亮、刘加霞：《论教师的教学反思》，载《华东师范大学学报（教育科学版）》，2004(3)。
② [美]约翰·杜威：《我们怎样思维·经验与教育》，姜文闵译，19 页，北京，人民教育出版社，2005。
③ Hannay, L. M., "Strategies for Facilitating Reflective Practice: The Role of Staff Developers," *Journal of Staff Development*, 1994(3).

学反思是行动导向的，有利于教师在后续教学中进行更准确的专业判断、更优化的教学设计等。①

(四)教学反思是教师主动思维和建构的过程

一个教师除非善于从经验反思中吸取益处，否则就不能有什么改进。② 教学反思表现在教师日常"有心"的行动中。当教师置身于专业发展的主体地位，意识到发展的责任时，教师就会形成自发自觉的学习力和研究力，对教学活动始终保持敏感度，不断谋求改进和提高；能够在改善行动的强烈愿望的指引下，主动寻求与其他教师对话并与学生"教学相长"；及时体察自己的教学理念与实践，在教学上不断完善自我。教学反思有助于教师摆脱感觉、欲望和传统观念等局限性的影响，从单纯的经验总结走向规范化的教学问题研究，从简单的教学方法概括走向适用于更多教育情境的个人教学理论的提炼，实现对教学的反思和重构。

二、教学反思的作用与意义

教学反思伴随着教师专业化思潮的发展而发展。从 20 世纪 60 年代到 80 年代，世界上教师专业化思潮的发展实际经历了两个阶段：第一阶段主要将教师职业与医生、律师等其他职业相比较，关注教师职业的专业性和地位问题；第二阶段主张教师专业发展与教学实践相联系，关注将教师的专业知识和专业实践结合起来重新审视教师的专业性问题。新的教师专业发展范式认为："教师的专业发展应该与其工作的情景紧密联系起来，学校不仅是其工作的场所，也是教师专业发展的最佳地方。教师专业发展不应与教学实践分离，从做中学就是教师专业发展的最主要方式。他者的帮助虽然不可或缺，但却不能越俎代庖，本末倒置，教师在专业发展中应该更为主动，以探究者和研究者的角色审视自己的教学活动。"③(图 7-1) 教学反

---

① Ghaye, A. & Ghaye, K. , *Teaching and learning through critical reflective practice*, London, David Fulton Publishers, 1998, pp. 8-9.
② 斯坦托姆、汪琛：《怎样成为优秀教师》，载《比较教育动态》，1983(1)。
③ 赵明仁：《教学反思与教师专业发展——新课程改革中的案例研究》，10 页，北京，北京师范大学出版社，2014。

思的作用和意义逐渐深入人心。

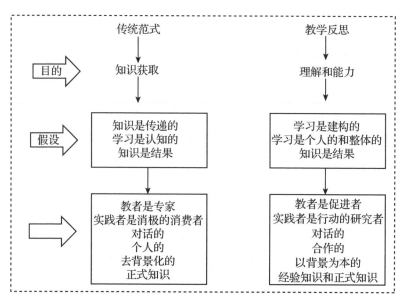

图 7-1 教师专业发展的传统范式与教学反思比较

资料来源于赵明仁：《教学反思与教师专业发展——新课程改革中的案例研究》，10 页，北京，北京师范大学出版社，2014。

(一)教学反思促进教学活动的优化

教师作为教学活动的设计者、组织者和实施者，其思维贯穿于教学活动的始终。无论是把抽象的教育理念转化为具体的教育行为，还是寻求教育行为背后的理念支撑，都离不开教师的主动思考和积极参与。教师只有及时、深入地开展教学反思活动，才能最大限度地使教学活动得以控制、调节、优化和完善。

当前，培养学生的综合能力已成为 21 世纪课程改革的重大主题。2016 年 9 月，《中国学生发展核心素养》发布，从文化基础、自主发展和社会参与三个方面提出了学生的必备品格和关键能力。2017 年 9 月，《关于深化教育体制机制改革的意见》发布，再次明确"在培养学生基础知识和基本技能的过程中，强化学生关键能力培养"。核心素养的提出对教师课堂教学提出了更高的挑战：在课堂教学过程中既要关注学生知识、技能的掌握，也要关注学生的学习态度、学习方法和学习习惯，更要关注学科核心素养的形成和发展；既要关注学生的学习结果，更要重视学生的学习过程。因此，教师更需要开展教学反思，针对各种复杂问题进行审慎的思考和判断，不断学习新的教学理论，积极地投入课程的设计与实施中，并不断总结与反思自己的教学实践，改进自身的教学方式，促进学生核心素养的形成和发展。

(二)教学反思促进实践性知识的生成

实践性是教师职业的根本特性，教师所具备的专业知识是其开展教育教学工作的基础。有学者根据教师知识与教育实践之间的关系，将教师知识分成三大类：一类是"为了实践的知识"，即外部专家根据教师职业的需要，通过研究开发出来的知识，要求教师在职前培养和职后培训中系统地学习；第二类是"实践中的知识"，即教师自己在工作中积累的知识，体现了教师自己的实践智慧；第三类是"实践性知识"，即教师超越正式知识和非正式知识、理论和实践、内部和外部等种种二元对立，依靠自己的批判性思维而形成的对教育教学的认识。[1] 如同一位教师所言："我没有什么理论，我所有的东西都是我自己琢磨出来的。自己琢磨出来以后，再去看一些书，然后产生了共鸣，我就非常认可那个理论。"这就是教师的实践性知识，是教师专业发展的主要知识基础，在教师的工作中发挥着不可替代的作用。

实践性知识有四个构成要素：一是教师，教师拥有自己独特的知识，表现为个人性；二是问题情境，实践性知识通常在具体的问题解决的过程中体现出来，具有价值导向性、情境依赖性、背景丰富性；三是行动中的反思，具有行动性、缄默性、身体化的特征，表现为教师在行动中反思，对问题进行重构，并通过自己的实践意识对行动进行反思性监控；四是信念，这种信念是教师通过自己的实践形成的，并且被教师自己的行动效果证实"有用"。[2]

正因为实践性知识具有缄默性、个人性、身体化等特征，所以它很难通过读书、听讲座，或是他人的给予而获得。教师只有通过实践—反思—再实践—再反思的过程不断反思和重构，逐渐形成并发展新的实践性知识，才能够有效支配日常教育教学行为，提高教学的效能和效率。可见教学反思促进教师实践性知识的形成和

---

[1] Cochran-Smith, M. & Lytle, S., "Relationships of Knowledge and Practice: Teacher Learning in Communities," *Review of Research in Education*, 1999(24).

[2] 陈向明：《对教师实践性知识构成要素的探讨》，载《教育研究》，2009(10)。

转化。（见图 7-2）

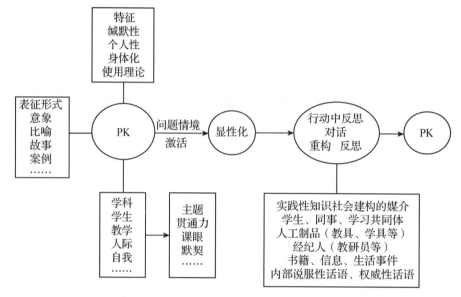

图 7-2　教师实践性知识（PK）生成图

资料来源于陈向明：《对教师实践性知识构成要素的探讨》，载《教育研究》，2009（10）。

（三）教学反思是教师专业发展的有效策略

美国心理学家波斯纳提出"经验+反思=成长"的教师成长公式。叶澜教授也曾说过："一个教师写一辈子教案不一定成为名师，如果写三年教学反思则可能成为名师。"反思是教师自我发展的重要机制，对于提高教师专业化水平具有重要意义。

根据顾泠沅的研究①，我国众多优秀教师、教改先行者的成长历程，生动地说明了教师在"课堂拼搏"中"学会教学"的规律性进程：关注个人已有经验的课堂行为—关注新理念的课堂设计—关注学生收获的行为调整。联结这三类活动的是两次有引领的反思：反思已有行为与新理念、新经验间的差距；反思理性的课堂设计与学生实际收获间的差距。在这样课前反思与课后反思的多次往复中，教师完成了更

---

① 顾泠沅：《专业引领与教学反思》，载《上海教育科研》，2002（6）。

新理念并向行为转移的两次飞跃。

北京师范大学李琼等人以北京 815 名中小学新教师、有经验的普通教师与获得国家级荣誉的卓越教师为样本，从教师的专业精神、学生观、教学组织与管理、教学反思与研究、学科知识、学科教学知识、教学特色及专业自主发展意识八个方面出发，分析了区分三类不同专业水平教师的关键指标，结果表明教学组织与管理、学科教学知识、教学反思与研究是中小学卓越教师共同的关键特征，特别是从经验中学习与自觉反思成为卓越教师成长规律。① 这从实证角度回应了"实践反思"的教师专业发展方式。教师专业成长不仅需要汲取新的理论素养，更重要的是不断通过有意识的思考与反思，对自身教育教学实践中的问题进行多层次、多角度的深入分析与研究。教师成为反思者是教师专业发展的必然。

(四)教学反思有助于改善教师的学习模式

传统的教师学习时采用的是一种"获得模式"，即通过听讲座和读书获得"为了实践的知识"，然后应用到日常工作中。这种模式有利于教师快速了解外部专家开发的原理和原则，但并不能使教师有效应对其在实践中遭遇的困境。

20 世纪 90 年代以来，以文化历史活动理论为代表的"拓展学习模式"(Expansive Learning Model)，重视人的社会性学习，通过有能力的同伴的支持，将学习者活动和人际关系中的身份认同、智力、领导力、情感等发掘出来，到达学习的最近发展区。② 这种模式创建了实践共同体，使教师的研究与反思能够得到其他相关人员(如教研员)的支持，能够为理解和分析问题提供不同视角，使学习在更具不确定性的同时也变得更加丰富和具有创造性。

教师之所以需要实践共同体，是因为在现有的教育体制下，教师个体通常被封闭在自己的教室里，面对学生"单打独斗"，很容易产生孤独感和职业倦怠。如果能够与其他教师组成研究团队，共同对所面临的问题进行讨论和分析，教师不仅能

---

① 李琼、吴丹丹、李艳玲：《中小学卓越教师的关键特征：一项判别分析的发现》，载《教育学报》，2012(4)。

② Engestrom, Y., "Expansive Learning at Work: Towards an Activity Theoretical Reconceptualization," *Journal of Education and Work*, 2001(1).

提高反思能力，而且会产生更强的职业归属感、群体认同感。①

三、教学反思的理论基础

(一)元认知理论

现代认知心理学认为心理学的重点研究对象是内部心理过程，特别是元认知理论为人们揭示教师反思的内在思维机制提供了理论依据，并为提高教师反思水平提供了心理学依据。元认知是美国心理学家弗拉维尔(J. H. Flavell)于20世纪70年代提出的关于个体对自身认知过程及结果进行反思和控制的理论体系，是学习者在对认知活动的自我意识、自我反思和自我控制进行认知的基础上所形成的对自身认知能力进行审视和解读的完整体系，它的核心意义是对自身认知的认知。

元知识有三个既相对独立又相互联系的成分：元认知知识、元认知体验、元认知监控。

1. 元认知知识

元认知知识是个体关于认知活动的一般性知识，指个体作为学习者的知识，可分为三部分：

关于个体的知识，是学习者对自己学习兴趣、学习习惯、学习能力及其程度的认识理解，是学习者学习过程中所进行的自我反思。

关于任务的知识，是学习者在解决问题过程中需要使用的认知知识，这些知识的主要功能是帮助学习者完成任务，是完成目标和任务的支持性材料。

关于策略的知识，是学习者认识到的关于完成任务需要的策略、各种策略的使用条件与范围，并能够根据不同任务、不同情境选用有效的策略的知识。

通常情况下，元认知知识储存于个体的长时记忆中，表现相对稳定。个体需要时能够及时对这些知识进行提取并使用，从而帮助自己完成认知任务并获得认知效果。

---

① 陈向明：《中小学教师为什么要做研究》，载《教师发展研究》，2019(8)。

2. 元认知体验

元知识体验是指伴随着认知活动产生的认知体验和情感体验。元认知体验的时间有长有短，体验内容有简有繁，它可以在认知活动的每一个阶段中产生。元认知体验对完成学习任务有着重要的作用。学习者如果怀疑自己在执行任务中出现了错误就会进行重新审视和修正，也有可能由于失败的体验而修改或放弃原有的目标。

3. 元认知监控

元认知监控是指学习者将自己正在进行的认知活动作为意识对象不断评价、适时调整，以保证任务的有效完成的过程。元认知监控有三个环节：在认知活动开始前，确立目标、制订计划、挑选策略并预估其有效性；在认知过程中，根据认知目标及时评价认知活动，找出认知偏差，及时调整策略或修正目标；在认知活动结束时，评价认知结果，如发现问题则采取相应的补救措施，及时调整认知策略。元认知监控是元认知的核心。

由上可见，元认知之所以在学习活动中具有重要的作用，是因为它显示出两个重要特征：一是意识性，能使学习者知道自己正在干什么、干得怎么样、进展如何；二是调控性，能使学习者随时根据自己对认知活动的认知，不断做出调整、改进，使认知活动能有效地向目标迈进。

就教师而言，元认知即为教师对自己教学过程的自我观察、自我分析和自我调节。元认知理论促使教师去思考自己是怎样进行教学的、在教学实践中经历了怎样的心路历程，以及受哪些心理因素的影响，以使教师对自己的教学活动有一个整体的、准确的定位。教师要想在教学实践中提高自身的反思能力，就需要以元认知理论为支撑进行反思。由此可见，元认知理论是我们深入研究与探讨教学反思的心理学基础。

(二)建构主义理论

建构主义是认知心理学派的一个分支。它的主要观点是学习是一个文化参与的过程，学习者是通过参与到某个共同体的实践活动中来构建有关知识的。学习不仅是个体对学习内容的主动加工，而且需要学习者进行合作互动。早期的建构主义理论主要包括皮亚杰的"同化—顺应"理论、维果茨基的"最近发展区"理论、布鲁纳的"发现教学理论"等。如今的建构主义理论包括众多流派，但它们有着明显的共同点，即都明确肯定学习是以学习者已有的知识和经验为基础的主动建构活动。

1. 建构主义的知识观

建构主义认为，知识并不是对现实的纯粹客观的反映，也不是对客观现实的准确表征，而只是一种解释、一种假设，并不是问题的最终答案。知识不是万能的，而是需要学习者针对具体问题的情境对原有知识进行再加工和再创造的。学习不是被动接收信息刺激，而是主动地建构意义，是学习者根据自己的经验背景，对外部信息进行主动加工和处理，从而获得自己的意义的过程。

2. 建构主义的教学观

建构主义强调学生是教学活动的参与者和知识的积极建构者，他们在现有知识的基础上获得更多的新知识。教师除了传授知识、解答困惑外，更应该是辅助学生建构知识的推动者、指导者。为了使教学具有构建意义，教师势必要以学生为本，根据学生个体所掌握的知识因材施教，帮助学生发掘自身潜能，充分调动学生的学习自主性和创造性，让学生主动学习，最终使学生成为能自我教育的社会主体。

3. 建构主义的学生观

建构主义强调学习者不是空着脑袋进入学习情境的。他们已经形成了有关的知识经验，对任何事情都有自己的看法，会对问题提出自己的假设。因此，教学不能无视学生已有的知识经验，不能简单地从外部"填灌"，而应当把学习者原有的知识经验作为新知识的生长点，从而引导学生丰富或调整自己的理解。教师与学生、学生与学生之间，需要共同针对某些问题进行探索，并在探索的过程中相互交流和质疑，了解彼此的想法。因此，建构主义非常重视个体的自我发展，强调学生的主动性。在建构主义理论的影响下，多种教学模式和教学方法应运而生，如支架式教学、情境教学、探究学习、合作学习等。

教师的教学反思很大程度上是教师在自身已有教学经验的基础之上进行的自我建构。教师反思的过程应当是一个主动建构的实践过程；教师可以学习他人的理论和经验，可以进行集体教学研究，可以与学生交流，也可以进行自我反思。建构主义认为反思面对的是动态的、持续的学习过程和学习者的点滴进步。教师要善于通过反思及时准确地调整和总结自己的教学策略，促进自身的专业发展。教师的教学反思是在原有的教学经验基础之上不断进行修正的过程。原有的教学经验不能解释当前的教育情境时，就会引发教师进行反思，这是一个动态的、持续发展的过程，需要教师不断回顾和审视自己以往的教学活动，从而持续发展和进步。

第二节　教学反思的结构

一、教学反思的内容

教学反思的内容是教学反思得以进行的载体。

安富海认为教学反思的内容可以有不同指向。课堂教学指向：分析、评价教学活动本身的利与弊，包括教学重点、难点的分析，教学方法、教学策略、教学技巧的运用，教学环境的综合把握等。学生发展指向：分析、考虑与学生发展、能力培养相关的一些因素。教师发展指向：分析、考虑与教师自身发展和素质提高相关的一些因素。教育改革指向：关注考试制度的改革以及当今的课程改革，关注宏观教育体制的改革以及教育改革的实效性。教育教学的影响因素指向：涉及学生的家庭背景、学校周边的文化环境、课程的适切程度、意识形态等。人际关系指向：涉及教师如何与学生形成和谐的人际关系，以及如何与学生家长相处，也包括同事之间的和平相处。①

衣新发认为教学反思可以从四个方面展开：一是反思教学意向，涉及教师对学生发展、教师发展、职业认同、教学理念、人际关系、核心素养和教育制度变革等问题的认识及调整；二是反思教学设计，主要反思对教学内容和教学方法的预设；三是反思教学行为，主要反思教学内容和教学方法的实现程度与效果；四是反思教学行为与教学意向及教学设计的关系，即反思有关教学预设与教学实践之间的关联。②

文淑娟根据教学的前中后三个阶段将教学反思的内容分为三个方面：教学前反思的内容包含教学内容、教学阶段及具体实施方法对学生的要求和满足这些要求的

① 安富海：《教学反思：内涵、影响因素与问题》，载《河北师范大学学报（教育科学版）》，2010（10）。

② 衣新发：《教学反思能力实训》，140~145 页，北京，高等教育出版社，2019。

具体目标，以及达到这些目标所需要的动机、教学模式和教学策略。教学中反思要求教师全身心地投入教学活动中，调动各种感官捕捉反馈信息，快速、灵活地做出调整和反应。教学后反思围绕以下几个方面进行：教学内容，即反思确定的教学目标是否适用，并对为实现现行目标所采取的教学策略做出判断；教学过程，即反思教学是怎样进行的、教学目标是否达到了预期的教学效果、教学理论是否符合教与学的基本规律、各类学生是否达到了预定目标等；教学策略，即反思教学策略是否恰当，检验新思想、新策略、新方案是否更有效等。①

　　万丽芸从教师的教和学生的学两个角度研究了教学反思的内容（见图7-3）。从教师角度出发反思教师的教，主要包括对教学过程、教学环境和教学理念等内容的反思。学生的学包括课堂学习情况及课后学习情况两个部分，而教学反思不仅需要教师对学生在课堂上的学习进行反思，更要求教师对学生学习的后续反馈进行观察、记录和分析。②

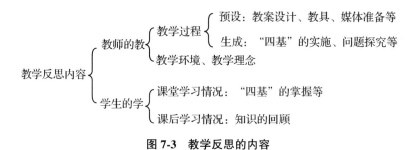

图 7-3　教学反思的内容

　　资料来源于万丽芸：《小学数学教师教学反思的策略》，载《西部素质教育》，2019（13）。

　　总体来看，以上对教学反思内容的分类基本围绕教师的教与学生的学两方面展开，或是从教学发生的不同阶段入手展开分析，如教学前、教学中和教学后，或是涵盖了支持教学活动的教育环境、教育观念、教育制度、课程形态等。教学反思不仅需要智力加工，而且需要有情感、态度等动力系统的支持。这进一步说明了教学是由多种要素参与的活动，所以教学反思既不能仅仅针对课堂教学就事论事，也不

---

①　文淑娟：《浅谈教师教学反思的方法和内容》，载《文学教育（下）》，2020（3）。
②　万丽芸：《小学数学教师教学反思的策略》，载《西部素质教育》，2019（13）。

能只从教师角度分析，还应该包括和教学有关的多种要素。教学反思的本质就是教师在教育教学实践中，对自我行为及其行为依据加以解析和修正的过程。我们只有尽可能把握学生、教师、教学内容、教学环境、教学方法等构成教学的各种核心要素，才能够在教学反思中不断理解教学活动的过程与本质。

二、教学反思的水平

教学反思的水平，反映了教师教学反思的深度。对教学反思的水平进行界定的研究者主要有马克斯·范梅南（Max van Manen）、斯巴克斯-兰格（Sparks-Langer）和弗雷德·科萨根（Fred Korthagen）。

范梅南以课堂实践为分析对象，将教学反思分为三个层次：技术性反思、实践性反思和批判性反思。在技术性反思中，教师所关注的是"怎么教学""面临问题应该怎么处理"的问题，即如何利用恰当的教学方法和技巧，在最短时间内，使教学获得最大的效果，以实现教学目标，这属于反思的最低水平。在实践性反思中，教师思考"我们应该学习什么""如何学习"等问题，重点检视教学手段与教学目标之间的关系，省察教学行为的合理性、教学过程与方法对学生学习的有效性和适切性。实践性反思能够透过教学行为层面分析行为背后的原因，但这种分析往往根据个人的经验进行。批判性反思是反思的最高水平，处于这一水平的教师能够从社会、政治、文化和历史视角来审视教学目标的科学性和价值，反思教学过程与方法对学生情感、态度和价值观，以及道德观念的作用等。① 范梅南对教学反思水平所划分的三个层次是衡量教师反思水平的经典模型。

斯巴克斯-兰格在范梅南反思水平模型的基础上，将教师的教学反思细化为七个水平（见表 7-1）。其中处于最低水平（一级）的教师不能对教学事件进行描述和解释；处于二级反思水平的教师能用外行或非专业的语言对教学事件进行简单描述；处于三级反思水平的教师能用恰当的教学术语和概念说明教学事件；处于四级和以上反思水平的教师不仅可以准确描述教学事件，还能运用教学理论思考并解释教学行为；处于最高反思水平的教师能整合社会伦理和道德、文化和价值观等因素，对

---

① Max van Manen，"Linking Ways of Knowing with of Beiing Practical，"*Curriculum Inquiry*，1977（3）.

教学现象、教学问题与教学事件进行深层次的理性分析，属于解放性和批判性反思[①]。

表 7-1　期巴克斯-兰格的教学反思水平模型

反思水平	描述	举例
一级	不能对教学事件进行描述和解释	
二级	能用外行或非专业的语言对教学事件进行简单描述	我把学生分成小组
三级	能用恰当的教学术语和概念说明教学事件	我在课堂上运用了小组合作
四级	能运用传统的个人偏好的语言对教学事件做出解释	我经常运用小组阅读的方法教学
五级	能运用教学原理、理论对教学事件进行合理地解释	小组合作有助于学生树立帮助他人学习的愿望，使帮助者与受助者都能积极投身于学习
六级	不仅能用教学原理、理论对教学事件进行合理解释，还能考虑到学生的个性特点、学科科目、社区等各种背景因素的影响	来自不同家庭背景的学生组成了学习小组，这种小组的合作学习是非常有效的，可以帮助学生积累更多积极的经验
七级	用教学理论对教学事件进行合理解释时，能考虑到社会伦理、道德、文化和价值观等因素	我看到有着不同经济条件的家庭之间交往很少，所以我在教学中有意让家庭经济条件不同的孩子组成小组，希望孩子们能跨越这些因素的影响来认识和尊重对方

资料来源于崔藏金：《"课例研究"如何促进英语教师反思水平发展》，载《当代教育与文化》，2017(4)。

科萨根注意到以往教学反思都过于强调教师对实践经验与教学能力的反思。对经验的理性反思，使教师作为人的情感、需求与思维、行动分离。因此在积极心理学的基础上，科萨根建构了核心反思模型(见图7-4)，从内外两个层次区分教师的反思内容和反思水平。

---

① Sparks-Langer, M. & Simmons, "Reflective Pedagogical Thinking: How Can We Promote It and Measure It?" *Journal of Teacher Education*, 1990(4).

　　外层包括环境、行为、能力。环境层面的反思包括对课堂、学生和学校等方面的思考。行为层面的反思包括对教学目标、教学方法、教学效果、课堂管理、师生互动等方面的反思。环境和行为层面的反思是最浅表的教学反思，可以通过课堂观察推测其背后的假设和理念。能力层面的反思包括对一般的教学知识、学科知识、学科教学知识、态度等的反思。

　　内层包含信念、身份认同、使命。信念层面的反思主要涉及教师对教育教学的认知、情感和评价等方面的反思，支配着教师的教学行为和对行为的理解。身份认同和使命层面的反思是最深层的反思，内在地决定着教师对职业的价值认同和专业发展取向。这种由内而外的反思取向，能够提升教师对身份认同、核心品质、自我理想的关注，最终提升教师的有效课堂行为。

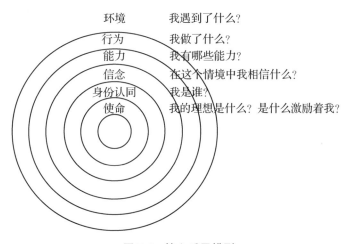

环境	我遇到了什么？
行为	我做了什么？
能力	我有哪些能力？
信念	在这个情境中我相信什么？
身份认同	我是谁？
使命	我的理想是什么？是什么激励着我？

图 7-4　核心反思模型

　　资料来源于周钧、张正慈：《从对经验的理性反思到基于核心品质的反思——评科萨根反思观的转变》，载《比较教育研究》，2017(11)。

　　在以上分析中，范梅南的三层次划分理论影响较大，表现了从技术合理化水平到理论分析水平再到价值判断水平的层层递进。在技术性反思水平中，教师将教学的改进寄托于技术手段，关注最多的是如何利用好方法和技巧，重视不同教学方法的选择、优化、组合。在实践性反思水平中，教师能够基于个人经验探究行为背后的原因，诠释其中的意义，关注了"我"在课程建构中的作用。在批判性反思水平中，教师反思时能够考虑道德的、伦理的标准，并在广泛的社会、政治、经济的背景下审视教育教学中的基本问题，揭露潜藏于这些问题中的意识形态，表现出了自身在促进社会发展变化中的主动性和积极性。在不同的反思水平中，教师主体性得以不同程度的体现和提升。科萨根对教学反思水平的划分则具有综合性，不仅关注技术层面的理性反思，还从教师教育信念和价值观的视角分析了教学反思水平。

　　各种水平的教学反思之间没有优劣之分，都是教师在复杂的教育情境中，为了实现有效的教育教学，进行的积极、持续、深入的思考。在思考过程中，教师能够结合教学活动的构成要素，发现自身所遇到的教育教学问题，并积极寻求多种方法来解决问题。当前我国正在进一步深化教育体制机制改革，强调在培养学生基础知识和基本技能的过程中，强化学生关键能力的培养。为适应课程改革和人才培养的需要，教师特别需要在新时代背景下，全方位地审视和研判课堂教学的全过程，更新教育教学观念，运用多样化、最优化的教学方法，尤其是在信息技术飞速发展的背景下，探索信息技术与学科教学的深度融合，提高自己的教学水平和效率，让学生在探究、创新中主动获取知识，促进核心素养的发展。

三、教学反思的过程

　　一般来说，教学反思的过程主要是围绕"发现问题—分析问题—解决问题"的思路展开的。杜威在其专著《我们怎样思维·经验与教育》中，对反思的过程做了比较详细的阐述，提出了以观念为工具来解决真实生活中的问题的五个阶段。第一阶段：感知困难。当遇到困难、难题时，反思的第一个阶段就开始了。在这个阶段，个体更多采取一种暗示的方法，在暗示中寻找和摸索可能的解决办法。而这种暗示依靠个体往的经验和平时的知识积累。第二阶段：界定问题。当遇到困惑或者困难、障碍的时候，个体需要用心观察问题的核心，进行理智的思考，界定困难的性质，将困难转化为待解决的问题，而非仅仅做出情绪反应。第三阶段：提出假设。个体根据现实情境和行动状态，通过观察、搜集事实材料，并通过联系实际提出解决问题的各种假设，猜测和分析可能是哪些地方出了问题。第四阶段：设计方案，也就是推理阶段。在这个阶段，个体需要发挥理性的作用将解决问题的各种设想排序，使其符合常理，也就是使解决问题的方法或者思路具有逻辑性和可行性。第五阶段：验证方案。最后一个阶段就是将设想的办法付诸实际，检验其可行性。

此阶段存在着两种可能性：一种是行动的结果符合设想，可以证明之前的假设和推理都是正确的；另外一种是行动的结果与设想不一致，则需要开始新一轮的探索以修正结论。

斯巴克斯-兰格提出了教学反思框架：首先，选择特定问题并广泛搜集资料；其次，分析搜集来的资料，形成问题框架，通过阅读专业书籍获取相关信息，找到解决办法；再次，根据形成的框架提出假设以指导行动；最后，实施行动计划。这些步骤能够循环进行，形成有效的反思环，以至于不断得到深化发展。①

申继亮将教学反思的过程分为狭义的和广义的两个方面。狭义的教学反思是指从觉察、分析教学活动开始到获取直接、个人化的教学经验的认知过程，即个体总结回顾自我经验的过程；广义的教学反思不仅包括狭义的反思，也包括对自身教学经验的理论升华、迁移，还包括教师主动探究教学问题，进而监控、调节、修正教学实践。他认为教学反思是一个多重螺旋式的发展过程，由三个逐渐递进的阶段组成。②

赵明仁在综合国内外多位研究者的观点和结论的基础上，总结了教学反思的基本过程：识别问题—描述情境—诠释与分析—行动（见图7-5）。但值得注意的是，实际中的教学反思并不是按照这样线性的关系进行的，例如个体在诠释和分析中，其实也在重新描述问题及其情境，也同时在认识问题，甚至发现更重要的问题。

图 7-5　教学反思过程图

资料来源于赵明仁：《教学反思与教师专业发展——新课程改革中的案例研究》，53 页，北京，北京师范大学出版社，2014。

---

① Sparks-Langer, M. & Simmons, "Reflective Pedagogical Thinking: How Can We Promote It and Measure It?" *Journal of Teacher Education*, 1990(4).

② 申继亮：《论教师的教学反思》，载《华东师范大学学报(教育科学版)》，2004(3)。

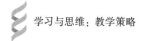

四、教学反思的倾向

教学反思的倾向是指教师在反思过程中所表现出来的习惯和态度。教学反思是教师从经验中学习的过程。问题的发现与教师个人的教学反思倾向是紧密联系在一起的，如果没有个人的投入，就不会有实践中问题的发现。

日常教学中存在大量有价值的信息，但是教师如果只是习惯于依据具体知识看问题，只会用"对"和"错"说话，而不是深入地探究这些问题出现的原因，那么随着时间的推移，教师只会越来越麻木，教学中的实际问题也会变得无解。而优秀教师具有非常敏锐的问题意识，他们能够看到和解读那些日常教学情境中的问题，并能够长时间专心研究这个问题，即不仅通过各种途径寻求新的知识，以探索和实验的方式解决问题，也愿意在更高层次上重新表征问题，并投入实践探索中。

刘加霞以小学数学特级教师华应龙为例，分析了专家型教师的思维特质，发现：专家型教师思维内容的特质是其善于追问教育的基本问题和学科教学的基本问题；思维方式的特质是质疑、批判、超越自我、专注而执着地研究一个问题。研究中有这样一个例子。华应龙老师准备"角的分类"一课时，提出了多个问题：研究角的分类的价值何在？角还有其他形式的分类吗？如何增加角的分类的现实性？角的分类能与其他什么内容结合起来？角的分类有什么数学文化吗？……这样的问题层出不穷。正因为不停追问"角的分类及度量"的本质，他的教学才既有创新性又富有实效性。由此可见，普通教师与专家型教师思维的本质区别在于：普通教师往往既不能回答判断时的困惑，又不愿做出理智的研究，只想尽快地获得结论，而专家型教师则愿意继承和发扬怀疑精神，以便更专注、更彻底、更深入地探究问题，不会轻易地接受任何观点或得出武断的结论。[①] 这再次印证了反思是教师专业成长的重要机制，同时也进一步说明了个人习惯与态度在教学反思中的重要性。

实践中，教师教学反思的倾向受到以下因素的影响[②]：

第一，对教学反思水平的风险知觉。反思是慢功夫，也是时间管理中"重要但

---

① 刘加霞：《专家型教师思维特质研究：基于华应龙深度教学思考的分析》，载《中小学管理》，2012(5)。

② 衣新发：《教学反思能力实训》，98~99页，北京，高等教育出版社，2019。

不紧急"的工作，因此多数教师都能认识到反思的重要性，但没有"不反思，教学水平就不能提升"的风险知觉，不能将反思作为日常教学中的习惯。正因如此，在面对复杂多变的教育教学问题时，教师更多起到"消防员"的作用，很难将注意力从"灭火"转移到"防火"上来。实际上，反思的工作属于"防火"性质的工作。也就是说，教师只有不断反思日常工作中的经验和教训，使之系统化和条理化并上升到实践性知识的层面，才能在以后更好地指导自己的教育教学行为。

第二，做好反思的自我效能感。教师的自我反思效能感是指教师对反思价值、对自己做好反思工作的能力抱有的自我信念与感受。自我反思效能感高的教师能够积极投入反思活动中，从而获得教育教学水平的实质提升，这反过来进一步坚定了教师关于反思的积极信念。

第三，对教学反思效果的期望。多数教师口头上会说反思很重要，但是在态度和信念上，并未觉得反思很重要。教师进行反思不是出于对自身教学质量的提高，也不是出于对学生发展的考虑，而是迫于学校制度的压力，使得反思变得形式化和任务化。反思所需的必要时间和空间条件得不到保证，故而反思不能真正落实到实际行动中。教师体会不到反思的价值和意义，也会加剧他们对于反思效果的低期望。

通过以上分析，我们可以看到，教学反思是由反思内容、反思水平、反思过程和反思倾向共同构成的立体模型(见图7-6)。教师应从系统和整体角度出发，通过参照反思内容、按照反思过程、考量反思水平、调动反思意向来全面开展教学反思。

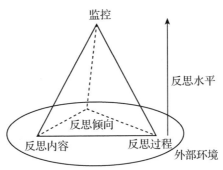

图7-6　教学反思结构图

第三节　教学反思的策略与方法

一、教学反思的策略

关于如何帮助教师更有效地进行教学反思，不同的研究者提出了不同的策略，如"在预设与生成中反思，在阅读与写作中反思，在教材重组中反思"，以及"为实践反思—实践中反思—实践后反思"等。衣新发提出了"教学反思六步法"①，其具体操作对教师在实践中开展教学反思非常有借鉴意义。

（一）第一步：发现问题（描述自己或他人的教学行为）

教师进行教学反思，首先是发现和记录教学中的困惑。当发现教学中存在待解决的问题，或是发现实际教学情况与自己原有的认知不相一致时，教师就应该及时记录这些情况。当前很多教师的教学设计本或者听课笔记本中，都附有"教学反思"栏目，便于教师记录印象深刻的教学片段或者某些稍纵即逝的教学"火花"等。只有找到并聚焦教学中的关键事件，教师才能有机会对自己的整个教学过程进行回顾、分析和审视，寻找解释困惑的证据，寻求解决问题的方法和途径，进一步促使自己的教学行为发生改变。

其次，力求问题描述具体明确。教学中的问题总是产生在特定的情境中的，因此，要想有效地解决问题，就要对情境做出细致的描述。好的教学反思意味着要对即时捕捉的教学反思点进行精细性复述和精细化的加工，这样教学反思的内容才得以进入长时记忆，并对未来的教学工作产生积极的影响。（见图7-7）教师如果不能及时记录反思的内容，那么很快就会记不清当时有反思冲动的准确的教学点在哪

① 衣新发：《教学反思能力实训》，102~140页，北京，高等教育出版社，2019。

里，不能实现精准定位。[1] 当前信息技术及网络环境高速发展，并在教育领域得到了广泛应用。借助手机、互联网及音视频设备、信息检索等工具或手段，我们可以帮助教师记录更加真实详细的教学活动，捕捉教学过程的每一个细节，为教师审视自己的教学、开展精细加工提供便利和支持。

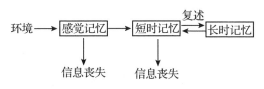

图 7-7　信息加工模型图

资料来源于卢强：《教育心理学》，104 页，北京，北京出版社，2010。

　　发现教学反思的切入点，需要教师提高自己的职业敏感性和觉察力，对"似曾相识"的教学情境保持持续的关注。教师有了良好的觉察力，才会对看似"波澜不惊"的教学场景有深刻洞察，准确捕捉教学中的关键信息，及时发现教学中的各种矛盾冲突。梁慧君选取上海市 4 所小学中处于适应期、发展期、成熟期以及持续发展期的教师进行研究发现，不同发展阶段教师的教学反思特点和关注点也存在差异。（见表 7-2）

表 7-2　不同发展阶段小学教师教学反思特点异同分析表

维度	共同点	不同点			
		适应期	发展期	成熟期	持续发展期
对教学反思的认识	①在实际的教育教学过程中会产生困惑，有一定的问题意识；②认为教学反思的理想时机在每节课课后，最晚不超过当天；③教学反思对自己的实际教学有帮助，最直接的作用是解决教学中的各种问题。	在教学中遇到问题时通常会直接向其他教师请教，有时会过后就忘；借助教学反思完善教学设计。	将在教学中遇到的问题先记录下来，然后寻求同行和学生的意见；通过教学反思可以将问题归类，并能积累经验。	遇到问题时先独立分析，如果不能解决再去多方请教；教学反思的最主要作用在于促进学生发展。	遇到问题及时记录，借助教学经验去解决问题，若不能解决则继续深入思考和请教他人；教学反思不仅对教师专业成长有帮助，还能促进学生的发展。

---

① 衣新发：《教学反思能力实训》，102 页，北京，高等教育出版社，2019。

续表

维度	共同点	不同点			
		适应期	发展期	成熟期	持续发展期
教学反思的内容	教学反思的内容主要体现在以下五个方面：①教学设计；②教学环节；③教学内容；④教学效果；⑤教学方法。	关注教学设计和效果，很少关注学生的实际参与情况；教学理念方面关注是否符合新课标要求；反思教学效果时看重知识掌握程度。	关注教学设计是否适合学生，包括课堂语言、提问方式等，比较重视学生的参与情况；教学理念方面关注学生需要；教学效果方面注重学生的参与程度和掌握知识的情况。	关注教学设计的同时注重对教材的处理和分析，重视如何将知识传递给不同层次的学生；教学理念方面注重学生的发展需要；教学效果方面关注教学目标和学生的发展程度。	关注学生的发展，包括思维、能力、品德等，同时重视课堂评价、学科交叉的内容和如何帮助年轻教师快速成长；教学理念方面关注学生需要；教学效果方面关注学生的发展程度，尤其是思维发展的过程。
教学反思的方法	教学反思的主要方法：①写教后日记；②集体备课；③与学生沟通；④个人备课；⑤同行听课交流。	"脑海中想一想"是使用频率较高的方法之一，通常在学校的要求下才会写教学反思材料和借助录像分析法进行教学反思。	倾向于使用"与学生沟通"的方法，认为教学反思的方法不受限制，可以灵活运用；一般会在公开课期间使用录像分析法并落实纸质的反思材料。	将"写教后日记"看作有效的方法，通常会将共性的问题进行归类总结，认为与专家学者交流对教学反思非常有帮助；很少使用录像分析法。	会根据实际的教学需要灵活运用一种或多种教学反思方法，关注学生的真实想法；一般会在教研和公开课期间使用录像分析法。

资料来源于梁慧君：《不同阶段小学教师教学反思的特点研究》，硕士学位论文，上海师范大学，2019。

（二）第二步：归结原因（找到产生这样的教学行为的原因）

找到反思点并进行细致、清晰的描述后，教师就需要解析产生教学问题的原因或诠释成功教学的意义。在这一阶段，教师需要充分调动已有知识和经验，并开始收集资料，初步形成对问题的认识，为逐步理解问题做准备。在此阶段使用心理学中的归因理论能够帮助教师更清晰地审视客观环境和自身的教学行为，并能为教学实践积累宝贵的经验。

归因理论是由社会心理学家伯纳德·维纳(Bernard Weiner)提出的。其主要观点是人们在做完一项工作之后，会对自己或他人的行为进行分析，推论出这些行为产生的原因。归因方式影响到个体以后的行为方式和动机的强弱。个体成功或失败的原因主要包括三个维度：内部原因和外部原因、稳定性原因和非稳定性原因、可控原因和不可控原因。

内外部维度指的是行为的原因属于个体内部还是外部的因素。能力、心境、天资、努力等因素都是个体本身的力量决定的，是内部原因。而任务难度、运气、别人的帮助等则是由外部力量决定的，是外部原因。

稳定性与非稳定性维度指的是作为行为原因的内外因素是否具有持久的特征。例如能力等因素是稳定的因素，而心境、运气这些因素是不稳定的因素。

可控与不可控维度是指行为原因能否被行动者或他人所支配和驾驭。例如努力是可控的，而机遇、任务难度、天资等则是不可控的。

在此分析框架下，衣新发根据教师工作实际总结了教师教学成功与失败的归因角度。(见表 7-3)

表 7-3 伯纳德·维纳的归因理论和教师教学成功与失败的归因角度

维度分类	失败原因	成功原因
内部—稳定—不可控	能力低	能力高
内部—稳定—可控	大学期间缺乏专业学习	大学期间专业学习充分
内部—不稳定—不可控	上课时生病了	上课时精力充沛
内部—不稳定—可控	课前备课不充分	课前备课充分
外部—稳定—不可控	学校对教师教学要求太高	学校对教师教学要求适当
外部—稳定—可控	自己的学生状态不好	自己的学生状态很好
外部—不稳定—不可控	评委的评价标准不当	评委的评价标准较高
外部—不稳定—可控	同事没能提供帮助	同事的帮助给力

资料来源于衣新发：《教学反思能力实训》，107 页，北京，高等教育出版社，2019。

归因环节不仅为教师教学反思提供了可行的方法和途径，而且能帮助教师正确面对教学中的得失，认识客观环境的影响，形成正确的自我意识系统。

(三)第三步：设计方案(设计解决方案，分析是否存在更优选择)

此阶段即为杜威五步教学法中的"推理"阶段，即通过搜集解决问题的事实材料，发挥理智的作用将解决问题的各种设想加以设计，使解决问题的方法或者思路具有逻辑性和可行性。教师对课堂教学中已发生的教学现象进行反思，寻求解决问题的新方法、新策略，加深对教学活动规律的认识，从而选择更合理的教学策略，这也是一个将归因时寻找到的内部、可控和不稳定的原因最大限度地予以改变的过程，以求提升教学实践的实效性。

当前不少中小学推行的"带题授课"的模式，就是从问题出发，将研究融入常态教学的模式。实施中教师首先需要明确的是"我要尝试解决什么问题""预计怎么解决"这两个问题。这就需要教师在课前对问题有明确的把握，并将自己对问题的思考以及对解决方式的预设带进课堂中，使教学过程成为验证假设的过程，从而获得对教学问题的更深入的认识，进一步提高课堂教学的质量。

(四)第四步：寻找依据(为方案寻找科学依据，将科学理论和实践相对照)

当前，我们在开展教师培训的实践中发现："优秀教师研究课+专家理论点拨微讲座+现场互动研讨"这种引导教师学习、整合相关教育理论，研究分析相关课例、案例，梳理和总结具体情境下的教学原则与策略，并加以反思和重构，促进教师教育教学经验螺旋式上升的培训方式受到了教师的肯定，也进一步说明了教师对科学理论的需求。

科学理论应该包括教育学、心理学、教育心理学等有关原理，也应该包括学生发展核心素养和学科核心素养的有关内容、教育领域的政策文件与法律法规，以及教育家的教育思想等。

(五)第五步：纳入实践(将优选方案纳入自己的教学)

通过找到问题所在、剖析来龙去脉、研制解决之法、关联理论纽带后，思维层面的检验产生了新的解决问题的方案，生成了新的教育信念、行动期望，然后教师就需要把这些信念和期望付诸实践。因此，接下来教师要回到实践中去，用行动检验反思出的方案的科学性。

(六)第六步：优化调节(在教学中通过反思不断调节)

教师专业成长不仅需要汲取新的理论素养，更需要不断通过有意识的思考与反思，对自身教育教学实践中的问题进行多层次、多角度的深入分析与研究，使教育教学实践上升为理论，进而使教育教学理论更加有效地指导实践，促进"实践知识理论化"与"理论知识实践化"的相互关照。

二、教学反思的方法

通过对已有研究文献的整理与分析发现，常用的教学反思的方法有以下类型。

例如，俞国良等人认为，教学反思可以通过以下方式进行：详细描述(教师观摩彼此讲课，并描述他们所观察到的情境)；职业发展(学校利用反思的方法支持、促进教师发展)；行动研究(教师对他们在课堂上所遇到的问题进行调查研究)；模拟与游戏(透过模拟情境对事情产生不同的观感，或从不同的角度发现问题)；撰写成长史与自传(通过访谈教师本人、访谈同事、教师自己写下意见、教师自己写下意见让同事来分析等方式，协助教师了解自己的改变历程)；接触新知(通过阅读书籍、演讲、讨论等获得与个体过去不同的想法、价值观)；写反思日记等。①

赵潇根据教学反思过程的不同阶段，区分了不同的反思方案。例如在开始阶段，教师首先要发现教学中存在的问题，所以要用观察法、提问法、文献分析法、叙事法等方法来找到教学中的问题；在总结阶段，则要采用反思总结、写反思日记等方法对教学活动进行一定的概括与总结，总结出初步的反思结论，抓住问题的关键，为下个反思周期奠基。每一种方法都有其固有的内容、注意事项、使用范围和遵循的原则等，所以教师在选择反思方法时要分析与考虑多种综合因素，做到会用与用好。②

刘岸英认为，教学反思可以按照"三阶段模式"进行："为实践反思"，指向未来教学，对过去的经验进行反思；"实践中反思"，指向当前的教学，发生在实践

① 俞国良、辛自强、林崇德：《反思训练是提高教师素质的有效途径》，载《高等师范教育研究》，1999(4)。

② 赵潇：《教师教学反思能力的影响因素与提升策略》，载《教学与管理》，2019(12)。

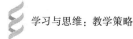

过程中，对教学过程本身进行反思；"实践后反思"，指向过去的教学，对教学经验和教学结果进行反思。教师可以采取课后反思、写反思日记、观摩与分析、开展行动研究、文件夹法等方法，养成反思习惯，并使反思伴随着教学活动的常规化而逐渐自动化。①

通过对以上方法的概括，我们将教学反思的方法分为以下三种类型。

(一)课例研究

课例研究可以简单地定义为"以课为例讲道理"，即以实际发生的课堂教学内容为载体（以该课为例），以某个小的研究问题为主题（讲道理的聚焦点），通过对教学问题和教学决定的再现与描述来揭示教与学的改进过程，讲述教学改进背后的观念和认识。这里使用"教学改进背后"，其实是期望课例不仅仅能展现出一节课的授课过程，更能指出教师为何这样授课、为何如此改进的研究思路，从而有利于其他教师通过一节课感悟到一类课的道理。因此，课例研究实际上也就是研究课例的过程，即以一节课的研究为例试图围绕一个主题探讨一类课的改进。② 课例研究包含四个关键环节。准备：教师组成小组，根据目前面临的问题一起讨论，形成研究主题。计划：小组共同设计教案。授课：通常由一位教师执教，其他人观察和记录，可以邀请大学或教师培训机构的教研人员共同参与，还可以借用录音录像设备全面完整记录授课过程。反思：授课教师对自己的教学设计和授课过程做简要说明，然后观课者对课堂活动和效果进行描述、解释、分析和评价（见图7-8）。顾泠沅教授提出的"三个阶段、两次反思、行为跟进"和当前中小学课堂常见的同课异构都属于课例研究的模式。

(二)教育叙事研究

康纳利(Connery)将叙事研究引入了教育领域，认为人在本质上是讲故事的生物体。通过叙事探究，教师自己写关于他们自己的故事，写故事的过程就是教师不

---

① 刘岸英：《反思型教师与教师专业发展——对反思发展教师专业功能的思考》，载《教育科学》，2003(4)。

② 杨玉东：《课例研究的再认识：作为改进课堂的有效研修方式》，载《江苏教育·小学教学》，2013(7~8)。

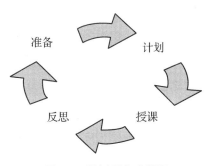

图 7-8 课例研究路线图

资料来源于陈向明：《教育改革中"课例研究"的方法论探讨》，载《基础教育》，2011（2）。

断重构和深入理解自己经验的过程。教育叙事研究基于现实事件揭示教育故事背后的意义，虽无固定的范式，但有自己内在的结构要素。场域：场域主要包括事件发生的时间、方位、物理环境和社会文化情境等。人物：人物是叙事中意义和价值表达的主要载体。这里的人物主要指教师、校长、学生和家长等，他们可能是故事的组织者，也可能只是参与人。情节：情节是对系列事件加以选择、组合而构建的整体性结构，具有内在关联性。主题：教育叙事研究应该有一个主题。仅停留在事件层面，研究就会散乱无序而沦为教育琐谈、经验体会甚至发泄情绪的代名词。只有注重把主题融于情境和细节中，对事件做出"诠释的现象学式的反思"，将问题的产生原因、解决过程和结果陈述清楚，才能让人"看到过去忽视了的表面上琐碎实则蕴含重大意义的东西"。教育叙事研究的环节可以分为相互联系的六个步骤：确定问题—选择对象—进入现场—观察访谈—整理分析—专业文本。①

教育叙事常见的形式有自传、反思日记、教学案例分析等。当前还有很多教师利用互联网或自媒体平台，将自己的教育教学故事与众人分享，在与他人的互动交流中，不断收获新的感悟。

（三）行动研究

行动研究被认为是教学理论与实践的桥梁，蕴含"为行动而研究，在行动中研

---

① 孙智慧、孙泽文：《论教育叙事研究的内涵、结构及环节》，载《教育评论》，2018（2）。

究，由行动者研究"的独特理念，引领实践工作者按照一定的程序从事研究，是人们对实践诉求进行理性化追求的产物。① 行动研究具有理论基础和理论背景，但是行动研究本身并不是一种理论体系，而是一种研究问题和解决问题的方法，是实践工作者研究和解决问题的工具，能够帮助教师更深入地开展自我反思，把教学过程变为研究过程。

行动研究包含以下四个要素：第一，行动研究的目的是改进教育教学实践和促进教师的发展；第二，行动研究的主体是教师；第三，行动研究是在教师日常工作的实际情况和自然条件下进行的；第四，行动研究的过程也是研究主体的反思过程，即行动者能够以自己的实践、行动本身作为思考的对象，对自己的行为、决策进行积极的、主动的、开放的、深入的批判反思，以提高专业行为的理论水平。

行动研究的过程是不断循环和螺旋上升的过程，包括"观察—计划—行动—反思"四个主要环节。研究过程中，教师可以运用课堂观察、问卷调查、师生访谈等研究方法收集数据、调查研究，并以报告的形式呈现研究反思的过程和结果。行动研究提供了一条使理论与实践有机结合，从而促进教师、教学、科研三者共同发展的有效途径。

教学反思是提升教师专业发展水平的重要途径之一，不仅有利于增强教师的专业精神和专业能力，而且是教师获得专业知识的重要途径。教师在面对纷繁复杂的教育情境和教学问题时，应该始终保持敏感性和好奇心，对新出现的情况和发生的变化，及时做出反应，积极思索，追根求源，主动探究。对不同的教学问题、教学现象或是同一个教学问题的不同方面，也仍需要经常反思。反思不是一蹴而就的，因为反思的过程就是不断解读新现象、不断获得新答案、不断产生新感觉、不断提出新问题的过程。反思的实质，是指教师在反思活动中，通过反思来理解对象、理解自己，让自己与对象对话、与自己对话。②

本章首先探讨了教学反思的概念。反思是教师为了实现有效的教育教学，在教师教学反思倾向的支持下，对已经发生或正在发生的教育教学活动以及这些活动背后的理论、假设，进行积极、持续、周密、深入、自我调节性的思考，而且在思考

---

① 董树梅：《行动研究是研究方法吗？——对行动研究归属的方法论解读》，载《教育评论》，2018(2)。
② 李长吉：《教师的教学反思》，载《课程·教材·教法》，2006(2)。

过程中，能够发现并清晰表征所遇到的教育教学问题，进而积极寻求多种方法来解决问题的过程。教学反思的内容按不同对象和时间阶段有不同的划分。教学反思的策略主要是发现问题、归结原因、设计方案、寻找依据、纳入实践、优化调节等。教学反思的方法主要有课例研究、教育叙事研究、行动研究等。

主要参考文献

中文文献

[1][德]安德烈亚斯·施莱希尔. 教育面向学生的未来，而不是我们的过去. 华东师范大学学报(教育科学版)，2020(5).

[2][德]汉纳·杜蒙，[英]戴维·艾斯坦斯，[法]弗朗西斯科·贝纳维德，学习的本质：以研究启迪实践. 杨刚等译. 北京：教育科学出版社，2020.

[3][加拿大]迈克尔·富兰、乔安妮·奎因，[新西兰]乔安妮·J. 麦凯琴. 深度学习：参与世界，改变世界. 盛群力、陈伦菊、舒越译. 北京：机械工业出版社，2020.

[4][美]R. 基思·索耶. 剑桥学习科学手册. 徐晓东等译. 北京：教育科学出版社，2010.

[5][美]安妮塔·伍尔福克. 伍尔福克教育心理学. 伍新春等译. 北京：中国人民大学出版社，2012.

[6][美]戴维·珀金斯. 为未知而教，为未来而学. 杨彦捷译. 杭州：浙江人民出版社，2017.

[7][美]大卫·苏泽等，教育与脑神经科学. 方彤等译. 上海：华东师范大学出版社，2014.

[8][美]凯文·瑞安、詹姆斯·M. 库珀、苏珊·陶埃尔. 成为有效教师：从了解学生如何学习开始(第2版). 郭敬维译. 北京：中国人民大学出版社，2020.

[9][美]罗伯特·迪尔茨. 从教练到唤醒者. 郑州：河南人民出版社，2009.

[10][美]洛林·W. 安德森等. 布卢姆教育目标分类学(完整版)：分类学视野下的学与教及其测评. 蒋小平，张琴美，罗晶晶译. 北京：外语教学与研究出版社，2009.

[11][美]理查德·E. 梅耶. 应用学习科学——心理学大师给教师的建议. 盛群力等译. 北京：中国轻工业出版社，2016.

[12][美]苏珊·A. 安布罗斯等. 聪明教学 7 原理：基于学习科学的教学策略. 庞维国等译. 上海：华东师范大学出版社，2012.

[13][美]唐娜·沃克·泰勒斯通. 提升教学能力的 10 项策略：运用脑科学和学习科学促进学生学习. 李海英译. 北京：教育科学出版社，2017.

[14][美]伊恩·朱克斯、瑞恩·L. 沙夫. 教育未来简史——颠覆性时代的学习之道. 钟希声译. 北京：教育科学出版社，2020.

[15][美]约翰·杜威. 民主主义与教育. 王承绪译. 北京：人民教育出版社，2001.

[16][美]约翰·杜威. 我们怎样思维·经验与教育. 姜文闵译. 北京：人民教育出版社，2005.

[17][美]约翰逊·D. 布兰思福特等. 人是如何学习的——大脑、心理、经验及学校. 程可拉等译. 上海：华东师范大学出版社，2013.

[18][澳]约翰·B. 彼格斯，凯文·F. 科利斯. 学习质量评价：SOLO 分类理论（可观察的学习成果结构）. 高凌飚、张洪岩主译. 北京：人民教育出版社，2010.

[19]OECD 教育研究与创新中心. 重新设计学校教育：以创新学习系统为目标. 詹艺译. 上海：华东师范大学出版社，2018.

[20]安富海. 教学反思：内涵、影响因素与问题. 河北师范大学学报（教育科学版），2010(10).

[21]白学军. 智力心理学的研究进展. 杭州：浙江人民出版社，1996.

[22]查有梁. 课堂模式论. 桂林：广西师范大学出版社，2001.

[23]陈家刚，杨南昌. 学习科学新近十年：进展、反思与实践革新. 开放教育研究，2015(4).

[24]陈凯泉，沙俊宏，何瑶等. 人工智能 2.0 重塑学习的技术路径与实践探索——兼论智能教学系统的功能升级. 远程教育杂志，2017(5).

[25]陈敏. 思维导图及其在英语教学中的应用. 外语电化教学，2005(1).

[26]陈琦，张建伟. 建构主义学习观要义评析. 华东师范大学学报（教育科学版），

1998(1).

[27]陈向明.对教师实践性知识构成要素的探讨.教育研究,2009(10).

[28]陈向明.中小学教师为什么要做研究.教师发展研究,2019(8).

[29]陈佑清.建构学习中心课堂.河南教育(基教版),2015(6).

[30]陈玉琨等.课程改革与课程评价.北京:教育科学出版社,2001.

[31]崔允漷,邵朝友.试论核心素养的课程意义.全球教育展望,2017(10).

[32]崔允漷.如何开展指向学科核心素养的大单元设计.北京教育(普教版),2019(2).

[33]崔允漷.校本课程开发:理论与实践.北京:教育科学出版社,2000.

[34]董树梅.行动研究是研究方法吗?——对行动研究归属的方法论解读.教育评论,2018(2).

[35]杜毓贞.清华附中:以多类实践课程满足不同学生发展需要.人民教育,2018(3~4).

[36]冯晓英,孙雨薇,曹洁婷."互联网+"时代的混合式学习:学习理论与教法学基础.中国远程教育,2019(2).

[37]冯晓英、曹洁婷、黄洛颖."互联网+"时代混合式学习设计的方法策略.中国远程教育,2020(8).

[38]顾泠沅.专业引领与教学反思.上海教育科研,2002(6).

[39]顾明远,孟繁华.国际教育新理念.海口:海南出版社,2001.

[40]郭华.项目学习的教育学意义.教育科学研究,2018(1).

[41]郭绍青,贺相春,张进良等.关键技术驱动的信息技术交叉融合——网络学习空间内涵与学校教育发展研究之一.电化教育研究,2017(5).

[42]何克抗,吴娟.信息技术与课程整合的教学模式研究之四———"研究性学习"教学模式.现代教育技术,2008(10).

[43]胡佳怡.从"问题"到"产品":项目式学习的再认识.基础教育课程,2019(9).

[44]胡铁生."微课":区域教育信息资源发展的新趋势.电化教育研究,2011(10).

[45]蒋志辉.网络环境下个性化学习的模式建构与策略优化.中国远程教育,2013(2).

[46]靳玉乐.现代课程论.重庆:西南师范大学出版社,1995.

[47]经济合作与发展组织．理解脑——新的学习科学的诞生．周加仙等译．北京：教育科学出版社，2014．

[48]经济合作与发展组织．为了更好的学习：教育评价的国际新视野．窦卫霖等译．上海：上海教育出版社，2019．

[49]李宝敏，宫玲玲．合作学习对学生学习成效的影响研究——基于国内外54项实验研究和准实验研究的元分析．教育发展研究，2019(24)．

[50]李川．PISA 2021创造性思维的评价内容及其启示．比较教育学报，2020(3)．

[51]李更豫，魏钧．合作式学习构成要素及其动力机制．中国管理信息化，2009(21)．

[52]李林，邹子韬，苏晓虎，潘慧明．指向核心素养的项目式学习课程建设与实施．现代教育，2019(3)．

[53]李琼，吴丹丹，李艳玲．中小学卓越教师的关键特征：一项判别分析的发现．教育学报，2012(4)．

[54]李希贵等．学校转型——北京十一学校创新育人模式的探索．北京：教育科学出版社，2014．

[55]李长吉．教师的教学反思．课程·教材·教法，2006(2)．

[56]林崇德.21世纪学生发展核心素养研究．北京：北京师范大学出版社，2016．

[57]林崇德．构建中国化的学生发展核心素养．北京师范大学学报(社会科学版)，2017(1)．

[58]林崇德．中国学生发展核心素养：深入回答"立什么德、树什么人"．人民教育，2016(19)．

[59]刘加霞．专家型教师思维特质研究：基于华应龙深度教学思考的分析．中小学管理，2012(5)．

[60]刘敏，董华．问题蕴含与情境关涉——杜威探究理论的科学实践哲学意义．自然辩证法研究，2019(7)．

[61]刘儒德．学习心理学．北京：高等教育出版社，2010．

[62]刘妍，顾小清，顾晓莉，姚媛媛．教育系统变革与以学习者为中心的教育范式——再访国际教学设计专家瑞格鲁斯教授．现代远程教育研究，2017(1)．

[63]卢强．教育心理学．北京：北京出版社，2010．

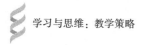

[64]莫雷.教育心理学.广州：广东高等教育出版社，2005.

[65]庞孝瑾.以项目学习重构语文教学的实践.教学管理与教育研究，2018(12).

[66]裴娣娜.合作式学习的教学策略——发展性教学实验室研究报告之二.学科教育，2000(2).

[67]任友群，赵建华，孔晶，尚俊杰.国际学习科学研究的现状、核心领域与发展趋势——2018版《国际学习科学手册》之解析.远程教育杂志，2020(1).

[68]桑新民.学习究竟是什么？——多学科视野中的学习研究论纲.开放教育研究，2005(1).

[69]尚俊杰，裴蕾丝，吴善超.学习科学的历史溯源、研究热点及未来发展.教育研究，2018(3).

[70]尚俊杰.未来教育重塑研究.上海：华东师范大学出版社，2020.

[71]申继亮、刘加霞.论教师的教学反思.华东师范大学学报(教育科学版)，2004(3).

[72]施良方.课程理论——课程的基础、原理与问题.北京：教育科学出版社，1996.

[73]石鸥.选择一种课程就是选择一种未来——关于高中多样化、选择性课程结构的几点认识.中国教育学刊，2003(2).

[74]宋世云.发挥地方课程育人价值 丰富立德树人实践途径.北京教育(普教版)，2020(4).

[75]孙智昌.学习科学视阈的深度学习.课程·教材·教法，2018(1).

[76]孙智慧，孙泽文.论教育叙事研究的内涵、结构及环节.教育评论，2018(2).

[77]谈松华.我国教育改革40年主要经验与启示.人民教育，2018(21).

[78]汤丰林.问题体验论.北京：首都师范大学出版社，2010.

[79]滕君，杜晓燕，刘华蓉.对项目式学习的再认识："学习"本质与"项目"特质.中小学管理，2018(2).

[80]王烽.从缓解中高考竞争压力入手 进一步深化新时代教育评价改革.光明日报，2020-07-07(13).

[81]王家源：《夯实千秋基业 聚力学有所教——新中国70年基础教育改革发展历程》，载《中国教育报》，2019-10-23(1)。

[82]王建强.课堂问题链的设计、实践与思考.上海教育科研，2015(4).

[83] 王坦. 合作式学习简论. 中国教育学刊, 2002(1).

[84] 王坦. 论合作学习的基本理念. 教育研究, 2002(2).

[85] 魏锐, 刘坚, 白新文等. "21世纪核心素养5C模型"研究设计. 华东师范大学学报(教育科学版), 2020(2).

[86] 温寒江, 连瑞庆. 开发右脑. 杭州: 浙江教育出版社, 1997.

[87] 温寒江, 陈爱苾. 学习学(上卷). 北京: 教育科学出版社, 2016.

[88] 温寒江. 学习学(下卷). 北京: 教育科学出版社, 2016.

[89] 邬彤. 基于项目的学习在信息技术教学中的应用. 中国电化教育, 2009(6).

[90] 吴青青, 陈涛. 基于项目的学习在教育培训项目设计与开发课程中的应用研究. 教科导刊(中旬刊), 2013(16).

[91] 习近平. 坚持中国特色社会主义教育发展道路 培养德智体美劳全面发展的社会主义建设者和接班人. 人民日报, 2018-09-11(1).

[92] 夏惠贤. 多元智力理论与项目学习. 全球教育展望, 2002(9).

[93] 夏雪梅. 学科项目化学习设计: 融通学科素养和跨学科素养. 人民教育, 2018(1).

[94] 咸春华. 小组合作学习方式的反思与优化. 中学政治教学参考, 2017(28).

[95] 谢贵兰. 慕课、翻转课堂、微课及微视频的五大关系辨析. 教育科学, 2015(5).

[96] 徐骏. "5+X"教学模式. 北京: 科学技术文献出版社, 2016.

[97] 闫志明, 唐夏夏, 秦旋等. 教育人工智能(EAI)的内涵、关键技术与应用趋势——美国《为人工智能的未来做好准备》和《国家人工智能研发战略规划》报告解析. 远程教育杂志, 2017(1).

[98] 杨南昌、刘晓艳. 学习科学融合视域下教学设计理论创新的路径与方法. 电化教育研究, 2016(11).

[99] 杨向东. 核心素养与我国基础教育课程改革的关系. 人民教育, 2016(19).

[100] 杨小微、金哲、胡雅静. 主动学习何以可能: 新中国成立70年教学改革的回眸与前瞻. 中国教育学刊, 2019(10).

[101] 衣新发. 教学反思能力实训. 北京: 高等教育出版社, 2019.

[102] 余明华, 冯翔, 祝智庭. 人工智能视域下机器学习的教育应用与创新探索. 远程教育杂志, 2017(3).

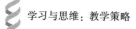

[103]俞国良，辛自强，林崇德．反思训练是提高教师素质的有效途径．高等师范教育研究，1999(4)．

[104]袁国超．基于核心素养的深度学习：价值取向、建构策略与学习方式．教育理论与实践，2020 (8)．

[105]张华．论核心素养的内涵．全球教育展望，2016(4)．

[106]张敏，王国玲．整体语言学习视角下的小学英语对话教学策略．基础教育研究，2019(5)．

[107]赵国庆，贾振洋，黄荣怀，陈鹏．基于 GraphML 的知识可视化接口的定义与实现——以概念图和思维导图为例．中国电化教育，2008(6)．

[108]赵国庆．概念图、思维导图教学应用若干重要问题的探讨．电化教育研究，2012(5)．

[109]赵明仁．教学反思与教师专业发展——新课程改革中的案例研究．北京：北京师范大学出版社，2014．

[110]郑淑贞，盛群力．社会互赖理论对合作式学习设计的启示．教育学报，2010(6)．

[111]郑太年．学习科学与教学变革．上海：上海教育出版社，2019．

[112]钟启泉．能动学习：教学范式的转换．教育发展研究，2017(8)．

[113]钟亚妮．美英两国慕课的发展与展望．世界教育信息，2014(3)．

[114]钟志贤．信息技术作为学习工具的应用框架研究．电化教育研究，2008(5)．

[115]周钧，张正慈．从对经验的理性反思到基于核心品质的反思——评科萨根反思观的转变．比较教育研究，2017(11)．

[116]卓晴君．改革开放 40 年基础教育的深刻变化．基础教育课程，2018(12 上)．

英文文献

[1]Abate L. Kenna. The impact of maths game based learning on children's higher order thinking skills. *Proceedings of the British Society for Research into Learning Mathematics*, 2015, 35(3).

[2]American Psychological Association, Coalition for Psychology in Schools and Education. Top 20 principles from psychology for preK-12 teaching and learning, 2015.

[3]Andrea C. Young. Higher-Order Learning and Thinking：What Is It and How Is It Taught. *Educational Technology*, 1997(1).

[4] Anne J. Udall, Joan E. Daniels, Emily Disante & Stacey Lynn. *Creating the Thoughtful Classroom-Strategies to Promote Student Thinking*. Tucson: Zephyr Press, 1991.

[5] Assessment Reform Group. *Assessment for Learning: Beyond the Black Box*. Cambridge: Cambridge University Press, 1999.

[6] Beckett, D. Holistic competence: Putting judgments first. *Asia Pacific Education Review*, 2008, 9(1).

[7] Benjamin S. Bloom, Etal Krathwohl, David Krathwohl. *Taxonomy of educational objectives: Handbook Ⅰ: The cognitive domain*. New York: David Mckay Co Inc. , 1956.

[8] Black P. , Wiliam D. *Inside the Black Box*. London: School of Education of King's College, 1998.

[9] Tony Buzan. *Make the Most of Your Mind*. New York: Simon and Schuster, 1984.

[10] Cobb, P. Where is the mind? Constructivist and sociocultural perspectives on mathematical development. *Educational Researcher*, 1994, 23(7).

[11] Cochran-Smith, M. & Lytle, S. Relationships of Knowledge and Practice: Teacher Learning in Communities. *Review of Research in Education*, 1999(24).

[12] David W. Johnson, Roger T. Johnson, Edythe Johnson Holubec. *Circles of learning: Cooperation in the classroom* (4th). Edina: Interaction Book Company, 1993.

[13] Lara R. DeRuisseau. The flipped classroom allows for more class time devoted to critical thinking. *Advances in Physiology Education*, 2016(4).

[14] Earl, L. *Assessment as learning: Using classroom to maximize student learning*. Thousand Oaks: Corwin Press, 2003.

[15] Engestrom, Y. Expansive Learning at Work: Towards an Activity Theoretical Reconceptualization. *Journal of Education and Work*, 2001(1).

[16] Fadel, C. , Bialik, M. & Trilling, B. *Four-Dimensional Education: The Competencies Learners Need to Succeed*. CreateSpace Independent Publishing Platform, 2015.

[17] Genevieve Pinto Zipp , Cathy Maher, Anthony V D'Antoni. Mind Maps: Useful Schematic Tool for Organizing and Integrating Concepts of Complex Patient Care in the Clinic and Classroom. *Journal of College Teaching & Learning*, 2009, 6(2).

[18] Greeno, J. G. , Collins, A. M. & Resnick, L. B. Cognition and learning//D. Berliner &

R. Calfee (Eds.), *Handbook of educational psychology*. New York: Macmillan, 1996.

[19] Hannay, L. M. Strategies for Facilitating Reflective Practice: The Role of Staff Developers. *Journal of Staff Development*, 1994(3).

[20] Hoban, G. *Teacher learning for educational change: A systems thinking approach*. Buckingham: Open University Press, 2002.

[21] Illeris, K. Competence, learning and education: How can competences be learned, and how can they be developed in formal education? //K. Illeris (Ed.) *International perspectives on competence development: Developing skills and capabilities*. New York: Routledge, 2009.

[22] Issam Abi-El-Mona, Fouad Adb-El-Khalick. The Influence of Mind Mapping on Eighth Graders' Science Achievement. *School Science and Mathematics*, 2008, 108 (7).

[23] Jonassen, D. H. Instructional design models for well-structured and ill-structured problem-solving learning outcomes. *Educational Technology Research & Development*, 1997, 45(1).

[24] John-Steiner, V. & Mahn, H. Sociocultural approaches to learning and development: A Vygotskian framework. *Educational Psychologist*, 1996, 31(3-4).

[25] Resnick, L. B. *Education and Learning to Think*. Washington, DC: National Academy Press, 1987.

[26] Lave, J. & Wenger, E. *Situated learning: Legitimate peripheral participation*. Cambridge: Cambridge University Press, 1991.

[27] Mary Beth Gilboy, Scott Heinerichs, Gina Pazzaglia. Enhancing student engagement using the flipped classroom. *Journal of Nutrition Education and Behavior*, 2015(1).

[28] Moshe Barak, Larisa Shakhman. Fostering higher-order thinking in science class teachers' reflections. *Teachers and Teaching: Theory and Practice*, 2008(3).

[29] National Academies of Sciences, Engineering, and Medicine. *How People Learn Ⅱ: Learners, Contexts, and Cultures*. Washington, DC: The National Academies Press, 2018.

[30] OECD. *Synergies for Better Learning: An International Perspective on Evaluation and*

Assessment. Paris：OECD Publishing，2013.

［31］OECD. *PISA* 2015 *Results（Volume* Ⅴ）：*Collaborative Problem Solving*. Paris：OECD Publishing，2017.

［32］OECD. *PISA* 2018 *Assessment and Analytical Framework*. Paris：OECD Publishing，2019.

［33］Oyao，S. G.，Holbrook，J.，Rannikmäe，M. & Pagunsan，M. M. A competence-based science learning framework illustrated through the study of natural hazards and disaster risk reduction. *International Journal of Science Education*，2015，37（14）.

［34］Palincsar，A. S. Social constructivist perspectives on teaching and learning. *Annual Review of Psychology*，1998（49）.

［35］Prawat，R. S. Constructivisms，modern and postmodern. *Educational Psychologist*，1996，31（3）.

［36］Putnam，R. T. & Borko，H. Teacher learning：Implications of new views of cognition//B. J. Biddle，T. L. Good，& I. F. Goodson（Eds.），*The international handbook of teachers and teaching*. Dordrecht：Kluwer Academic Publishers，1997.

［37］Robert H. Ennis. A taxonomy of critical thinking dispositions and abilities//Joan Boykoff Baron & Robert J. Sternberg（Eds.），*Teaching Thinking Skills：Theory and Practice*. New York：W. H. Freeman，1987.

［38］Robert J. Marzano，et al. *Dimensions of thinking：A framework for curriculum and instruction*. Alexandria：ASCD，1998.

［39］Rychen，D. S. & Salganik，L. H. A holistic model of competence//D. S. Rychen & L. H. Salganik（Eds.），*Key competencies：For a successful life and a well-functioning society*. Göttingen，Germany：Hogrefe & Huber，2003.

［40］Sparks-Langer，M. & Simmons. Reflective Pedagogical Thinking：How Can We Promote It and Measure It? *Journal of Teacher Education*，1990（4）.

［41］Stiggins. R. Assessment crisis：The absence of assessment for learning. *Phi Delta Kappan*，2002，83（10）.

［42］Tony Buzan. *The Mind Map Book：Unlock Your Creativity，Boost Your Memory，Change Your Life*. New York：Pearson BBC Active，2010.

[43]Voss, J. F. , Wiley, J. , Carretero, M. Acquiring intellectual skills. *Annual Review of Psychology*, 1995, 46.

[44]Vygotsky, L. *Mind in society：The development of higher psychological processes*. Cambridge：Harvard University Press, 1978.

[45] Wertsch, J. V. , del Río, P. , Alvarez, A. (Eds.) . *Sociocultural studies of mind*. Cambrige：Cambridge University Press, 1995.

[46]Worthen, B. R. , Sanders, J. R. & Fitzpatrick, J. L. *Program evaluation：Alternative approaches and practical guidelines*. New York：Longman, 1997.

后　记

本书撰写之时，正值全国上下众志成城抗击新冠肺炎疫情期间。在疫情防控之时，我国开展了一场史无前例的在线教学实践。在线教学突破了时间和空间的限制，满足了学生居家学习的需求，在一定程度上实现了优质教育资源共享。我们发现，新时代已经来临，我们每个人都身处其中。

在被重新定义的互联网教育时代，未来的学习会是什么模样？教师和学校如何应对教育变革？教育的根本任务是立德树人。要培养学生的关键能力与核心素养，培养学生的爱国情怀、社会责任感、创新精神、实践能力，需要坚持以人为本、育人为本。这就要求我们在新时期、新课程的背景下实现教育教学方式及学习方式的转变。

又一轮创新教育浪潮正向我们走来，学校又将迎接创新教育的挑战。一方面，教的方式正在发生转变。网络教育、数字化学校、在线教育等正在进入学生的学习场景，技术支持的教学与现实课堂实现有机结合。学生学习的情境也从学校教育拓展为学校教育与家庭教育、企业教育、社会教育相结合。另一方面，学的方式也正在发生变化。以往传统学校教育中教师讲、学生听的学习方式转变为学生在校学习和在家自学、教师教和学生自主学相结合的混合式学习。倡导自主、合作、探究的研究性学习、远程视频学习，以及技术支持的游戏化学习、翻转课堂等成为学习的新路径。

在经济全球化、智能化和重视核心能力培养的当今时代，教育呈现了数字化、网络化、远程化、家庭化、个性化的新形态，实现了学校教育、家庭教育与社会教育三者的结合，进而构建起互联网平台上的学校、家庭、社会融为一体的立体式人才培养体系。

在更具挑战性、不断变化的世界里，学生需要发展品格，提升沟通协作能力、创新能力和审辨思维。面向未来的学习体现高阶思维、问题解决、批判反思、终身学习等特性。

基于对学习的新的理解，面对新技术、新课程、新的考试评价体系，教师需要转变角色，需要从关注"教师怎么教"到关注"学生怎么学"，需要对技术时代的学习与学生进行重新思考，理解有关学习理论、教学与评估、学习环境设计、技术支持的学习与评估等的新理念、新方法，并在课堂中积极践行。

世界在改变。传统教学已无法让孩子们应对未来多变的世界。我国当前出台的系列教育政策，已经为教育者指明了新方向——致力于通过新的学习路径，培育孩子们面对未来所需的关键能力与核心素养。面对时代变革与教育改革，作为"四个引路人"的教育者需要发挥自身的热忱与才能，承担起创新责任。

千里之行，始于足下。我们期望，本书的相关内容能够架起学习理论与教育实践的桥梁，让教师看到改变的方向，看见更多有想法、有方法的成功示范，让自己面对课程与教学改革时，能够有些许方法、策略上的参考，进而更有信心地迈出改变的第一步。在教育创新之路上，教师不再孤军奋战，而是和学习社群中的教师一起，通过理论学习与实际践行，为自己带来更多的专业能量，带领今天的孩子们更好地面对不确定的未来。

钟亚妮

2020 年 6 月